Hermann Kirchhoff
Christliches Brauchtum im Jahreskreis

Hermann Kirchhoff

Christliches Brauchtum im Jahreskreis

Kösel

ISBN 3-466-36094-3
© 1990 by Kösel-Verlag GmbH & Co., München
Printed in Germany. Alle Rechte vorbehalten
Gesamtherstellung: Kösel, Kempten
Umschlag und Umschlagmotiv: Elisabeth Petersen, Glonn
 2 3 4 5 · 94 93 92

Inhalt

Vorwort 11

Zur Einführung 13

1 Brauchtum in der Adventszeit 21

1.1 Geschichtliche Entwicklung der Adventszeit 21
1.2 Zur Theologie des Advents 23
1.3 Das Brauchtum der Adventszeit 24
 Der Adventskranz 25
 Der Adventskalender 29
 Die Rorate-Ämter 31
 Advents- (Weihnachts-)Spiele 32
 Die Herbergsuche 37
 Das Frau(en)-Tragen 38
 Die Rauh-Nächte 44
 Sankt Nikolaus 46
 Sankt Barbara 57

2 Brauchtum in der Weihnachtszeit 62

2.1 Geschichte, Datum, Etymologie des Weihnachtsfestes 62
2.2 Zur Theologie des Festes 64

2.3 Das Brauchtum des Weihnachtsfestes 70
Die Krippe 70
Der Weihnachtsbaum 84
Der Christblock 90
Die Bescherung 93
Weihnacht der Tiere und Bäume 95
Das Weihnachtsschießen 99

3 Brauchtum in der Zeit zwischen Weihnachten und Epiphanie 102

3.1 Zum liturgischen Aufbau der Zeit 102
3.2 Das Brauchtum 103
Das Trinken der Johannes-Minne 103
Brauchtum der Silvesternacht 104
Brauchtum am Neujahrstag 107
Brauchtum am Fest Epiphanie 110

4 Brauchtum in der Osterzeit 117

4.1 Geschichte, Datum, Etymologie des Osterfestes 117
4.2 Zur Theologie des Festes der Auferstehung 120
4.3 Brauchtum der Fastenzeit 121
4.4 Brauchtum der Passionszeit und der Heiligen Woche 130
Das Verhüllen der Kreuze 130
Die große Woche (= Karwoche) 131
Palmprozession und Palmweihe 132

      Der Gründonnerstag und sein Brauchtum 136
      Der Karfreitag und sein Brauchtum 137
4.5   Österliches Brauchtum 140
      Osterfeuer und Osterkerze 140
      Das Osterei 147
      Der Osterhase 153
      Der Ostervogel 157
      Das Osterwasser 158
      Das Osterlachen (risus paschalis) 161

5 Das Brauchtum des Festes Christi Himmelfahrt 163

5.1   Zur Theologie des Festes 163
5.2   Zur liturgiegeschichtlichen Entwicklung des Festes 164
5.3   Das Brauchtum des Festes 166

6 Das Brauchtum des Pfingstfestes 171

6.1   Zur Theologie des Pfingstfestes 171
6.2   Das Brauchtum des Pfingstfestes 173

7 Das Brauchtum des Fronleichnamsfestes 184

7.1   Theologie und geschichtliche Entwicklung des Festes 184
7.2   Das Brauchtum des Festes 185

Die Geschichte der Fronleichnams-
prozession 186
Fronleichnamsprozession heute 189
Neue (alte) Sinngebung 193

8 Das Brauchtum des Festes Johannes' des Täufers 197

8.1 Zur Theologie des Festes 197
8.2 Das Datum des Festes und seine (theologische) Bedeutung 198
8.3 Das Brauchtum des Festes 199

9 Das Brauchtum des Festes der Aufnahme Mariens in den Himmel 206

9.1 Zur Theologie des Festes 206
9.2 Zur Entwicklung des Festes 207
9.3 Das Brauchtum des Festes: Die Kräuterweihe 207
(Geschichtliche) Wurzeln 207
Anzahl und Art der gesammelten Kräuter 214
Die Zeit zum Sammeln 227
Die Verwendung der Kräuter 228
Der Brauch heute 228

10 Das Brauchtum des Kirchweihfestes 231

10.1 Zur Theologie des Festes 231

10.2 Die Entwicklung des Festes 232
10.3 Das Brauchtum des Festes 234

11 Das Brauchtum des Erntedank-Festes 240

11.1 Zur Entwicklung des Festes 240
11.2 Das Brauchtum des Festes 241
Anhang: Der Abtrieb von der Alm 249

12 Das Brauchtum des Allerseelenfestes 251

12.1 Allerheiligen – Allerseelen 251
12.2 Entwicklung des Allerseelenfestes 252
12.3 Das Brauchtum des Allerseelenfestes 253
Requiem und Gräbergang 253
Allerheiligen- (Allerseelen-)Backwerk 255
Weiteres Brauchtum 259
12.4 Exkurs: Totenbräuche 260
12.5 Perspektiven 268

13 Das Brauchtum des Hubertusfestes 270

13.1 Entwicklung der Verehrung der Heiligen und die Geschichte seines Festes 270
13.2 Das Brauchtum des Festes 274

14 Das Brauchtum des Martinsfestes 279

14.1 Leben und Kult des Heiligen 279
14.2 Das Brauchtum des Martinsfestes 281

Anhang 291

Hirtenspiel für Marionetten zum Advent und zur Weihnacht 291

Literatur (in Auswahl) 297
Bildnachweis 299

Vorwort

Mit diesem Buch entspricht der Verlag einer vielfach geäußerten Bitte, die beiden Brauchtumsbücher »Christliches Brauchtum von Advent bis Ostern« und »Christi Himmelfahrt bis St. Martin im christlichen Brauchtum« in *einem* Band zusammenzufassen. Ich danke dem Verlag für diese Initiative. Mir gab die Neuauflage Gelegenheit, beide Bücher zu überarbeiten, neue Literatur einzuarbeiten, neue Vorschläge zur Wiedererweckung und Pflege des Brauchtums zu machen, das heute eine der entscheidenden Hilfen zur Neuentdeckung und zur Vertiefung des christlichen Glaubens ist.

Hermann Kirchhoff

Zur Einführung

Die pastoraltheologische Diskussion ist lebhaft geworden. Mit großer Nüchternheit wird erkannt, daß nur noch 10–20% der Bevölkerung kirchlich sozialisiert sind. Die Gruppe der Distanzierten wächst. Erschreckend viele Menschen sind nicht mehr bereit, sich auf Sinnfragen einzulassen oder gar sie ihrem Leben zu integrieren. »Man lebt«.
Dabei ist die Situation sehr uneinheitlich. Es gibt (nicht nur großstädtische) Gemeinden, in denen nur ein kleiner Rest von der Hoffnung lebt, als »Basis«-Gemeinde mit fast urkirchlicher Struktur missionarische Stoßkraft entfalten zu können.
Daneben gibt es volkskirchliche Gemeinden, in denen für viele das Hoffnungspotential – im Leben und im Sterben – der Glaube ist. Aber auch hier wächst der »praktische Atheismus«. Auch hier wird die Weltanschauung immer flächiger, verliert die Tiefendimensionen. Auch hier werden säkulare Sinngebungen versucht, die längst als Schnittblumen, die sehr schnell verwelken, erkannt sein sollten.
Solcher Verlust des Glaubens, solcher Verlust der Sinnmitte, ist – das wird von Theologen immer wieder mißverstanden – oft ein *tragischer* Verlust. Sehr viele Menschen *wollen* glauben, scheitern aber an infantilen Glaubensvorstellungen, an einer verkopften Theologie, zu der sie keinen Zugang finden;

scheitern an ausweglos scheinendem Leid oder am Schweigen Gottes über einer Weltgeschichte, in der Auschwitz ein unauslöschliches Fanal ist.

Wir können keine umfassende Antwort auf die Fragen geben, die hier gestellt sind. Wir können nur – in aller Bescheidenheit – einen kleinen Beitrag leisten, den Boden wieder für den Glauben zu bereiten; können nur Wege aufweisen, die wieder an Sinnfragen heranführen. Ein solcher Weg ist die Erschließung der Symbole und des Brauchtums.

Symbole[1] können dem *ungläubigen* Menschen (oder dem, der sich dafür hält) helfen, wieder Tiefendimensionen der Wirklichkeit zu entdecken. Naturwissenschaftliches Denken, nach dem das wahr ist, was im Experiment erhärtbar ist, kann nicht auf unser Leben und unsere Weltanschauung übertragen werden. Das Symbol zeigt, daß das Numinose, Transzendente ... ständig unter uns lebt und sich dem suchenden Geist erschließt.

Dem *gläubigen* Menschen hilft das Symbol, seinen Glauben tiefer zu verstehen und zu begreifen. Denn Gott hat sich in großen Symbolen geoffenbart – in ihnen ist er für uns faßbar: als Weg, als Licht, als Berg, als Feuer und belebendes Wasser, als Sturm und Atem. Und im Symbol geschieht ein Stück jener Verleiblichung des Glaubens, derer wir so dringend bedürfen.

Von großer Symboltiefe ist das Brauchtum.

---

[1] Zum Symbolbegriff vgl. meinen Artikel »Symbolerziehung« in: G. Bitter, G. Miller, Handbuch religionspädagogischer Grundbegriffe, Bd. 1, München 1986, 256ff. und das von mir herausgegebene Buch »Ursymbole«, München ³1987.

Der Terminus »Brauchtum«, ein volkskundliches Fachwort unseres Jahrhunderts, kommt vom Verb »brauchen«. Dieses Verb hat eine lange Wortgeschichte. Das gotische »brukjan«, althochdeutsch »bruhhan« und mittelhochdeutsch »bruchen« ... ist wohl verwandt mit »frui« (= genießen), »fructus« (= Ertrag, Ackerfrucht) und »frux« (= Feldfrucht)[2]. Primär ist also wohl »Nahrung aufnehmen, genießen« gemeint, wobei der spätere Wortsinn »nötig haben« mitschwingt. Brauch ist also etwas, was »genossen« wird (wie Brot und Wein), was wir »nötig haben«.

Eine Definition von Brauchtum zu geben, ist dagegen nur schwer möglich. Es ist kaum einzugrenzen, doch Elemente einer Definition können genannt werden. Sicher ist das Brauchtum der *Tradition* verpflichtet, die in der Übung des Brauchtums vergegenwärtigt wird. Trifft solches Brauchtum noch auf eine gleiche (oder doch ähnliche) menschliche Grundhaltung, so wird es wirkmächtig und wird lebendig fortentwickelt. Auch die *Gemeinschaft* ist für Brauchtum konstitutiv. Der einzelne kann einen Brauch üben, weiß sich dabei aber stets als Glied einer großen Gemeinschaft. Ebenso dürfte der *konkrete Anlaß* (Jahreskreis, Kirchenjahr oder die wichtigen Stationen des Menschenlebens: Geburt, Hochzeit, Tod...) als auslösendes Moment zum Brauchtum gehören.

Das Brauchtum reicht mit vielen Wurzeln in die Antike und in die christliche Geschichte (mittelalter-

---

[2] Der große Duden, Herkunftswörterbuch, Mannheim u. a. 1963, 80.

liche Schulfeiern, Feste . . .) hinein[3]. Letztlich ist das Brauchtum mit dem Menschen gegeben. Es ist da, solange Menschen in Gemeinschaft leben. Die Gründe mögen vielfältig sein:

a) Der einfache (naive) Mensch nahm die Folge der Jahreszeiten, von Saat und Ernte, wie auch die Stationen menschlichen Lebens nicht als etwas Notwendiges, Zwangsläufiges. Sie waren ein stets neues, wunderbares Geschehen. Brauchtum bedeutete wohl eine Art Sicherung der natürlichen Abläufe, wobei überall ein mehr oder weniger großer Bodensatz an Magie gegenwärtig war. Vielleicht war das Brauchtum ein Stück ritualisierten Sich-Behauptens des Menschen in seinem totalen Ausgeliefertsein an die »Mächte«. Andererseits wußte sich der Mensch in einer Art »mystischer Partizipation« mit allen Kreaturen verbunden. Brauchtum war Ausdruck solcher Allpartizipation, die wirkmächtig das Geschehen des Universums mitbestimmte.

b) Alles anthropologisch Wichtige in seinem Leben (Geburt, Heirat, Tod) und im Jahreskreis oder im Kirchen-Jahr (Feste) hat der Mensch mit Brauchtum umgeben. Es ist Ausdruck gemeinsamer Freude und gemeinsam getragenen Leids – ein Ritus, der erfreut und tröstet. Immer ist echtes Brauchtum dem *Sinn* auf der Spur. So sind seine religiösen Wurzeln meistens unverkennbar.

Christliches Brauchtum – und ihm gehen wir in diesem Buch nach – ist die »Liturgie des Volksglau-

---

[3] Lexikon für Theologie und Kirche (LThK), Bd. X, Sp. 848 f.

bens«[4]. Im Brauchtum schaut, begreift der Gläubige die theologische Aussage, das Festgeheimnis. Er begreift in *Bildern* – jener andern Weise der Wahrheitserfassung neben der des diskursiven Denkens. Eine weithin verkopfte Theologie wird wieder in »Blutnähe« gerückt, die Emotionen erhalten ihren Platz neben der Ratio zurück. Das Brauchtum schlägt die Brücke zwischen dem Fanum und dem Profanum, zwischen dem Heiligen und dem »Profanen«. Gott wird wieder in den Alltag zurückgeholt.

Gewiß – viele christliche Bräuche haben heidnische Wurzeln. Aber muß sich das Christentum in der »Fülle der Zeit«, im angebrochenen Kairos der Geschichte nicht als Erbe der Antike, als Erbe aller Weltanschauungen und Religionen verstehen (ohne deren Eigenwert aufzuheben)? Müssen dann nicht die großen Bilder des Heidentums, müssen dann nicht viele Bräuche als die »logoi spermatikoi« verstanden werden, als die »ausgestreuten Samen« des Christentums in den Religionen, Weltanschauungen, Kulten . . . ? Das Christentum wurde arm und blutleer, als es die Kraft (und den Mut, der aus dem Glauben kommt) verlor, das Heidnische zu integrieren, seine Bräuche zu »taufen«. Augustinus und Gregor der Große[5] könnten hier Lehrer sein.

---

[4] V. von Geramb, Sitte und Brauch in Österreich, Graz 1948, 11.

[5] »Man rotte die Heiden nicht aus, man bekehre sie; man fälle die heiligen Bäume nicht, man weihe sie Christus« (Augustinus). Und Papst Gregor: »Man hüte sich davor, die Tempel der Heiden zu zerstören; man zerstöre nur die Idole, weihe dann Wasser, besprenge die Tempel damit . . .«

Ein dunkler Bodensatz von Magie (wir sagten es schon) ist vielen Bräuchen geblieben – die Seelsorger haben gut daran getan, ihn zu tolerieren. Was ist solche Magie (schon immer mit dem Brauchtum verbunden) anderes als der oft verzweifelte Versuch des Menschen, sich des Eingreifens der »Mächte« zu versichern, sie in heiligen Riten zum Handeln zu bewegen? Und steckt nicht dieses Stück Magie in jedem von uns – obwohl ein lebendiger Glaube ihrer nicht bedarf?

Uns geht es in diesem Buch nicht um die Erhaltung des Brauchtums um jeden Preis. Wir haben kritisch zu prüfen, in wieweit die Bräuche zur sinnvollen Gestaltung des Lebens beitragen oder doch beitragen können; in wieweit sie Wege zur Sinnerschließung, zur Transzendenzerfahrung und zur christlichen Botschaft sein können. Mag dabei auch manche Deutung subjektiv sein – Anregungen zur Reflexion werden gegeben.

Wenn sich auch das Brauchtum dort am reichsten entfaltet, wo der Mensch den chtonisch – erdhaften Kräften noch nahesteht, wo er sich noch in der Schöpfung verwurzelt, den Kreaturen verwandt weiß, so wird doch auch der verstädterte Mensch ohne Brauchtum nicht leben können. Gerade darum ist überkommenes Brauchtum zu beleben, zu deuten, zu pflegen, ist neuem Brauchtum behutsam der Weg zu bereiten.

Jedenfalls sind Erneuerung und Pflege des Brauchtums in der heutigen pastoralen Situation von besonderer Wichtigkeit; und es gibt schon viele Seelsorger, die hier den entscheidenden Ansatz ihrer Tätigkeit sehen.

Selbstverständlich ist das Brauchtum kein Allheilmittel. So wie es die Unfähigkeit zur Liturgie gibt, so gibt es ihre Wegbereiter: die Unfähigkeit zur Symbolerfassung und damit auch die Brauchtumsunfähigkeit. Zwar gehören »Sitte und Brauch ... ebenso wie Glaube und Sprache zu den *Elementarerscheinungen,* zu den *Urtatsachen* der Menschheit«[6] – aber der Schritt vom sinnenhaft Erfahrenen zum numinosen Urgrund scheint unendlich groß zu werden. Dennoch ist solcher Brückenschlag mit dem Brauchtum leichter zu erreichen als mit andern »Brückenschlägen«.

Das Brauchtum ist ja zählebig – es hält sich durch, auch wenn der Hintergrundssinn verlorenging (oder nicht mehr angeeignet wird). Familien, die längst den Kontakt zur Glaubensgemeinschaft verloren haben, die sich allenfalls als *gottgläubig* verstehen, schmücken den Weihnachtsbaum, färben Ostereier und haben Freude an Osterstäußen aller Art. Sie stellen Krippen auf und nehmen z. B. gelegentlich am »Frauentragen« teil, wenn Nachbarn und Freunde sie einladen.

Das alles ist (wie etwa auch der Besuch der Weihnachtsmette) nicht als Nostalgie abzutun. Ein Stück Traum und Sehnsucht nach Glauben und Hoffen steht wohl hinter allem. Und im Gespräch über das Brauchtum kann vielleicht ein Stück neuer Sinngebung geleistet werden.

Wenn die Anregungen des Buches aufgenommen, phantasievoll ausgestaltet und (für die unterschiedli-

---

[6] v. Geramb, ebd.

chen Verhältnisse in Familie und Gemeinde[7]) weiterentwickelt werden, kann ein Beitrag zur Wiederentdeckung oder zur Vertiefung des Religiösen und des Christlichen geleistet werden – und nicht zuletzt zur Verleiblichung des Glaubens.

---

[7] Einen besonderen Hinweis verdient in diesem Zusammenhang das Hausbuch der christlichen Familie »Durch das Jahr – durch das Leben«. Erweiterte Neuausgabe, München 1988. Es schildert nicht nur manches Brauchtum, das die Feste des Kirchenjahres und die Hauptstationen des menschlichen Lebens (Taufe, Hochzeit, Begräbnis) umgibt, sondern regt auch an, dieses Brauchtum neu zu beleben.

1 Brauchtum in der Adventszeit

1.1 Geschichtliche Entwicklung der Adventszeit[1]

Die Anfänge einer selbständigen Adventsliturgie gehen ins 5. Jahrhundert zurück. Erste Spuren zeigen sich im Gebiet der Kirchen von Antiochien und Ravenna (das von der Ostkirche stark beeinflußt war)[2]. Die ersten Meßformulare waren offenbar der Fastenzeit entnommen. Im Bereich der Gallikanischen Liturgie verordnete Perpetuus von Tours († 490) ein dreimaliges wöchentliches Fasten vom Festtag des Heiligen Martin (11. November) an (Martinsquadragese)[3]. Die Fastenordnung wird nach der Synode von Macon (583) allgemein übernommen, und so wird die adventliche »Quadragese« bald auch liturgisch ausgestaltet.

Nachdem das Galesianische Sakramentar (Mitte des 6. Jhdt.) eine Adventsliturgie auch für Rom bezeugt, setzt Gregor der Große († 604) die Zahl der Advents-

---

[1] Vgl. LThK I, 160f.
[2] LThK I, 160
[3] So LThK, ebd. Immer mehr suchte man solche »Martinsquadragese« der österlichen Quadragese anzugleichen. Bezogen auf das Fest der Epiphanie (das im liturgischen Rang Weihnachten stets überlegen war) kam man zu einer 40tägigen Fastenzeit (eben einer *Quadragese*), wenn man die Samstage und Sonntage nicht als Fasttage zählte.

sonntage auf 4 fest[4]. Unter dem Einfluß der cluniazensischen Reform gewinnt die römische Adventsordnung außerhalb Roms an Boden. Der Franziskanerorden trägt viel zu ihrer Verbreitung bei. Allgemeine Vorschrift wird sie jedoch erst durch das Dekret Pius V. im Jahre 1570.

Das Kirchenjahr[5], das im Bild der Spirale dargestellt wird, hat keinen eigentlichen Anfang. Es gab daher im abendländischen Mittelalter viele »Anfänge«: Ostern, Verkündigung, Weihnachten. Erst in jüngerer Zeit[6] setzte sich der Advent als Beginn der Weihnachtsfestzeit und Anfang des kirchlichen Jahres durch, wobei der Beginn der Fastenzeit (früher der Beginn der »Vorfastenzeit«) nach wie vor eine deutliche Zäsur im Kirchenjahr bildet und den »Anfang« des Kirchenjahres im Advent ins Maß setzt.

Die Advents- und Weihnachtszeit eröffnet den Reigen der Heilsereignisse, die im Tod und in der Auferstehung Jesu Christi ihren Höhepunkt finden.

---

[4] Mailand feiert bis heute 6 Adventssonntage.
[5] Der Name »Kirchenjahr« taucht erstmals in der »Postille« des J. Pomarius (Wittenberg 1589) auf und »erinnert ... an das neuerliche Auseinanderfallen des Lebens in einen kirchlichen und einen bürgerlichen Bereich« (J. Müller, Katechesen zur Liturgie, Donauwörth 1967, 15).
[6] LThK VI, 226; gegen K. Weinhold, Weihnachtsspiele und Lieder aus Süddeutschland und Schlesien, neue Ausgabe, Wiesbaden 1967 (Originalausgabe 1875), 44, der glaubt, daß das Jahr der Kirche um die Jahrtausendwende bereits mit der Adventszeit begonnen habe.

1.2 Zur Theologie des Advents

Pius XII. erklärt in seiner Enzyklika »Mediator Dei«: »Das liturgische Jahr, von der Frömmigkeit der Kirche genährt und begleitet, (ist) nicht eine kalte, leblose Darstellung längst vergangener Dinge oder eine einfache, bloße Erinnerung an Ereignisse aus einer früheren Zeit. Vielmehr ist es Christus selbst, der in seiner Kirche fortlebt und der da den Weg seines unermeßlichen Erbarmens weitergeht, den er selbst in diesem sterblichen Leben, als er Wohltaten spendend dahinging, begonnen hat in der liebevollen Absicht, daß so die Menschen mit seinen heiligen Geheimnissen in Berührung kämen und sozusagen in ihnen lebten« (MD 163). So wird das Kirchenjahr zum »Christusjahr«.

In der Adventszeit wird – wie in jeder Festzeit dieses Christusjahres – eine dreifache Schicht deutlich: die der *memoria,* des *mysteriums* und der *prophetia.*

Die *memoria* ist die Erinnerung des einmaligen Geschehens der Vergangenheit. In der Adventszeit wird in diesem Sinne erinnert an das jahrtausendelange Warten des Heilsvolkes der Juden auf den Messias (ein Warten, das nur für die Christenheit mit der Geburt Christi beendet wurde) und das Warten aller adventlichen Völker auf den Heilbringer, der ihre Sehnsüchte, Träume, Wünsche ... erfüllt[7].

Solche *memoria* wird zum *mysterium,* zum Heilsgeschehen hier und heute. Der Christ (und mit ihm die

---

[7] Vom Dilmŭn-Mythos bis zur 4. Ekloge der Bukolika Vergils rundet sich der Kreis der Erlösungssehnsucht der adventlichen Menschheit.

Menschheit) wartet auf das Kommen des Messias, das für den Christen in der Weise des Sakramentes am Fest der Geburt Jesu Christi Gegenwart wird. Der jährlich gefeierte Advent wird dabei transzendiert zum Advent des christlichen Lebens, da der Christ mit dem Gottesvolk (und wieder: der Menschheit) auf die »Zweite Weihnacht«, das endgültige Kommen des Kyrios, wartet, womit der Gedanke der *prophetia* deutlich ist.

Das adventliche Warten hier und heute auf die Geburt des Kindes, die uns sakramental zuteil wird, hat – vor allem im Bereich der deutschen Kirche – nie strengen Bußcharakter gehabt[8]. Vieles vom Zauber der Weihnacht ging schon in den Advent ein. Er wurde eine Zeit der Vorfreude und der freudigen Bereitung auf das Fest, was sich im Brauchtum niederschlug. Gewiß blieb die violette Farbe der Buße vorherrschend, aber nicht nur das Rosa des Mitt-Advents (Sonntag Gaudete) relativierte die Bußfarbe – mehr noch das Weiß der Rorateämter und die Farbe der vielen Heiligenfeste, die im Advent gefeiert werden.

1.3 Das Brauchtum der Adventszeit

Allgemein betrachtet, hat das vielgestaltige Brauchtum des Advents (wie karg nimmt sich dagegen das Brauchtum etwa der 40tägigen Fastenzeit aus!) den Gedanken der *memoria* und des *mysteriums* der Festzeit aufgenommen und ausgestaltet. Die Schicht der

---

[8] Das gilt auch für Rom. Dort hatten etwa im 12. Jahrhundert die Adventssonntage ein »freudiges Gepräge«, so daß in der Liturgie das Gloria gesungen wurde.

prophetia fehlt weithin – wie sie ja auch in der Frömmigkeit des Volkes kaum bewußt, gegenwärtig ist. Wir werden zu fragen haben, ob der Gedanke der *prophetia* nicht stärker in das Adventsbrauchtum einzubringen ist.

Der Adventskranz

Er dürfte der bekannteste Adventsbrauch sein, obwohl er der weitaus jüngste ist, wenigstens soweit es sich um die jetzige Form des gewundenen Kranzes mit den vier Kerzen und den roten und violetten Bändern handelt. A. Stonner schreibt Anfang 1935: »Der Adventskranz ist ein neuer Brauch, erst in den letzten Jahrzehnten von Norddeutschland aus über das deutsche Sprachgebiet verbreitet. Und doch hängt er heute schon in allen Kirchen. Ein schöner und trostvoller Beweis, daß sinniges Brauchtum auch heute noch entstehen und sich verbreiten kann.«[9] Aber das ist wohl euphorisch. In Münchener Kirchen erschien der erste Adventskranz 1930 (R. Kriss), in Köln 1925 (Klersch) und hat sich dann die Kirchen und Privathäuser erobert. In der Stiftskirche zu Berchtesgaden wurde zum ersten Mal 1935 ein Adventskranz aufgehängt. »Seit dem Jahr 1937 werden die häuslichen Adventskränze am Samstag vor dem 1. Adventsonntag in der Kirche geweiht. Etwas später übernahmen auch die Pfarreien von Unterstein

---

[9] A. Stonner, Die deutsche Volksseele im christlich-deutschen Volksbrauch, München 1935, 49. (Das Buch ist sicher eine interessante Fundgrube. Stonner ist jedoch (1935!) etwas penetrant der »deutschen Volksseele« auf der Spur.)

und Bischofswiesen diesen Brauch...«[10]. Der Grund für die nur zögernde Übernahme des Brauches dürfte bei Kriss deutlich werden: »Der vom Norden her sich in Deutschland mehr und mehr verbreitende Brauch ist eigentlich *evangelischer* Herkunft«[11]. Der Brauch kam eben aus dem »evangelischen« Norden und traf daher auf die Skepsis der katholischen Gemeinden, bis er sich langsam durchsetzte.

Während einige Forscher der Ansicht sind, der Brauch stamme aus Kreisen der Jugendbewegung, führt ihn S. Schönfeldt auf J. H. Wichern zurück, den Begründer der »Inneren Mission« und des Rauhen Hauses in Hamburg. Zuerst habe er die Adventstage nur mit Kerzen feiern lassen. »Diese erste Andacht hat er 1838 in seinem Tagebuch beschrieben: Täglich um die Mittagszeit ward eine solche Kerzenandacht gehalten, im Lauf der Zeit wurden diese Adventsandachten jedoch als Vigil, in der Dämmerung gefeiert. Wichern ließ nicht alle Kerzen auf einmal anzünden, er begann mit dem ersten Advent, und an jedem Abend wurde eine Kerze mehr angezündet. Am Hl. Abend brannten dann alle Kerzen. Für diese Kerzenfülle richtete ihm ein Freund ... einen gewaltigen Kronleuchter her, einen Holzreifen mit zwei Metern Durchmesser, der im Versammlungsraum des Rauhen Hauses hing. Zuerst waren nur die Wände des Saales mit Grün geschmückt, dann umwanden die Brüder auch den Kranz mit Tannenzweigen. Das ist um 1860 gewesen...«[12]. Wenn der Brauch als sol-

---

[10] R. Kriss, Sitte und Brauch im Berchtesgadener Land, Berchtesgaden 1963, 36.
[11] Ebd.
[12] Das große Ravensburger Buch der Feste und Bräuche,

cher auch jung ist, so sollte nicht geleugnet werden, daß er Wurzeln hat, die tief in die Kultur- und Religionsgeschichte der Völker reichen. Der Baum hat als Symbol menschlichen Lebens und als Weltsymbol[13] überall Bedeutung. Zweige, die im Winter (durch die Wärme des Hauses) blühen oder immergrüne Zweige (Tanne oder Fichte, Föhre) sind in alter Zeit mit heidnischen Festen ebenso verbunden, wie mit der Weihnacht oder mit dem Neujahrsfest[14]. Die Deutungen wechseln – manches wird immer Geheimnis bleiben – stets aber ist der Brauch dem »Wissen des Herzens« verwandt, daß Licht und Leben überdauern und (»letzten Endes«) über Dunkelheit und Tod triumphieren werden.

Die Form des geflochtenen Kranzes mit roten und violetten Bändern und vier Kerzen hat sich überall durchgesetzt. Der Kreis (Kranz) ist altes Symbol der Ewigkeit; auch Bild der Sonne und des Erdkreises (orbis terrarum); endlich Gottessymbol. Die vier Kerzen deuten die vier Adventswochen an (sie werden auch auf die Jahrtausende der Erwartung des jüdischen Volkes gedeutet) und werden so in der Reihenfolge der Sonntage angezündet. Sie sind auch als Hinweis auf das Licht zu verstehen, das zur

Ravensburg 1980, 301 ff. Vieles spricht für die Richtigkeit dieser (wie stets unbelegten) Notiz.

[13] Vgl. den Artikel »Baum« (Ch. Foos-Queck) in: H. Kirchhoff, Ursymbole.

[14] Erinnert sei hier an Seb. Brants »Narrenschiff« (1494), wo von den Narren gesagt wird: »Denn wer nicht etwas Neues bringt/Und um das Neujahr geht und singt/Und Tannengrün steckt an sein Haus/Der meint, er leb' das Jahr nicht aus;/Das hielt Ägypten schon für wahr...« (Stuttgart 1964, 233).

Weihnacht der Welt geschenkt wird. Der Adventskranz wird vor den Weihnachtstagen fortgeräumt oder im Kaminfeuer verbrannt. Stonner gibt nun einen bemerkenswerten Hinweis: »Man liest und spielt unter dem Adventskranz, singt die alten Adventslieder, bis dann am Heiligen Abend zum Zeichen, daß alles Hoffen und Harren im Dunkel nun seine Erfüllung gefunden hat, der Kranz mit so viel Lichtern besteckt wird, als er zu tragen vermag«[15]. Dieser Brauch ist m. W. verlorengegangen, wohl weil das Licht des Adventskranzes in das Licht des Weihnachtsbaumes überging, weil der Adventskranz vom Lichterbaum abgelöst wurde.

Das Binden eines Adventskranzes mit Kindern, Jugendlichen, Erwachsenen ist dem Kaufen eines Kranzes vorzuziehen. Auch die Kerzen können leicht selbst gegossen werden. Wichtig ist das begleitende Gespräch über den Sinn des Advents, das jahrtausendelange Warten der Menschheit und des Gottesvolkes auf den Erlöser der Welt, den Bringer des Heils. Nachdem im Laufe der Adventszeit die vier Kerzen angezündet sind, könnte bei einer adventlich-weihnachtlichen Feier vor dem Fest der von Stonner berichtete Brauch wiederbelebt werden, so daß ein leuchtender Lichterkranz entsteht zum Zeichen, daß nun das Licht der Welt kommen wird und auch zum Zeichen der Ewigen Stadt (Offb 21,1 ff.), die weder Sonne noch Mond kennt, da das Lamm ihr (gewaltiges) Licht ist. Möglich wäre es auch, daß bei einer häuslichen Feier am Heiligen Abend der Christbaum

---

[15] a.a.O., 49. Hier wirkte wohl der alte Brauch des Rauhen Hauses nach.

zusammen mit dem Adventskranz brennt, um so den bleibenden Advent des Lebens und der Welt anzudeuten.

Um diesen Gedanken des »bleibenden Advents«, der *prophetia,* zu stärken, entwarf ein Arbeitskreis meines Oberseminars einen Adventskranz, der neben den 4 Kerzen 12 Tore (nach Offb 21) aufweist. Die Tore greifen die Symbolik der romanischen Portale auf: Der Rundbogen des Himmels steht auf zwei Säulen. Die den Türsturz stützende Säule gilt als Symbol der Weltachse (axis mundi) oder des Lebensbaumes. Das Tympanon ist mit Christussymbolen geschmückt: Sonnenrad, Fisch, Vogel Phönix, Weinstock, Löwe, Lamm u. a.

Auf der Schwelle der Tore stehen die Namen der 12 Stämme Israels; 4 Tore nach jeder Himmelsrichtung tragen Hinweise auf die 4 großen Propheten als die »Wächter der Hl. Stadt«. Ein Kristall (Glas, weißer Kandis) ist Hinweis auf die Herrlichkeit des neuen Jerusalem.

Eine andere Arbeitsgruppe erstellte 12 Tore, welche die Namen der Stämme Israels trugen und die Symbole der Stämme, wie sie Gen 49,1 ff. und Dt 33,1 ff. nahelegen.

Die Tore können aus Brotteig, besser aber aus gebranntem Ton, hergestellt werden. Der Phantasie sind dabei wenig Grenzen gesetzt.

Der Adventskalender

Die Theologie des Advents kann leicht im Adventskalender aufgegriffen werden, der – gegen allen Marktkitsch – mit den Kindern zu Hause, in der

Adventskranz mit Motiven nach Offb 21 (Neues Jerusalem)

Klasse selbst gestaltet wird. Als Erfinder eines solchen Kalenders gilt Gerhard Lang (1881–1974). Der von ihm herausgebrachte »erste« Adventskalender hat aber viele Vorformen.[16] In vertretbaren Kalenderformen sollten von Fenster zu Fenster die Verheißungen der Dichter (Vergil), der Denker (Ovid) und der Propheten (Jesaja, Micha) aufgegriffen werden; dazu die Bilder alter und neuer Meister zum Advent. Der Kalender kann auch Anleitungen zu gemeinsamem Spiel, Hinweise auf das Basteln von Krippen

---

[16] Vgl. C. Baumann, Kinderherz und Weihnachtsstimmung, in: Charivari Nr. 12, Dez. 1988, 52 ff.

und Krippenfiguren, originelle Backrezepte etc. enthalten. Gelegentlich sicher auch das Versprechen, daß an diesem Tage eine Geschichte vorgelesen oder erzählt wird ...[17]

Die Rorate-Ämter[18]

Sie gehen auf die Anfänge einer eigenständigen Adventsliturgie zurück[19]. Schon im Mittelalter haben sie szenische Darstellungen aufgenommen, die vor allem in der Barockzeit ausgeweitet und gepflegt wurden[20]. Die Rorate-Ämter (die in der Gegenreformation mit ihrer besonderen Betonung und Verehrung des eucharistischen Brotes neue Impulse empfingen und bis zur Liturgiereform – gelegentlich auch über sie hinaus – vor ausgesetztem Allerheiligsten stattfanden) waren gerade beim einfachen Volk sehr

---

[17] Zu empfehlen ist der vom Bistum Essen herausgegebene Adventskalender, der auch die Festzeit der Weihnacht bis zum Fest der Epiphanie (und manchmal darüber hinaus) umfaßt und so deutlich macht, daß auch die jährliche Festzeit im Advent steht – im Warten auf die »Zweite Weihnacht«, die Wiederkunft des Herrn.

[18] Den Namen gab die Adventsantiphon: »Rorate coeli desuper...« – »Tauet, Himmel, den Gerechten«. Im Volksmund hießen die Rorate-Ämter oft (in Erinnerung an die Verkündigung) »Engelämter«.

[19] Vgl. Les Questions liturgiques V, Löwen 1920, 210ff; L. A. Veit–L. Lenhart, Kirche und Volksfrömmigkeit im Zeitalter des Barock, Freiburg 1956, 144 u. a.

[20] Veit–Lenhart, ebd. Vgl. die Schilderung des im Kloster Mülln gefeierten wundersamen Rorate mit lebenden (?) Figuren (Engel, Maria) und auf- und niedergehenden Gestirnen... bei Markmiller, Der Tag, der ist so freudenreich, Regensburg 1981, 20

beliebt. Sicher schrieb man diesen Ämtern eine besondere Segenskraft für Lebende und Tote (und die Fruchtbarkeit des Jahres) zu, sicher spielten aber auch gemüthafte Elemente eine große Rolle: der Gang durch die (oft frostklirrende) Nacht zur Kirche; die frühe Stunde des Morgens; die Lichter, die der einzelne vor sich auf die Betbank stellte; der Weihrauch; die festlichen Gesänge . . . das alles verbunden mit der Vorfreude auf das Fest, das wie kaum ein anderes die Gläubigen bewegte. Besonders feierlich wurden (und werden in vielen Gemeinden) die Rorate-Ämter in der Zeit vom 17. bis 24. Dezember ausgestaltet, ebenso wie die Messe am Quatember-Mittwoch, die »Goldene Messe« (missa aurea).

In der Zeit der (liturgischen) »Frühschichten« dürfte es nicht schwerfallen, auch den Brauch der Rorate-Ämter dort neu zu beleben, wo er nicht mehr lebendig ist. Für Kinder kann an solche Feiern bei Anbruch der (frühen) Dunkelheit gedacht werden. Sie sollten nicht nur die Lichtsymbolik (Kerzen) betonen, sondern auch das szenische Spiel stärker einbeziehen.

Advents-(Weihnachts-)Spiele

Die bildhaften Szenen der Kindheitsgeschichte (Verkündigung, Herbergsuche, Geburt, die Magiergeschichte, Flucht nach Ägypten) luden zu szenischer Gestaltung ein (vor allem für ein schrift- und leseunkundiges Volk). Auf Urgestein stoßen wir beim Spiel von den klugen und törichten Jungfrauen, das aus der provencalischen Literatur stammt und dem 11. Jahrhundert zugewiesen wird[21].

[21] K. Weinhold, 70

»Gleich im Anfang spricht der Bräutigam die Aufforderung auß wachsam zu sein, denn er werde kommen, die Welt von der Sünde Adams zu befreien. Die klugen Jungfrauen manen die Gespielinnen dem Gebote zu gehorchen... Da klagen die thörichten daß sie kein Öl haben und die klugen verweigern es ihnen, sie mögen es kaufen. Aber die Kaufleute verkaufen es ihnen nicht und verweisen auf die klugen. Da kommt Kristus und verstößt sie; die Teufel werfen sie in die Helle. Ein Freudengesang über die Geburt Kristi schließt sich an, mit der Manung an die Juden dem Messias zuzufallen. Die Propheten werden aufgefordert die Zweifel derer zu widerlegen, welche nicht an die Geburt der Jungfrau glauben wollen. So treten nach einander heran Israel, Moses, Jesaias, Jeremias, Daniel, Abakuk, David, Simeon, Elisabeth, Johannes der Täufer. Ihnen schließen sich an Virgil..., Nabukodonosor... und die Sibylle. Mit dem Letabundi jubilemus schließt das Spiel...«[22]

Das Gleichnis von den klugen und törichten Jungfrauen erscheint nach Weinhold in den »Weihnachtsvorstellungen« ebenso wie in denen vom Jüngsten Gericht. Er weist darauf hin, daß das Jüngste Gericht ja »gewissermaßen die zweite Ankunft des Herrn« sei[23].

Einem ähnlichen Grundmuster folgen der »ludus de nativitate domini«, die bekannte lateinisch-deutsche Liederhandschrift von Benediktbeuren (Carmina

---

[22] Weinhold verweist zu Recht auf die plastische Darstellung dieser Zusammenhänge in der Vorhalle des Freiburger Münsters (72).
[23] Weinhold, 72

Burana) mit all seinen burlesken Zügen und die (wohl älteren) Mysterien von Orleans und Freising[24].
Aus dem 14. Jahrhundert besitzen wir aus St. Gallen ein »ganz deutsches« Drama, das Prophetie und Historie vereinen möchte. Als Propheten treten auf: Mose, Balaam, David, Salomo, Jesaja, Jeremia, Daniel. An ihre Prophezeiung schließt sich die Vermählung Josefs mit Maria an und die Heimsuchung, die Geburt, die Anbetung durch die Hirten und durch die Tochter Zion, die drei Könige vor Herodes, die Begegnung der Magier und der Hirten, die Anbetung der Magier, die Darstellung Jesu im Tempel, Herodes' Befehl zum Kindermord, die Flucht nach Ägypten und die Klage der Rachel, endlich die Aufforderung der Engel zur Heimkehr des heiligen Paares nach Nazaret.
Wahrscheinlich entstanden in solcher oder ähnlicher Weise viele Weihnachtsspiele[25]. In Bruchstücken, die wir aus einem mitteldeutschen (Thüringen, Meißen?) Weihnachtsspiel besitzen[26], fordert Augustinus[27] den »Heiden« Vergil auf, »den Leuten zu sagen

[24] Vgl. Weinhold, 56 ff.
[25] Weinhold weist darauf hin, daß nicht viele der Advents- und Weihnachtsspiele überliefert wurden, da (außer der »Ungunst, welche über der dramatischen Literatur biß jetzt gewaltet hat«) die »Weihnachten in zweiter Festreihe stunden und die dramatischen Spiele der Passionszeit beliebter waren« (73). Vgl. aber Markmiller, 260 ff.
[26] Weinhold unter Hinweis auf J. Konrad Dietrich und Friedrich von Stade (74, Anm. 1)
[27] Weinhold schreibt: »Für Augustus, was bei Stade und anderen steht, war unbedenklich Augustinus zu schreiben« (ebd.) – was uns merkwürdig anmutet. Die Aufforderung des (Cäsar) Augustus an Vergil hätte wohl höheren Stellenwert.

was ihm von Kristus bekannt sei und Vergil spricht nun jene prophetische Stelle, die sich in der 4. Ecloge seiner Bukolika findet und von dem Mittelalter auf Kristus gedeutet ward. Zuverläßig traten noch andere Weißager auf und dann schloß sich die Geschichte der Verkündigung und Geburt an«[28]. Etwas später wurden die (umfassenden) Spiele reduziert, so daß nur ein Teil des heiligen Stoffes behandelt wird. Dabei sind wohl Szenen beliebt gewesen, welche die Überlegenheit der christlichen Botschaft über das Juden- und Heidentum darstellten, sei es, daß ein jüdischer Rabbiner dialektisch überwunden wurde oder daß die Pläne des Herodes durch die Flucht nach Ägypten zunichte gemacht wurden. Auch der Verdacht des Joseph und die Reinigung der Jungfrau durch ein Gottesurteil (nach apokryphen Erzählungen) waren Mittelpunkt der Darstellungen.

Gewiß hat sich das szenische Spiel im Laufe der Jahrtausende kaum behaupten können (obwohl gesicherte Untersuchungen darüber fehlen). In der Barockzeit war es offenbar lebendig: »Daß die Weihnachtsspiele mit ihrer Darstellung der Verkündigung der Engel und Anbetung der Hirten, der Ermordung der Unschuldigen Kinder und der Klage Rachels wie der Anbetung der Weisen im Zeitalter des Barock sich besonderer Beliebtheit erfreuten, entsprach dem Drange der Zeit und der Menschen nach szenischer Darstellung und Gestaltung der religiösen Idee«[29]. In

---

[28] Weinhold, 74

[29] Veit/Lenhart 150. Die Autoren verweisen auf »Katechismusdialoge«, die an den Weihnachtstagen des Jahres 1770 gehalten wurden. »Voraus ging ein Stück, das die Sehnsucht nach der Geburt des Heilandes zum Ausdruck

jüngerer Zeit finden sich Darstellungen vor allem im süddeutschen Sprachraum. In einem Spiel aus dem Salzkammergut[30] singen die Hirten beim Verlassen des Kindes:

> »Liebes Schatzarl, liebes Kind,
> Liegst so arm in Kripp'l drin
> Auf'n Hoi und auf'n Schtroh,
> Als wannst a Hirt'nbua warst so.
> Hast koan Pfoad'l, hast koan Jankarl,
> A kloans Windarl ist dein G'wandarl,
> In das dih d' Muada g'wickelt hod.
> Wie groß is ned bei dir da d' Not!
> Wia arm liegst da hoint auf dar Erden
> Und wirst einstmal Richtar werden!...«

Ein einfaches Lied, das gerade in seiner Einfachheit von theologischer Tiefe ist. Weithin war die szenische Darstellung des adventlich-weihnachtlichen Geschehens im Lied aufgehoben.[31]

Wenn auch die szenische Darstellung im Rahmen der Liturgie immer seltener wurde, so hat sie sich doch außerhalb der Liturgie erhalten. Neben großen Krip-

---

brachte... Am Weihnachtsfest spielten dann die Knaben und Mädchen ein Stück, das die Freude über den neugeborenen König zum Gegenstand hatte. Der Stephanustag brachte das dritte Stück über die Marienverehrung mit durchaus polemischer Tendenz...« (97).

[30] Stonner, 184

[31] Weinhold führt Beispiele an (79 ff.). Vgl. auch die dramatischen Lieder, die sich bis heute erhalten haben: »Tauet, Himmel, den Gerechten...«; »Aus hartem Weh die Menschheit klagt...«; »Gegrüßt seist Du, Maria, jungfräuliche Zier...« u. v. a.

penspielen waren es vor allem die *Herbergsuche* und das (daraus erwachsene?) *Frau(en)-Tragen,* die beliebt waren.

Die Herbergsuche

Die Herbergsuche war durch ein kirchlich approbiertes Gebetbuch mit dem Titel: »Anmutigste Unterhaltung mit den heiligsten Personen Maria und Joseph in ihrer Beherbergung zur heiligen Adventszeit« (Freiburg o. J.) in die Volksfrömmigkeit eingedrungen. »Dabei wurde eine Bildtafel, die Maria und Joseph, ›die Heiligen Leut in der Umfuhr‹ darstellt, in einer durch das Los bestimmten Folge von Haus zu Haus getragen. Beim Überschreiten der Schwelle wurden nach eigenem Ritus die ›Heiligen Leut‹ als Hausgäste begrüßt und beim Aveläuten des anderen Tages in ähnlicher Weise verabschiedet. Dem volksfrommen Brauch lag als Sinn die ›Verehrung der mitleidswürdigen Abweisung von der Herberge, welche Maria und Joseph zu Bethlehem widerfahren ist‹. . .«[32] zugrunde.

Später wurde aus der Herbergsuche das »Herumziehen einer etwas verkleideten Gruppe Jugendlicher von Haus zu Haus« und das »Singen eines Herbergsliedes mit verteilten Rollen«, um »Bereitschaft zur Aufnahme des Gottessohnes zu wecken und Gaben

---

[32] Veit/Lenhart, 144. Der Brauch war oft mit Wohlfahrtspflege verbunden, »indem im Advent zur Erinnerung an die Herbergsuche . . . in verschiedenen Bürgerhäusern je zwei arme, würdige Personen bewirtet und reich beschenkt wurden« (ebd.).

zu erhalten, die meistens den Armen zugute kamen. Der Brauch war vielerorts mit einer Hausandacht verbunden«.[33] Er wurde in manchen Pfarreien in den letzten Jahrzehnten neu belebt.

Das Frau(en)-Tragen

Wohl eine Sonderform der Herbergsuche ist das sogenannte »Frau(en)-Tragen«[34]. Ein Bild (Gemälde, Statue) vor allem der Heimsuchung oder eine der sogenannten »Empfängnistafeln« wurde in der Adventszeit von Hof zu Hof getragen, wobei Marienlieder gesungen oder der »freudenreiche« Rosenkranz gebetet wurde.[35] Das Bild wurde feierlich begrüßt und verabschiedet.

Im Fränkischen werden bei solchem Frauentragen Verse gesprochen. So wird beim Eintritt in das Haus (Zimmer) gesagt:

> O Freundin, nimm sie auf in ihrer kalten Wanderschaft,
> die reinste Mutter Jesu in ihrer unbefleckten Mutterschaft.
> Verehr sie aber nicht nur heut und morgen,
> sondern hilf beständig ihre Ehr besorgen.

---

[33] So (zeitlich sehr vage) LThK V, 240
[34] Stonner erwähnt den Brauch nicht. Kriss glaubt, daß die Herbergsuche ursprünglich Frauentragen genannt wurde (29). Ähnlich R. Worschech, Fränkische Bräuche zur Weihnachtszeit, Würzburg 1978, 51
[35] Veit/Lenhart, 144f.

Frauentragen

Die Angeredete erwidert:

> Sei gegrüßt, o Jungfrau rein,
> mit Freuden nehm ich dich in meine
>   Wohnung ein.
> Verehren will ich dich von ganzem Herzen,
> verlaß auch du mich nicht in meinen
>   Todesschmerzen.[36]

---

[36] Worschech, ebd. Vgl. Stonner, a.a.O., 179

Aus der Oberpfalz[37] sind uns folgende (hier ins Hochdeutsche übersetzte) Verse bekannt:

> Wir kommen, wir fragen, wir klopfen an,
> ob Christus, der Heiland, zu euch kommen kann.
> Unsre Liebe Frau ist wieder auf der Reisen,
> wir möchten ihr gern eine Herberg zuweisen.
>
> Wir möchten erbitten ein gut's Quartier,
> ein offenes Herz, eine offene Tür;
> eine offene Tür für den Christus auf Erden,
> der aus Maria geboren will werden.
>
> Wollt, liebe Leut', uns eintreten lassen;
> die Mutter Gottes steht auf der Straßen.
> Und St. Josef, der heilige Mann,
> der fragt bei euch um Herberge an.
>
> Tut ihre Wanderschaft fleißig verehrn
> und das heilige Kommen von Christus, dem Herrn!
> Drum komm'n wir und klopfen, drum fragen wir an,
> ob Christus, der Heiland, zu euch kommen kann.

In einigen Orten antwortet die Hausherrin (oder der Hausherr):

> Wer von uns kann würdig sein,
> dich, Herr, zu empfangen?
> Komm in Haus und Herz hinein,
> das ist mein Verlangen.

---

[37] Oberpfalzverein (Hrsg.), Lebendiges Brauchtum der Oberpfalz, Weiden 1983, 68 f.

In der Aufklärungszeit scheinen sich aber »weltliche Lustbarkeiten mit Bewirtung und Tanz« eingeschlichen zu haben, so daß der Brauch öfters polizeilich (!) verboten wurde[38]. Er hat sich – tief in der Volksfrömmigkeit verwurzelt[39] – bis in die ersten Jahrzehnte unseres Jahrhunderts erhalten. Er ist in den letzten Jahren neu belebt worden.[40]

Für die religionspädagogische und katechetische Arbeit bringt der Advent viele Möglichkeiten. Krippenspiele sind vielerorts beliebt, wobei es leider oft an Qualität mangelt. In süddeutschen Gebieten (Bayern) weden in wachsender Zahl Adventsfeiern gehalten, in denen Volksmusikgruppen alte adventliche Weisen spielen, Mundartdichtungen vorgetragen und Adventsspiele (Herbergsuche, Verkündigung an die Hirten...) aufgeführt werden. Die Feiern werden sehr gut besucht und dürften sich erhalten. Ähnliches geschieht (auch hier verbunden mit dem Wiederaufleben alten Volksbrauchs und evtl. der Mundartdichtung) in anderen deutschen Landschaften.

Gute Advents- und Weihnachtsspiele sind selten.

---

[38] Kriss, 30, unter Berufung auf M. Andree-Eym: »Volkskundliches aus dem bayerisch-österreichischen Alpengebiet«, Braunschweig 1910, 73ff.

[39] Der Hinweis auf eine mögliche Verwandtschaft solchen Brauches mit den mythologischen Nerthus-Fahrten (Tacitus Germania, c. 40), bei denen eine Statue der Göttin Erde gelegentlich zu germanischen Stämmen gebracht wurde (vgl. Andree-Eym, Veit/Lenhart, Kriss), ist abwegig. Der Brauch entspricht dem Bemühen des Volkes (und der Seelsorge), dem Glauben sichtbaren Ausdruck zu verleihen und ist so vielen Prozessionsbräuchen u. a. verwandt.

[40] Vor allem im brauchtumsfreudigen Bayern erfreut sich der Brauch wieder großer Beliebtheit.

Hier kann man sich helfen, indem man etwa die adventlichen Dichtungen der Heiden, vom Dilmun-Mythos bis zur 4. Ekloge der Bukolika Vergils[41] mit den Prophezeiungen der alttestamentlichen Propheten zu einer Szenenfolge verbindet, die im weihnachtlichen Geschehen mündet. Der Text des Gleichnisses von den klugen und törichten Jungfrauen (Mt 20,1 ff.) müßte mit Kindern und Jugendlichen unschwer in ein Spiel umgesetzt werden können (wobei der Prozeß der Erarbeitung wichtiger ist als die Aufführung). Einige der modernen Legenden um Advent und Weihnacht[42] sind leicht »in Szene zu setzen«. Spielmöglichkeiten ergeben sich auch aus der Verbindung der Adventsfeste (Nikolaus, Barbara) mit dem weihnachtlichen Geschehen. Vor allem das Marionettenspiel bietet vielfältige Möglichkeiten, adventlich-weihnachtliche Gedanken Kindern und Erwachsenen nahezubringen.[43]

---

[41] Vgl. die Texte in H. Gross: »Die Idee des ewigen und allgemeinen Weltfriedens im Alten Orient und im Alten Testament«, Trierer Theologische Schriften 7, Trier ²1967

[42] Zu denken wäre hier an Max Bolligers »Hirtenlegende« oder an die Erzählung von L. Mayer-Skumanz »Der kleine Hirte und der große Räuber« (beide in: E. Jooß, Geschichten von Hirten, Heiligen und Narren, Freiburg–Basel–Wien 1983, 21 f. u. 18 ff.) u. a.

[43] Huizinga weist im »Homo ludens« auf die Marionettenspiele hin, die als »Krippenspiele« in Frankreich, Spanien und Italien in den Kirchen üblich waren (in Deutschland nicht nachweisbar). Vgl. O. Kastner, Die Krippe, Linz 1964, 54.
Im Anhang dieses Büchleins ist ein aus Marionettenkreisen mit Lehrern entstandenes Advents-/Weihnachts-Spiel aufgeführt. Es kann übernommen, ergänzt, umgeschrie-

Das szenische Spiel sollte wieder stärker in die Liturgie (vor allem mit Kindern) einbezogen werden. Kleine Szenen, wie die Verkündigung an die Hirten oder aber die o. a. Legenden, können vor dem Gottesdienst oder im Wortgottesdienst leicht gespielt werden.

Verschüttete Bräuche sind oft erstaunlich schnell wieder zu beleben, wie es das Beispiel des Sternsingens deutlich macht. Aus seelsorglichen Gründen sollte vor allem der Brauch des *Frauentragens* gepflegt werden. Er gibt dem Pfarrer die Gelegenheit, die Familien zu besuchen, mit ihnen zu beten, ihre Anliegen zu besprechen. Die Familien laden zu den Hausandachten beim Aufstellen der Statue (oder der Empfängnistafel ...) ihre Nachbarn und Freunde ein. Es kann gespielt und gesungen werden.

In vielen Orten tragen die Gläubigen die Statue ... selbst zum Nachbarn (oder der Familie, die sich in

ben werden. Es handelt sich um den Text und die Regie eines *Laienspiels,* das in relativ kurzer Zeit auch von Ungeübten (mit Faden- oder Gliedergruppen) gespielt werden kann.

Weitere Spielvorschläge für Advent und Weihnacht bei E. und A. Eichenseer, Oberpfälzer Weihnacht, Regensburg o. J. (1978), 510 ff. K. Baumgartner und H. Brosseder (Hrsg.) bringen in den »Kasualpredigten 2« (Sonderheft zu »Der Prediger und Katechet«) München 1980, Vorschläge mit szenischer Gestaltung zur Feier der Kinderchristmette (101 ff.). Spielvorschläge für alle Hochfeste des Jahres macht W. Hoffsümmer, Religiöse Spiele 1, Mainz 1980. Dort auch Vorschläge zur dringend notwendigen Aktualisierung des adventlich-weihnachtlichen Geschehens. Dazu A. Kall, Kirchenjahr und Brauchtum, München 1988, 19 ff.

vorbereitete Listen eingetragen hat) und beten mit der anderen Hausgemeinschaft. Der Pfarrer kommt, wenn er Zeit hat, dazu.[44]

Die Rauh-Nächte

Der Terminus Rauh-Nacht (Rauch-Nacht) gilt als Bezeichnung für die »Zwölftenzeit«, womit ursprünglich nur die Nächte (Vorabende) des Thomasfestes (Wintersonnenwende), des Christfestes, des Neujahrstages und des Epiphaniefestes gemeint waren. Später wird die Bezeichnung auf die gánze Zeit vom Fest des heiligen Thomas (21. Dezember) bis zum Epiphanietag ausgedehnt und dann noch einmal eingeschränkt auf die Zeit von Weihnachten bis Epiphanie. Die Zwölftenzeit »geht auf älteste indogermanische u. germanische Vorstellungen v. der unheimlichen Macht der Nachtgeister über Tag, Licht u. Leben zurück u. hat bedrückende Sagen u. viele Bräuche, wie nächtl. Schießen, Löslen (Orakel), Toten- und Geisterumzüge mit verschiedenen wilden Masken, in den Ostalpen vorwiegend der Bercht, bei bestimmten Speisen (Gebildbrot, Klötzen, Zelten) bewahrt...«.[45]

Es ist die Zeit, in der die »Wilde Jagd« über die Erde geht, das Heer der Unerlösten, der Verfluchten; eine uralte heidnische Idee, die in christlicher Zeit mit

---

[44] Solche »Herbergsuche« des Heiligen Paares betont zwar nur einen *Nebenaspekt* der Weihnachtsgeschichte. Gerade sie aber führt den Gläubigen das Unbehaustsein der Herrn in der Welt, das Wagnis der Menschwerdung, »vor Augen«.

[45] LThK X, 1445 f.

dem Armen-Seelen-Glauben verbunden wurde. Um die Wilde Jagd, Hexen, Dämonen, den Teufel (die das wachsende Licht gefährden und eine Phalanx gegen das neugeborene »Licht der Welt« bilden) abzuwehren, werden Haus, Hof und Stall »ausgeräuchert«. Der Brauch hat sich im süddeutschen Raum an den Vorabenden des Christfests, des Neujahrstages und des Epiphanietages bis heute erhalten. Bei anbrechender Dunkelheit geht (früher der Priester, jetzt der Besitzer) durch alle Räume des Hauses, durch Hof und Stall, segnet Mensch, Vieh und Vorräte mit Weihwasser und beräuchert sie mit Weihrauch[46]. Währenddessen beten die übrigen Familienmitglieder in der Stube den Rosenkranz.

Im Norden Deutschlands hat sich der Brauch (wie viele andere) verloren oder ist nie üblich gewesen.[46a] Die Segnung des Hauses am Epiphanietag, bei der die Segensformel 19+C+M+B+91 (Christus mansionem benedicat = Christus segne dieses Haus)

[46] Zum Brauchtum im einzelnen, so etwa des Berchtesgadener Landes, siehe Kriss, 43 ff.
Der Brauch des »Räucherns« in den Rauhnächten ist offenbar sehr alt. So schreibt schon Seb. Franck in seinem Weltbuch (1534):
Die zwolff naech zwischen Weihenacht und Heyligen drey Künig tag ist kein hauß das nit all tag weiroch rauch in yr herberg mache / für alle teufel gespenst und zauberey ...
(zitiert nach Worschech, 110). Vgl. auch »Die Zeit der Rauhnächte«, in: Charivari Nr. 9, Dezember 1985, 9 ff.

[46a] In der Eifel gingen Bauer und Bäuerin gegen Abend in den Stall und besprengten und beräucherten das Vieh. Dabei vermieden sie es, mit den Tieren allzu vertraulich zu sprechen und sie ... mit du anzureden ... Den bösen Geistern hätte das mißfallen (Dettmann–Weber, Eifeler Bräuche, Köln 1981, 134).

auf die Türschwelle bzw. auf den oberen Türbalken geschrieben wird, um bösen (Unheils-) Geistern den Eintritt in das Haus zu verwehren, wird kaum nachvollzogen. Eine Hausweihe zur Heiligen Zeit von Weihnachten bis Epiphanie wäre in dörflichen Gemeinschaften leicht zu beleben, vor allem, wenn sie mit einem Besuch des Geistlichen (Diakons, Gemeindehelfers) verbunden werden könnte. Mancherorts findet eine solche Hausweihe in der Osterzeit statt.

Sankt Nikolaus[47]

Es sind nicht zuletzt die Heiligenfeste gewesen, die den Advent zu einer so beliebten Zeit in der Volksfrömmigkeit gemacht haben.

Der bei weitem volkstümlichste aller adventlichen Heiligen ist Sankt Nikolaus.

Historisch gesicherte Angaben über den Bischof von Myra, der wahrscheinlich im 4. Jahrhundert gelebt hat, fehlen. Sein Leben und Wirken wurde angereichert mit Überlieferungen aus dem Leben des Abtes Nikolaus vom Sion-Kloster bei Myra, der als Bischof von Pinara am 10. Dezember 564 gestorben ist. Bald wurde die Gestalt von Legenden umwuchert, die im Volk großen Anklang fanden. Ein Nikolauskult ist bereits im 6. Jahrhundert in Myra und in Konstantinopel nachweisbar und verbreitet sich rasch in der griechischen und russischen Kirche. Begünstigt

---

[47] Vgl. dazu LThK VII, 994f.; RGG IV, 1498f.
Bächtold-Stäubli, Handwörterbuch des deutschen Aberglaubens VI, 1086ff. Das Fest des Heiligen am 6. 12. ist erstmals auf einem lateinischen Marmorkalender zwischen 821 und 841 vermerkt.

durch die griechische Kaiserin Theophanu (die Gemahlin Ottos II.) dringt die Verehrung nach Deutschland vor und erobert sich nach der Überführung (translatio) der Gebeine des Heiligen nach Bari (1087) das ganze Abendland. Das Spätmittelalter bringt eine Hochblüte des Kultes. Nikolaus wird zum Patron unzähliger Kirchen und unzähliger Vereinigungen. So ist der Heilige der Patron der Schüler, Kinder, der Schiffer, der Jungfrauen, der Bäcker, der Kaufleute, der Apotheker, der Juristen, der Gefangenen (auch der Spitzbuben), um nur einige seiner Patronate zu nennen.

Seine ikonographische Darstellung beruht auf der Legende. Er wird zunächst in einfacher bischöflicher Tracht dargestellt[48], später mit drei goldenen Kugeln (in Deutschland gelegentlich mit drei Äpfeln oder drei Broten), drei aus einem Pökelfaß aufsteigenden Knaben, seltener mit Anker oder Schiff.

Die (griechische) Urlegende dürfte im ersten Teil der Nikolausdarstellung der »legenda aurea« des Jakobus de Voragine enthalten sein: Nikolaus wirft drei Goldkugeln in das Haus eines armen Mannes, damit dessen Töchter ehrenhaft verheiratet werden können; Nikolaus wird auf wunderbare Weise zum Bischof von Myra erwählt; er hilft der Stadt in Hungersnöten (Kornwunder); verhindert einen bösen Anschlag der Göttin Diana; bewahrt endlich drei unschuldige Richter und Feldherrn vor dem Tod durch den Henker[49].

---

[48] z. B. in der Hagia Sophia (10. Jahrhundert) in Konstantinopel

[49] Die Legenden sind für Kinder gut nacherzählt von D. Steinwede, Wie das Gesicht eines Engels (dort auch die

Die Legende von der Erweckung der »eingepökelten« Kaben ist, wie andere, späteren Datums.

Es ist verständlich, daß eine so legendenumwobene Gestalt von einer Vielzahl von Bräuchen umgeben wurde. Die Grundlage[50] war neben der Legende die Rolle, die der heilige Bischof an den mittelalterlichen Schulen spielte. So wurde die (ursprünglich am Fest der Unschuldigen Kinder am 28. Dezember angesiedelte) Erwählung eines »Kinderbischofs«, der für diesen Tag das Regiment hatte und Befragung, Bescherung – neben vielen Narrenpossen – durchführte, auf den Nikolaustag verlegt[51]. Damit wurde der Weg frei für das Brauchtum des schenkenden (und pädagogisch wirksamen) Heiligen am Abend (Vorabend) seines Festes. Dieser immer volkstümlicher werdende Brauch löste bald die mittelalterlichen Mirakelspiele um den Heiligen ab.

Auf die »Einkehr« des heiligen Mannes bereiteten sich die Kinder betend vor. Ein »Kerbholz, Betholz, Vaterunser-Hölzle«[52], auf denen die Anzahl der Gebete eingekerbt war, welche die Kinder als Vorbereitung gebetet hatten, legten sie neben den Teller sowie Heu, Stroh oder Hafer für das Reittier des Bischofs (Esel) vor die (Haus-)Tür. Der heilige Bischof selbst kam im bischöflichen Ornat, wenn er nicht die Gaben nachts brachte, während die Kinder schliefen, oder als vermummter alter Mann mit Bart und Kapuze, was jedoch wegen der Anklänge an

  Legenden über St. Martin), Gütersloh 1981 und E. Jooß, Nikolaus, Freiburg 1989.
[50] So LThK, ebd.
[51] Belege bei Seb. Franck, Weltbuch (Worschech, 25)
[52] Weitere Bezeichnungen bei Bächtold-Stäubli VI, 1093

St. Nikolaus reitet über die Dächer

einen »Weihnachtsmann« in strenggläubigen Familien scharf abgelehnt wurde und wird. Der Bischof befragt die Kinder, läßt sie beten oder singen, beschenkt sie und zieht weiter. Insgesamt gilt er als gütiger, den Kindern wohlgesonnener Heiliger.
Seit historisch nicht genau belegbarer Zeit (wohl auch landschaftlich sehr verschieden) hat der Nikolaus Begleiter, mehr oder weniger Schreckgestalten, die sich von der Güte des Bischofs abheben und die unter vielen Namen und in vielfacher Eigenart auftreten. Eine Ausnahme sind einige der gelegentlich auftretenden *weiblichen* Begleiter des Bischofs, so etwa das Nikoloweib (dessen Herkunft im Dunkel liegt) im Berchtesgadener Brauchtum oder St. Barbara, die (im Rheinland) als Begleiterin des heiligen Nikolaus auftrat[53].

[53] LThK I, 1236

Der Heilige Nikolaus (16. Jahrhundert)

Während das Nikoloweibl und die Hl. Barbara freundliche Begleiter des Hl. Nikolaus sind, sind die im Fränkischen und in der Oberpfalz gelegentlich auftretenden weiblichen Begleiter, wie die »Schwarze Berta«, die »Lucier« oder die »Specht« Schreckgestalten (oft furchtbarer Art).[54] Im Rheinland, in Westfalen und in vielen andern deutschen

---

[54] Vgl. Worschech, 23 ff.; Oberpfalzverein, 72 ff.; E. u. A. Eichenseer, 96 ff.

Landschaften waren und sind es der »Hans Muff« oder allgemein der »Knecht Ruprecht«, die mit geschwärztem Gesicht (oder mit Maske) den Nikolaus begleiten. Im Berchtesgadener Land sind es zwei »Kramperln« in dunkler Fellumhüllung, mit einer Kopfhaube aus rohem Stoff oder Lammfell, die zwei Hörner hat. Manchmal treten an die Stelle der Kramperln auch die »Buttenmandl«, die in Stroh gehüllt sind und unter Tiermasken ihr Unwesen in den Häusern treiben, bevor der Nikolaus kommt (oder nachdem er gegangen ist).[55]

Ein gut Stück Heidentum mag sich hinter solchen Gestalten verbergen[56], ein geheimes Wissen um das

---

[55] Kriss, 37 ff.; vgl. auch die »Perchten« der Alpenregionen. Gelegentlich treten Kramperln und Buttnmandln gemeinsam auf.

[56] Nach Weinhold steckt etwa hinter dem Knecht Ruprecht niemand anders als der »Schimmelreiter« (= Wotan, der auf einem Schimmel reitet); zumindest ist er dessen Begleiter (der später zum »Nikolaus« abwandert). Weinhold sieht allerdings überall massiv heidnische Wurzeln des Brauchtums wirksam (vgl. etwa die Seiten 4–30 seines o. a. Werkes). Diese Meinung ist zumindest umstritten (vgl. K. Meisen, Nikolauskult und Nikolausbrauch im Abendland, Forschungen zur Volkskunde, Heft 9–12, Düsseldorf 1971, der das Nikolausbrauchtum ganz aus der christlichen Wurzel erklärt).

Im nahezu unüberschaubar gewordenen Nikolausbrauchtum haben sich wohl heidnische und christliche Elemente unlösbar vermischt. Das dürfte vor allem für den süddeutschen, insbesondere den schweizerischen Raum gelten. Vgl. etwa die Artikel: »Mittwinterbräuche in Hallwil«, »Kläuse in Kaltbrunn«, »Chlausumzug in Zürich-Wollishofen« u. a. in dem sehr instruktiven Werk: »Das Jahr der Schweiz in Fest und Brauch« (Artemis), Zürich und München 1981.

dämonische Treiben gerade in der Zeit des Advents, dunkel verbunden mit dem Wissen um das fascinosum und das tremendum, das stets das Heilige und den Heiligen umgibt, und um die Unerlöstheit aller Schöpfung vor der zweiten Weihnacht[57].

[57] Wieweit die Rute, welche der Nikolaus gelegentlich statt der Gaben schenkt, oder mit der Knecht Ruprecht Schläge austeilt, mit der belebenden, Fruchtbarkeit schenkenden Lebensrute, mit der die Menschen geschlagen werden, zusammenhängt, muß offenbleiben.
Bräuche, deren Wurzel ein Schlagen mit der Lebensrute ist (oder sein könnte), sind in fast allen deutschen Landen bekannt. Interessant ist dabei, daß solches Brauchtum zu ganz verschiedenen Zeiten des Jahres gepflegt wird. In Pommern war offenbar das »Osterstiepen« alter Brauch: die jungen Burschen »stiepten« die Mädchen mit frischen Birkenzweigen am Ostertag (K. Granzow, Sie wußten die Feste zu feiern. Pommersches Brauchtum, Leer 1982, 31 ff. Dort auch der Hinweis, daß die Kinder »Osterruten« (grüne Birkenzweige mit Frühlingsblumen zusammengebunden) austrugen, vor allem zu den Paten und den Großeltern). Einen ähnlichen Brauch berichtet Schönfeldt als Aschermittwochsbrauch aus Sachsen, Mecklenburg, dem Harz und aus dem Hannoverschen (S. Gräfin Schönfeldt, 74). In einigen Gebieten der Oberpfalz (z. T. in den letzen Jahrzehnten neu belebt) ist das »Moila-Aspeitschn« mit Barbarazweigen für die Nacht vor dem Tag des Evangelisten Johannes (27. 12.) verbürgt (Oberpfalzverein, 82 ff.). Im Fränkischen ist das »Pfeffern« der jungen Mädchen durch die Burschen am Stephanustag üblich. Früher gingen die Kinder mit langen Ruten zu Paten, Bekannten, Freunden..., schlugen die (zart) und heimsten dafür Geschenke ein (Worschech, 106 ff.). In Österreich war der »Unschuldige Kindertag« als Tag des »Frisch- und Gsund-Schlagens« bekannt (v. Geramb, Sitte und Brauch in Österreich, Graz 1948, 219). Auch hier mag dunkel noch das Wissen mitschwingen, das Heil (und Wohl) vom Baum des Lebens kommen.

Gebildbrote zur Osterzeit (Osterbrot; Brote mit Ostersymbolen)

Die Gaben des Heiligen sind ursprünglich die Gaben des Herbstes gewesen: Obst (Äpfel), Nüsse, Eßkastanien, Kletzenbrot. In der Schweiz und in Altbayern gab es den »Klausenbaum«, der mit Äpfeln und Nüssen bedeckt war, der dann aber vom Weihnachtsbaum abgelöst wurde. Dazu gab es – ein sehr alter Brauch – »Gebildbrote« mannigfacher Art: teiggebackene Hähne, Hühner, Hasen, Hirsche, Schweine, Rösser; auch Menschenfiguren: Bischöfe, Heilige, gelegentlich auch Darstellungen der Schreckgestalten. Der Brauch hat sich bis heute im »Stutenkerl, Nikolauswecken, Weckemann...« erhalten, vor allem aber in der Spekulatiusherstellung[58]. Das Schenken von Süßigkeiten aller Art, die heute vor allem die Nikolaustüten oder die Nikolausteller (Nikolausschuhe) füllen, ist jüngeren Datums.

[58] Cassel versucht, den Sinn solcher »Gebildbrote« zu erhellen. Er zitiert Mt 4,4: »Der Mensch lebt nicht vom Brot allein, sondern von jedem Wort, das aus Gottes Mund kommt.« Er erinnert an die Bücher, die sowohl Ezechiel als auch der Seher auf Patmos verzehren mußten und die »süß wie Honig« schmeckten. »Auch sonst war der Glaube verbreitet, daß sowohl durch den Geschmack wie durch Auge und Ohren eine Lehre vermittelt werden könne.« (P. Cassel, Weihnachten – Ursprünge, Bräuche und Aberglauben, Unveränderter Nachdruck der Ausgabe von 1862, Wiesbaden o. J., 190)
Nach S. Schönfeldt hat man zur Osterzeit »die gebackenen großen und kleinen Buchstaben vom ABC ganz fein verhackt und mit dem ebenfalls feingewiegten, hart gekochten Karfreitagsei (= einem Ei, das am Karfreitag gelegt worden war) vermengt und den Buben zu essen gegeben, die im Frühjahr zur Schule kamen«. Das sollte ihnen das Lernen erleichtern und sie schlau machen. (108) Nach Zunz war es üblich, den Schülern das hebräische Alphabet zu zeigen und sie die mit Honig bestrichenen Buchstaben ablecken zu lassen; überhaupt hätten sie Honigkuchen mit Sprüchen zum Essen bekommen.

Aber die »Gebildbrote« (die Wortschöpfung geht auf E. L. Rochholz zurück, dessen Werk: »Deutscher Glaube und Brauch im Spiegel der heidnischen Vorzeit« 1867 in Berlin erschien) dürften kaum aufgrund solcher Erwägungen in das Brauchtum gelangt sein. Sie gehören ja zum Brauchtum aller Feste des Jahres. Wahrscheinlich liegen auch bei den Gebildbroten viele Wurzeln tief in der Religionsgeschichte der Völker. Solche Brote waren Opfergaben an die Götter. Im Mithras-Kult wurden sie bei sakralen Mahlzeiten verzehrt. Brote, oft mit der »Sator«-(Zauber- und Beschwörungs-)Formel, dienten als Schutz gegen Hexen

Die Nikolausbräuche haben sich vor allem in den katholischen Gebieten erhalten. Die evangelische Christenheit hat die, früher mit dem Nikolaustag verbundene Bescherung (eine Ausnahme bilden die Niederlande) auf das Christfest verlegt. Hier dürfte die Umwandlung des Nikolaus in den (der Theologie und dem Volksbrauch fremden) Weihnachtsmann ihre Wurzeln haben.

Das Nikolausbrauchtum sollte bewußt erhalten und gefördert werden. Vor allem für die Kinder sollte der Heilige ein Vorbote des kommenden Christkindes sein. Ein Schein des weihnachtlichen Lichtes fällt in

> und Dämonen, gegen Feuer und den Biß tollwütiger Hunde. Gebildbrote konnten in Gräbern als Grabbeigaben rekonstruiert werden.
>
> Gerade hier, wo es in der Volkstheologie um die Reinerhaltung der Lehre vom eucharistischen Brot ging, hat die Kirche einen leidenschaftlichen Kampf geführt. Im 5. Jhdt. wird in einem Brief des Papstes an den Bischof von Arles die Sitte aufs schärftste verurteilt, »ein aus Semmelmehl gebackenes Idol an das gläubige Volk zu verteilen« (das es dann verzehrt). Und noch im 13. Jhdt. erklärt ein norwegisches Gesetz den für »vogelfrei«, der Speiseopfer aus Teig in menschlicher Gestalt aufbewahrt.
>
> Gewiß mag noch heute ein Stück Magie bei den Gebildbroten Pate stehen. Mehr aber ist es wohl die fromme Phantasie, die zu den Hochfesten Gebildbrote mannigfacher Art herstellt. Ein Stück des Glaubens wird so sinnenfällig, und wir begreifen wieder, daß Gott »zu genießen« ist, so etwa wenn – wie in Bayern üblich – das weiße Osterbrot (ein Hefebrot mit Rosinen) mit einem Kreuz verziert auf dem Ostertisch steht. (Vgl. zum Ganzen das sehr instruktive und phantasievolle Buch von Inge Carius: Gebildbrot, Königstein 1982. Dort auch Anregungen zum Herstellen der Gebildbrote zur Advents-, Weihnachts- und Osterzeit).

ihm und durch ihn in die Zeit des Advents. Die Gaben, die er bringt, sind Angeld jenes großen Geschenkes, das uns in der Geburt des Sohnes von Gott gemacht wird.

Dabei wird die Einkehr des Heiligen *gespielt*. Der »Darsteller« legt vor den Kindern die bischöflichen Gewänder an; spricht, singt, betet mit ihnen und erzählt vom kommenden Fest. In einem Nikolausspiel können die Legenden durch Kinder gespielt werden (wobei der »Heilige Mann« zuschaut), was

Masken der »Buttnmanndln«, Begleiter des heiligen Nikolaus im Berchtesgadener Land

nach kurzem Üben (oder als reines Stegreifspiel) gelingt. Es wäre gut, wenn Erzieher auch auf die (häufig ausgeartete oder professionell gewordene) häusliche Nikolausfeier Einfluß nehmen könnten.

Bei Nikolausfeiern mit Jugendgruppen oder Gruppen von Erwachsenen können die Legenden um den Heiligen auf ihren theologischen Aussagewert befragt werden. Diese theologische Sinndeutung sollte vor allem Klamauk (für den die Fastnacht bessere Gelegenheit bietet) den Vorrang haben. Es ist zu überlegen, ob in solchen Gruppen nicht eine der Schreckgestalten ihren Platz hätte – gleichsam als Chiffre der Mächte der Finsternis, des Dämonischen, des Unheiligen, die zum Dienst gezwungen werden.

Sankt Barbara

Die heilige Barbara, deren Fest seit alters am 4. Dezember gefeiert wird, ist die (für uns) volkstümlichste Heilige des Advents nach dem heiligen Nikolaus. Die Patronin der Artilleristen, Architekten, Glöckner, Gießer und Köche ist eine der 14 Nothelfer(innen) und gilt als Beschützerin in Gewitter- und Feuersnöten. Knappen, vor allem die in den Salzbergwerken des Salzburger Landes, erhielten am Festtag das »Barbara-Brot«. Ein Barbara-Licht im Schacht schützte vor den Schlagenden Wettern, und für die Berggeister (Bergmannel) stellte man in der Barbara-Nacht Essen und Trinken bereit[59].

Bekanntester Barbara-Brauch ist der der Barbara-Zweige. Der Brauch ist offenbar alt. Wurde im

[59] LThK I, 1236

St. Barbara

November das Vieh von den Weiden getrieben, so schnitt man Zweige, um sie in Stube oder Stall im Wasser zum Blühen zu bringen. Aus der Tatsache des Aufblühens und dem Reichtum der Blüten schloß man auf Segen für das kommende Jahr. Im 15. und 16. Jahrhundert brachte man diese Sitte mit dem Weihnachtsfest in Verbindung und »deutete die Blüten auf das Christfest hin«[60]. Stonner führt den Brauch auf die Sitte zurück, daß man im Winter

---

[60] Veit / Lenhart, 145

bemüht war, etwas Lebendiges mit in die Stube zu nehmen und so gewissermaßen die Triebkraft der Natur den Winter hindurch in den Frühling zu retten. Später dachte man auch an das Reis, das aus der Wurzel Jesse entsprungen ist. Sich von den Barbara-Zweigen Auskünfte über das kommende Jahr zu erhoffen, hält Stonner nicht einfach für Aberglauben, da ja aus der Vielzahl der aufbrechenden Blütenknospen durchaus geschlossen werden könne, wieviel Obst im kommenden Jahr zu erwarten sei.[61] Jedenfalls dürfte ein alter Volksbrauch mit dem Barbara-Tag verbunden worden sein, da in den bald ständig geheizten Stuben die Zweige in etwa dem Zeitraum zum Blühen kamen, der dem zeitlichen Abstand des Barbara-Festes vom Christfest entsprach. Die Volkstümlichkeit der Heiligen trug dazu bei, den Brauch hier »festzumachen«. Dabei haben Barbarazweige und -bäume zunächst die Stelle des Christbaums eingenommen (und in manchen Gegenden bis zum Beginn dieses Jahrhunderts behauptet.[62]) So schreibt der »Simplizianische Wundergeschichts-Kalender« von 1795:

»Ihr müßt nämlich zum Voraus wissen, daß wir hier in unserer Gegend die löbliche Gewohnheit haben, alle Jahre, kurz vor Weihnachten, etliche Sorten von Bäumen, als da sind Kirsch-, Apfel-, Holunder- und andere Bäume, in die Stube in einen Hafen oder Stütze mit Wasser zu stellen, welche gewöhnlich zur Zeit des Christtages blühen ... An allen Ästchen und Zweigen hingen nun allerhand Conditor- und Zucker-

---

[61] a.a.O., 77
[62] Worschech, 83

Barbarazweige

waren, als welches mit dem Blühen des Baumes gar artig harmonierte ...«[63]

[63] Neben dem Barbaratag waren es früher die Tage des Hl. Andreas (29. 11.) und der Hl. Luzia (14. 12.), an denen solche Bäume oder Zweige aufgestellt wurden.

Aufgestellt wurden auch Birkenbäumchen, die zur Weihnacht grünes Laub hatten, die Kornelkirsche und die Schlehe. Heute werden vor allem Kirschzweige geschnitten. Im Odenwald durften die Zweige – wenn sie zur Weihnacht blühen sollten – nur mittags zwischen 11 und 12 Uhr ins Wasser gestellt werden. In der Gegend um Schweinfurt wurden sie früher nur bei Dunkelheit (in der Morgenfrühe) gebrochen, und zwar stillschweigend. Vielleicht zeigt sich darin noch ein Rest der alten Polizeiverbote, in denen das Aufstellen von solchen Zweigen oder Bäumen strikt untersagt wurde. So heißt es in einem Bericht aus Bayreuth (1796):

»Das Einschleppen der sogenannten Barbara- oder Christkindleinsbäume ist lange schon gesetzlich bey uns verbothen. Man nahm dazu, was man fand, junge Fichten, junge Tannen, Zwetschgen, Kirschen, Weichsel, Hollunder und Birkenbäume. Die Waldungen wurden mitgenommen, und die Gärten geplündert. Das geht nun freilich nicht mehr. Da aber Weihnachten doch einmal Weihnachten bleibt, und die großen Kinder bey einem mit Äpfeln und Nüssen behangenen Baume oft noch mehr zappeln, als die kleinen: so sucht man jenes Verboth noch immer zu hintergehen, und läßt sich wenigstens unter der Hand den Ast von einem Weichsel- oder Hollunderbaum durch den benachbarten Gartenbesitzer mittheilen; auf daß dem Christfeste sein Recht geschehe. Doch mögen dergleichen Fälle seltener werden.«[64]

Der Barbarabrauch sollte gepflegt werden. Er hat primär den Sinn, auf den Zweig aus der Wurzel Jesse hinzuweisen, der aufblüht in der Weltennacht.

[64] Worschech, 23

2 Brauchtum in der Weihnachtszeit

2.1 Geschichte, Datum, Etymologie des Weihnachtsfestes

Der Tag der Geburt Jesu ist unbekannt. Nach anfänglichem Schwanken der Tradition (in Ägypten und wahrscheinlich auch in Palästina wurde das Geburtsfest im Mai gefeiert) wiesen die ersten Kalender den Todestag Jesu am 14. Nissan auch als seinen Geburtstag aus. Die Schrift »De Pascha computus« (243) rechnet von der Tag- und Nachtgleiche des Frühlings (21. März), die dem ersten Schöpfungstag gleichgesetzt wird, bis zum 4. Schöpfungstag, an dem die Sonne erschaffen wurde, so daß Jesus Christus, die »Sonne der Gerechtigkeit«, am 25. März geboren worden wäre. Die erste Nennung des 25. Dezember stammt aus einer Schrift des Jahres 354, wobei das Datum bereits für 336 vorausgesetzt wird. Wie lange vorher schon ein Geburtsfest Jesu begangen wurde, ist unbekannt[1].

Fragt man nach den Gründen für eine Feier der Geburt Jesu am 25. Dezember, so stehen sich zwei Meinungen gegenüber. Die eine, der Jungmann die größte Wahrscheinlichkeit zuspricht, besagt, schon vor aller kalendarischen Berechnung habe die

[1] Vgl. LThK X, 984 ff.; RGG VI, 1564 ff.

römisch-christliche Kirche dem römischen Reichsfeiertag »Natalis Solis Invicti« (Geburt der unbesiegten Sonne, also des römischen Kaisers), der am 25. Dezember gefeiert wurde, bewußt das Geburtsfest Jesu Christi als der wahren unbesiegten (und unbesiegbaren) Sonne entgegengestellt, um so das heidnische Fest von innen her zu überwinden.

Dem steht die »Berechnungshypothese« anderer Forscher gegenüber. Nach ihnen wurde der 25. März für den Tag der Empfängnis Jesu und seines Todes gehalten. Von ihm her habe man dann den 25. Dezember als Tag der Geburt berechnet. Es ist allerdings aus dem 3. Jahrhundert kein Zeugnis bekannt, daß der 25. März, der als Todestag Jesu galt, auch als Tag seiner Empfängnis ausgegeben wurde[2].

Von Rom aus verbreitete sich das Fest bald nach Nordafrika (erste Zeugnisse um 360), Oberitalien (Ende des 4. Jahrhunderts), Spanien (380). Für unseren Raum ist für diese Zeit das Fest noch nicht urkundlich bezeugt, es dürfte jedoch bald danach Fuß gefaßt haben. Auch in den Orient, der als Fest der Geburt Christi ursprünglich den Epiphanietag (6. 1.) feierte, drang das Fest Ende des 4. Jahrhunderts vor und wurde bald zum beliebtesten und volkstümlichsten Fest der gesamten Christenheit.

Unser deutsches Wort »Weihnacht« ist etymologisch wohl die Zusammensetzung eines untergegangenen

---

[2] Daneben gibt es eine Vielzahl von Hypothesen, von denen P. Cassel einige gesammelt hat. Er selbst glaubt, daß der 25. Dezember auf die Weissagung des Haggai vom »24. Tag des 9. Monats« zurückgehe, wobei Christus als der »wahre Tempel« gesehen wird. Die These Cassels wurde in der Folge kaum beachtet.

Adjektivs, das »heilig« bedeutete, mit dem Substantiv »Nacht«. Die Sprachform »Weihnachten« beruht offenbar auf einem alten Dativ: »ze wihen na(c)hten« (»in den heiligen Nächten«), wobei die »Zwölften« gemeint sein könnten[3].

2.2 Zur Theologie des Festes

Wenn die frühe Christenheit vom »Anfang« der Frohen Botschaft sprach, vom »Beginn« des göttlichen Wirkens in Jesus Christus, so meinte sie das öffentliche Auftreten Jesu. So beginnt das älteste Evangelium, das Markus-Evangelium, mit dem Auftreten Johannes des Täufers, der Taufe Jesu im Jordan, der Versuchung in der Wüste und den ersten Predigten. Erst später fragt die Kirche nach dem »Ursprung Jesu in Gott«, eine Frage, die im Lichte der Osterereignisse gestellt und beantwortet wird. Die dabei berichteten Ereignisse gehören nicht mehr zur »apostolischen Autopsie«[4]. Sie sind Glaubenszeugnisse, richtiger: Christusbekenntnisse der jungen Kirche. Dabei leitet Lukas und Matthäus nicht primär ein *biographisches* Interesse – alles Berichtete dient der »Entber-

---

[3] Der große Duden. Herkunftswörterbuch, Mannheim 1963, 759

[4] Zur apostolischen »Augenzeugenschaft« vgl. vor allem den Bericht von der Wahl des Matthias (Apg 1,15 ff.) anstelle des Judas. Petrus sagt: »Es muß nun von den Männern, die mit uns zusammen waren in der ganzen Zeit, da der Herr Jesus unter uns aus- und einging, von der Taufe des Johannes angefangen bis zu dem Tage, da er von uns hinaufgenommen ward, von diesen muß einer mit uns Zeuge seiner Auferstehung werden« (1,21).

gung des Christusmysteriums« (H. Schürmann). Die Fachliteratur spricht von einer »homologetischen Geschichtsschreibung« (von griech. homologeo = zusagen, zusichern, frei heraussagen, bekennen...)[5].

Dabei steht die Geburtsgeschichte Jesu (Lk 2,1–21) zusammen mit der Tempelgeschichte (Lk 2,22–40) im Mittelpunkt. Diese Geburt ist prophetisch angekündigt und direkt vorausgesagt, wobei das Schema »Verheißung – Erfüllung« die Kindheitserzählungen strukturiert. Ein Nebenmotiv ist die Verbindung mit den Erzählungen von der Geburt des Täufers; dabei wird primär die Zuordnung beider, erst sekundär das Überbietungsmotiv (ohne jede Polemik) deutlich.

Da in Christus die Zeit der Erfüllung und Vollendung anbricht, übernehmen die Hagiographen die Stilmittel der Apokalyptik. Die Engel als endzeitliche Gottesboten sind hier vor allem zu nennen. So wird das Weihnachtsevangelium gleichsam von zwei Scheinwerfern angestrahlt: dem (milderen) der Prophetie und dem helleren, leuchtenderen der apokalyptischen Erfüllung.

Am deutlichsten dürfte die Theologie der Kindheitserzählungen sich im lukanischen Bericht von der Geburt Jesu in Betlehem niedergeschlagen haben. Diese Perikope zeigt eine Dreiteilung: Lk 2,1–7; 8–14; 15–20.

---

[5] Vgl. zum Ganzen: H. Schürmann, Das Lukas-Evangelium, in: Herders Theol. Kommentar zum NT, Bd. III, Freiburg 1969

Lk 2,1–7:
»In jenen Tagen erließ Kaiser Augustus den Befehl, alle Bewohner des Reiches in Steuerlisten einzutragen. ²Dies geschah zum erstenmal; damals war Quirinius Statthalter von Syrien. ³Da ging jeder in seine Stadt, um sich eintragen zu lassen.
⁴So zog auch Josef von der Stadt Nazaret in Galiläa hinauf nach Judäa in die Stadt Davids, die Betlehem heißt; denn er war aus dem Haus und Geschlecht Davids. ⁵Er wollte sich eintragen lassen mit Maria, seiner Verlobten, die ein Kind erwartete. ⁶Als sie dort waren, kam für Maria die Zeit ihrer Niederkunft, ⁷und sie gebar ihren Sohn, den Erstgeborenen. Sie wickelte ihn in Windeln und legte ihn in eine Krippe, weil in der Herberge kein Platz für sie war.«

Lukas liebt es, wichtige Ereignisse der Heilsgeschichte der profanen Geschichte einzugliedern (vgl. Lk 3,1 f.). Vielleicht ist hier der »Zensus« des Augustus eingeführt, um deutlich zu machen, daß die Geburt des Gottessohnes sich der Weltgeschichte störungslos einordnet, daß die junge Christenheit nicht Störfaktor im Staate ist. Sicher dürfte aber auch deutlich werden, daß die Weltmacht in den Dienst Gottes treten muß, um die Geburt Jesu in Betlehem, in Davids Stadt, zu ermöglichen (wobei die Diskrepanz des gewaltigen Augustus und des Wickelkindes im Futtertrog die Paradoxie der Botschaft des Engels deutlich macht). Ein direkter Bezug zum Werk Vergils[6] ist nicht auszumachen, obwohl im Hintergrund

---

[6] Vgl. die Äneis: Sebastos als Bringer der »goldenen Endzeit« oder die 4. Ekloge der Bukolika.

unserer Erzählung doch das Warten der Menschheit auf die anbrechende Stunde des Heiles steht.
Erstaunlich ist die Knappheit, mit der das gefeierte Ereignis erwähnt wird (2,7). Die Windeln werden wohl um der Engelsverkündigung an die Hirten willen erwähnt (2,12). Der Ort der Geburt wird nicht genannt, überhaupt liegt wohl »die Frage der Unterkunft in keiner Weise im Erzählinteresse des Textes. Wichtig ist ihm einzig das: ... am geweissagten Ort«[7].
Das ist richtig. Dennoch ist die Frage erlaubt, warum hier (der geweissagte Ort Betlehem ist ja erreicht) Krippe und fehlende Herberge erwähnt werden. Es liegt nahe, an ein österliches Motiv zu denken: Der Herr wird »draußen«, eben am Rande der Stadt, geboren. *Kreuz* deutet sich an.

Lk 2,8–14:
»[8]In jener Gegend lagerten Hirten auf freiem Feld und hielten Nachtwache bei ihrer Herde. [9]Da trat der

---

[7] Schürmann, 103. Schürmann führt in einer Anmerkung aus: »Es ist nicht erzählt, das heilige Paar sei hartherzig ausgestoßen gewesen ... Auch nicht, der Ort sei eine Grotte gewesen ... und Ochs und Esel hätten zugeschaut; es sei ferner mitten im kalten Winter gewesen ... dazu in tiefer Mitternacht ... – wenn sich die fromme Phantasie versuchsweise einmal in all diesen Fragen das Gegenteil vorstellen würde, fänden wir eher zu dem, was dem Text an dem Ereignis eigentlich wichtig und erwähnenswert ist« (ebd. Anm. 40).
Das ist wohl richtig. Dennoch hat die tiefe Symbolik, mit der gerade das Abendland das Geburtsgeschehen umgeben hat (Dunkelheit, Mitternacht, Kälte, Stall, Grotte ...) ihren unleugbaren Stellenwert in der Adaption des Weihnachtsgeschehens.

Engel des Herrn zu ihnen, und der Glanz des Herrn umstrahlte sie. Sie fürchteten sich sehr, [10] der Engel aber sagte zu ihnen: Fürchtet euch nicht, denn ich verkünde euch eine große Freude, die dem ganzen Volk zuteil werden soll: [11] Heute ist euch in der Stadt Davids der Retter geboren; er ist der Messias, der Herr. [12] Und das soll euch als Zeichen dienen: Ihr werdet ein Kind finden, das, in Windeln gewickelt, in einer Krippe liegt. [13] Und plötzlich war bei dem Engel ein großes himmlisches Heer, das Gott lobte und sprach:
[14] Verherrlicht ist Gott in der Höhe,/ und auf Erden ist Friede / bei den Menschen seiner Gnade.«

Es bedarf eines deutenden Offenbarungswortes, um das paradoxe Zeichen glaubwürdig zu machen: Das Wickelkind im Trog ist die Erfüllung aller Träume und Sehnsüchte der Menschheit, allen Wartens des auserwählten Volkes. Dieses offenbarende Wort wird durch den Boten Gottes Hirten zuteil.
Die Hirten sind Angehörige eines sehr geachteten Berufsstandes. Die Patriarchen waren Hirten, ebenso Mose und König David. In vielen Psalmen wird Gott als Hirte besungen. Vor allem das Wissen um David, der »von der Herde weg« zum Königtum berufen wurde (1 Sam 17), dürfte im Verein mit Micha 4,8 nahelegen, daß das »Hirtenmilieu ... im Sinne der Erzählung als ein messianisches Motiv«[8] zu verstehen ist.
Gewiß gibt es Hinweise darauf, daß der Hirtenberuf zur Zeit Jesu nicht mehr so geachtet war wie früher.

---

[8] Schürmann, 108

Die Hirten gehörten zu den Armen (Analphabethen), die das Gesetz nicht kannten; gelegentlich wurden ihnen Unehrlichkeiten zur Last gelegt. Aber das berechtigt kaum zu der Annahme, in den Hirten seien (primär) die Armen, Verachteten, Entrechteten gemeint, die als erste die Botschaft von Jesus empfingen. Jesus hätte sich kaum selbst als Hirt (Joh 10) bezeichnet, wenn der Beruf völlig in Mißkredit geraten wäre.

Die Engel werden als apokalyptische Verheißungsträger geschildert, die bei Menschen Furcht auslösen. Der Engel von Betlehem verkündet jedoch das »gaudium magnum«, die »große Freude«. Das Heilsinteresse bedingt es, daß der Hinweis auf den »Retter« vorangestellt wird, erst dann ist vom Herrn, vom »Christus Kyrios« die Rede.

Was mit dem Hinweis auf das Weltall (orbis terrarum) des Augustus begann, endet mit dem Hinweis auf den anbrechenden neuen »orbis terrarum«. Dabei ist der Hymnus der Engel präsentisch:

> »Verherrlicht *ist* Gott in der Höhe,
> und auf Erden *ist* Friede bei den Menschen.«

Lk 2,15–20:
»[15] Als die Engel sie verlassen hatten und in den Himmel zurückgekehrt waren, sagten die Hirten zueinander: Kommt, wir gehen nach Betlehem, um das Ereignis zu sehen, das uns der Herr verkünden ließ. [16] So eilten sie hin und fanden Maria und Josef und das Kind, das in der Krippe lag. [17] Als sie es sahen, erzählten sie, was ihnen über dieses Kind gesagt worden war. [18] Und alle, die es hörten, staunten über die Worte der Hirten. [19] Maria aber bewahrte

alles, was geschehen war, in ihrem Herzen und dachte darüber nach. [20] Die Hirten kehrten zurück, rühmten Gott und priesen ihn für das, was sie gehört und gesehen hatten; denn alles war so gewesen, wie es ihnen gesagt worden war.«

Die Hirten brechen auf. Sie finden die Botschaft des Engels bestätigt und antworten auf Gottes große Taten mit Jubel – stellvertretend für alle, die mit dieser Botschaft, mit diesem Christusereignis der Weihnacht, in Verbindung kommen.
Matthäus fügt den umlaufenden Erzählungen über das Kommen des Gottessohnes die Erzählung von den Sterndeutern an, die aus dem Osten kommen, um den Herrn anzubeten (Mt 2,1–12): In ihnen kommen die Völker der Welt, um dem Kind zu huldigen. Angesehene Männer der »Heidenvölker« knien vor dem Kind nieder, während der Mächtige seines Volkes das Kind verfolgt und es töten will (Mt 2,13–18). Krippe und Kreuz sind schon eng verschwistert.

2.3 Das Brauchtum des Weihnachtsfestes

Die Krippe

Die Nachbildung des Weihnachtsgeschehens in Form einer »Krippe« geht – historisch gesehen – wohl auf die Krippendarstellung in St. Maria Maggiore in Rom zurück, wo man die (heute als unecht erwiesenen) Reste der Krippe Jesu aufbewahrte. Bald wurde in solche Krippe auch das Kind gelegt.

Sicher hat auch die »Weihnachtsfeier« des Hl. Franz im Walde von Greccio (1223), bei der eine Krippe aus lebenden Figuren der Mittelpunkt war, das Brauchtum angeregt. Endlich hat der Brauch des »Kindlwiegens« eine Rolle gespielt.

In der Folgezeit werden der Krippe mit dem Kind weitere heilige Gestalten hinzugefügt. In Deutschland wurde die erste Krippe (in unserm heutigen Sinn) durch die Jesuiten 1562 in Prag aufgestellt, dann 1601 in Altötting. Unter dem Einfluß der Franziskaner gelangte die Krippe in das häusliche Brauchtum.

Vor allem in der Barockzeit wurden die Krippenszenen reich ausgestaltet. Sie waren »wirksames Motiv für das Volksfromme und reiches schöpferisches Kunstschaffen«, während die spätere Aufklärung die Krippe als »läppisches Kinderspielzeug« abtat[9]. Aber die Krippe behauptete ihren Platz. So ist in vielen Familien bis heute die häusliche Krippe ein fast selbstverständlicher Brauch der Weihnachtszeit. Sie wird am Heiligen Abend zusammen mit dem Christbaum aufgestellt oder bereits in den letzten Tagen des Advents, aber noch ohne das Kind, das in der Heiligen Nacht dann in die Krippe gelegt wird. Die Szenerie der Krippe ist im wesentlichen vorgeformt durch Darstellungen des Weihnachtsgeschehens in der christlichen Kunst, vor allem der romanischen und gotischen Epoche. Die Tradition solcher

---

[9] Veit/Lenhart, 83. Auch die evangelische Christenheit hat kaum ein rechtes Verhältnis zu diesem Brauch (wie zu vielen Bräuchen) gefunden. Heute ist eine Wertschätzung des Brauchtums unverkennbar.

Darstellungen reicht bis in die ersten christlichen Jahrhunderte (vor allem in der Sarkophagkunst) zurück[10].

Wesentliche Details der Darstellung des Weihnachtsgeschehens sind:

- die Krippe mit dem Kind, das einen Nimbus (oft einen Kreuznimbus) trägt; die Tiere (Ochs und Esel) und (gelegentlich) der Stern;
- Maria;
- Joseph;
- die Verkündigung an die Hirten;
- die Hebammen (Zebel und Salome);
- das Bad Jesu mit den Bademädchen;
- (vor allem auf den Darstellungen des griechischen Typs): die Magier.

Das Kind

Die *Krippe* ist in den älteren Darstellungen gewöhnlich aus Flechtwerk[11], seltener aus Stein. Sie ist als heiliger Berg[12], als Altar[13] oder als Sarkophag

---

[10] Vgl. das sehr instruktive Werk von O. Kastner, Die Krippe, Linz 1964 (mit umfassendem Literaturverzeichnis)

[11] Das griechische Urwort »he phatne« meint einfach: Vertiefung, seichte Grube. Die Vulgata übersetzt mit »praesepe« (oder praesepium), was mit Flechtwerk, Hürde, geflochtener Futtertrog ... übersetzt werden müßte. Unser deutsches Wort »Krippe« ist von »Krebe« abgeleitet, was ebenfalls Flechtwerk bedeutet.

[12] So die Ursymbolik des Berges aufnehmend, vgl. H. Kirchhoff, Ursymbole, 115 ff.

[13] Jesus wird dabei als das vom Vater geschenkte Brot gesehen, wobei Betlehem mit »Haus des Brotes« übersetzt wird.

Weihnachtsbild mit Geburt, Verkündigung an die Hirten und Bad Jesu. Antiphonar aus St. Peter, Salzburg, um 1170

(Krippe und Kreuz) gestaltet. Das Kind ist im allgemeinen älter als ein Säugling (Darstellung seiner göttlichen Würde), aber in Windeln gewickelt und faschiniert.

Die Faschinen mögen das Wickeln des Kindes vertiefen, können auch ein Rest des alten »Flechtwerks« der Krippe sein, haben aber vor allem wohl die Symbolbedeutung des Gebundenseins des Kindes an den Vaterwillen. In ähnliche Richtung weist der Kreuznimbus: Das Kind geht dem Kreuz entgegen.

Tiere

Nie fehlen der *Ochs und der Esel,* die immer in unmittelbarer Nähe des Kindes zu finden sind. Sie sind in vielfacher Weise gedeutet worden. Es ist möglich, daß sie aus Jesaja 1,3 in das Weihnachtsgeschehen gelangt sind: »Das Rind kennt seinen Besitzer und der Esel die Krippe seines Herrn. Israel erkennt nicht, mein Volk hat keine Einsicht«. Diese Deutung ist jedoch erst relativ spät nachweisbar (nach 350).[14] Auch die (falsche) Septuaginta-Übersetzung von Habakuk 3,2: »Inmitten zweier Lebewesen (Tiere) wirst du dich offenbaren«, könnte eine Rolle gespielt haben.

Augustinus sieht im Ochsen das Bild der Hirten (Juden), im Esel das der Heiden. Andere sahen (später) in beiden das Bild «vertierter, roher Sinnlichkeit«[15].

Auf einigen Bildern dürften Ochs und Esel auch als Vertreter der gesamten außermenschlichen Kreatur

---

[14] Sie durfte allerdings die häufigste Deutung sein.
[15] Kastner, 39

verstanden sein, die nach Röm 8,18 ff. auf ihre Erlösung wartet[16].

Nun gibt es in der Umgebung des Alten Testaments vielfältige Tierkulte, vor allem in Ägypten, aber auch in Syrophönikien und im Kult des Mithras. So könnten der Ochse als Sinnbild alter Stierkulte[17], der Esel als Bild (priapischer?) Eselskulte im Mittelmeerraum verstanden worden sein[18]: Alle heidnischen Kulte werden an die Krippe gebunden – sie müssen in den Dienst des Kindes treten.

Stern
Der *Stern* über der Krippe dürfte – abgesehen von Mt 2,9 – vor allem über die apokryphen Kindheitsevangelien in die Krippendarstellung gelangt sein. Im sogenannten Protoevangelium des Jakobus (das in den hier vor allem interessierenden Kapiteln I–XXII bis in die erste Hälfte des 2. Jahrhunderts zurückreicht) wird geschildert, Joseph habe für die niederkommende Maria eine Felsengrotte gefunden. Über der Grotte lagert eine (verhüllende) »lichte Wolke«, die von einem »so mächtigen Licht« abgelöst wird,

---

[16] So etwa auf dem Bild »In Erwartung des Kindes« aus dem Kloster Mondsee (siehe oben Seite 14)

[17] Zu denken ist hier an die Gefahr, die für Israel von den Stierkulten ausging. Als Jeroboam I. von Israel (nach Salomos Tod) in Dan und Bethel Stierbilder aufstellen ließ, um die Bewohner seines Reiches von der Wallfahrt nach Jerusalem (Tempel) abzuhalten, wurde das als eines der schwersten Vergehen in der Geschichte Israels mit Jahwe verstanden (so daß dieses Geschehen als »Tanz um das goldene (Stier-)Kalb« in die Wüstenzeit zurückprojiziert wurde).

[18] Dazu Kastner, 39 f.

daß die Augen es nicht ertragen können (Kap. XIX). Als Stern wird dieses Licht deutlich im Pseudomatthäus: »Und ein großer Stern leuchtete über der Grotte vom Abend bis zum Morgen, mit solchem Glanz, wie man ihn seit dem Anbeginn der Welt nie gesehen hatte. Und die Propheten in Jerusalem sagten, dieser Stern künde die Geburt Christi an...« (Kap. XIII)[19].

Maria

In den älteren Darstellungen sitzt Maria abseits vom Kinde, nur gelegentlich als »thronende Madonna« (im Zusammenhang der Anbetung der Magier) mit ihm verbunden[20]. Es überwiegt zunächst der Typ der (auf einer »kline« = Ruhebett) lagernden, erschöpften Madonna. Die Erschöpfung rührt nicht von der Geburt her, die ja (Dogma!) ohne Schmerz sich vollzog, sondern vom Grübeln der Mutter über das Schicksal ihres Sohnes. Krippe und Kreuz sind auf den alten Darstellungen der Weihnacht eng miteinander verbunden. Ein besonders extremes Beispiel die-

---

[19] Grotte und Stern finden wir vor allem auf der Darstellung des östlichen (byzantinischen) Typs des Weihnachtsbildes. Dabei dürften neben den apokryphen Kindheitsevangelien vor allem Habakuk 3,3: »Gott kommt von Teman her und der Heilige vom Gebirge Paran« und Daniel 2,45: »Dann sahst Du, wie ein Stein sich ohne menschliches Zutun vom Berge löste und das Eiserne ... zermalmte...« eine Rolle gespielt haben. Von diesen Schriftstellen her wird Maria als der »geistliche Berg« verstanden, aus deren »Leibeshöhle« Jesus Christus hervorging.

[20] Kastner unterscheidet 8 weihnachtliche Muttergottesdarstellungen, 55f.

ser grübelnd-erschöpften Madonna bietet der Hitda-Codex aus Meschede (siehe oben Seite 83). Später werden Mutter und Kind in immer innigere Verbindung gebracht, bis der Typ der (das Kind) anbetenden Madonna alle anderen Darstellungstypen verdrängt.

Joseph
Joseph – stets ein alter Mann, um die jungfräuliche Geburt des Gottessohnes zu betonen[21] – ist gewöhnlich als Grübler dargestellt, den das Geschehen übersteigt. Auf späteren Bildern steht er im Dienst der Jungfrau oder des Kindes (Wasser schöpfend, Feuer anblasend usw.).

Verkündigung an die Hirten
Die Verkündigung der Engel an die Hirten mit ihren Tieren, die oft als schwarze Böcke und weiße Schafe (Mt 25,31ff.) dargestellt werden, geschieht fast immer auf einem Berg. Der Augenblick des Erschreckens und des Hörens auf die Botschaft der Engel ist festgehalten – selten zunächst die Anbetung der Hirten. Auch hier geht der Trend dann eindeutig zur »Anbetungskrippe« hin.

Die Hebammen
Auf vielen frühen Weihnachtsbildern finden wir zwei ältere Frauen. Ihre Darstellung geht auf die apokryphen Kindheitsevangelien zurück, in denen Joseph Hebammen sucht und findet, welche primär die Auf-

---

[21] Zu vergleichen sind die Legenden, die sich um Joseph und seine Wahl zum Bräutigam der Gottesmutter in den apokryphen Kindheitsevangelien ranken.

gabe haben, die Tatsache der Jungfrauengeburt zu bezeugen. Nach dem Prot'evangelium des Jakobus trifft die erste (unbenannte) Wehmutter eine zweite, die Salome gerufen wird, und berichtet ihr das Wunder, das diese erst glauben will, wenn sie die Hand auf die Jungfrau gelegt »und ihre Natur erforscht« hat. Daraufhin verdorrt ihre Hand. Erst auf inständiges Bitten und nachdem sie das Kind damit berührt hat, wird sie wieder geheilt[22].

Die Legenden über die »Wehmütter« sind in der »legenda aurea« gesammelt. Dort heißen die beiden Wehmütter »Zebel« und »Salome«. Bei Hrotsvit von Gandersheim (vor 1000 v. Chr.) heißen die »Hebammen« (»angeblich«) Zelemi und Salome.[23] Sie sind in die Weihnachtsdarstellungen gelangt als Zeugen der Jungfrauengeburt. Vielleicht treten in ihnen auch die »Mütter« (mit vielen Verwurzelungen in den Kulten der magna mater und der Isis) neben die Jungfrau – ebenfalls im Sinne des Ablösungsprozesses und mehr. Für Salome jedenfalls ist die Bezeichnung »Mutter Erde« in griechischen Texten bezeugt.

Das Bad Jesu
Das Bad des Kindes durch zwei (normalerweise junge) Bademädchen ist auch in den apokryphen Kindheitsevangelien nicht erwähnt. Da von den Bädern des Zeus, Hermes, Dionysos in der griechischen Mythologie häufig die Rede ist, dürfen wir

---

[22] Eine originelle Darstellung dieser Szene befindet sich am Marienschrein des Aachener Domes. Dort hat Salome den Arm in einer Schlinge liegen.
[23] Sämtliche Dichtungen, München 1966, 57.

annehmen, daß hier ein »Überbietungs«- (Ablösungs-)Motiv im Spiel ist: das Gotteskind löst die Götter ab. Wieweit die Bademädchen die Tradition der Wehmütter aufnehmen (bis zur Bedeutung der chthonischen Urmütter), bleibt offen[24]. Die Badeszene gehört seit dem 5. Jahrhundert zum festen Betandteil des »griechischen Weihnachtsbildes«. Der »Westen« stand solcher Darstellung skeptisch gegenüber. Hieronymus ist geradezu entrüstet über solche Szenen. Eine erste schriftliche Erwähnung der Bademädchen stammt aus dem 10. Jahrhundert. Allerdings berichtet eine Pilgerin aus dem 8. Jahrhundert, in Betlehem werde neben der Geburtsgrotte der Brunnen gezeigt, »in dem Jesus gebadet worden sei«.

Die Magier
Vor allem auf den Weihnachtsbildern des »östlichen Typs« fehlen die Magier selten. Sie reisen unter Leitung des Sterns und der Engel oder knien an der Krippe; auf »erzählenden« Bilder wird oft beides dargestellt.

Hauptbestandteile[25] der Krippen in Kirche und Haus waren wohl der Trog mit dem Kind, Ochs und Esel, der Stall mit dem Stern, Maria und Joseph, die Hirten, später die Magier. Die Wehmütter und das Bad des Kindes wurden kaum dargestellt (oder verloren sich früh). Über dem Stall ragt, vor allem in den südlichen Ländern der Krippenberg auf, der von

---

[24] Vgl. Kastner, 42.
[25] Kastner, 53 f.

einer heiligen Stadt (Betlehem, Jerusalem; gelegentlich auch als Nazaret oder Jericho bezeichnet) gekrönt wird. In Tirol heißt das Krippen-Aufstellen zur Weihnacht bis heute: »den heiligen Berg bauen«. Die Symbolik des Berges kommt sehr eindeutig zum Tragen. Leider verliert die abendländische Ikonographie seit dem Beginn des 16. Jhdt. endgültig die *Höhle* als Ort der Geburt Jesu Christi, während sie bis heute auf keiner Weihnachtsdarstellung der Ostkirche fehlt. Die Symbolik der Höhle (Uterus der Erde, Grab, Stätte des Orakels)[26] macht jedoch deutlich, daß das Kind von Gott *und* der Erde geboren wurde: wahrer Gott und wahrer Mensch. Den Verlust der Höhle haben wir mit schleichenden Häresien bezahlt.

Die Krippenlandschaft wird immer reicher ausgestaltet, Hirten und Könige sind in Landestracht unterwegs, heimische Höfe säumen den Weg, Trachtengruppen tanzen... Schon früh verdrängt dabei die »Andachtskrippe« alle anderen möglichen Formen. Sie ist heute praktisch allein vorherrschend.

Das Erstellen einer Krippe bietet den Erziehern die beste Möglichkeit, in die Theologie des Festes einzuführen. Sollten Kinder, Jugendliche, Erwachsene nicht motiviert werden können, eine eigene Krippe für die häusliche Feier der Weihnacht aufzustellen, so sollten Krippen für Seniorenheime, Behindertenheime, Kindergärten oder für alleinstehende ältere Menschen geschaffen werden, wofür die »Erbauer« immer zu begeistern sind.

---

[26] Vgl. meinen Artikel: »Urbild Höhle«, in H. Kirchhoff, Urbilder des Glaubens, München 1988.

Wichtig ist der Reflexionsprozeß vor Beginn und während des Bauens. So kann überlegt werden, ob eine »Adventskrippe« sinnvoll ist, in der Vergil, Ovid, Jesaja, Micha auf die – noch leere – Krippe hinweisen. Schriftbänder mit den Weissagungstexten können ihnen beigegeben werden. Die Hirten verweilen während dieser Zeit (wartend) an ihrem Feuer.

Was den eigentlichen Krippenbau angeht, so sollte mit den Kindern erörtert werden, was an »wesentlichen Darstellungen« berücksichtigt werden soll. Will man eine Krippe allein mit dem *Kind* entwerfen, da es auf das Kind doch (allein) ankommt? Aber ist der *Stall* nicht auch wichtig: ».... sie fanden keinen Platz in der Herberge ...«? Wenn auch auf ihm nicht der Schwerpunkt liegt, deutet sich in ihm nicht die Passion an? Oder die Höhle, bei der zum Passionsgedanken das Wissen tritt, daß dieses Kind auch wahrer Mensch war? Und sind die *Tiere* (Ochs und Esel) unwichtig? Hier kann über die verschiedenen Deutungen der Tiere gesprochen werden, worauf man sich entscheidet, ob sie zur Krippe gehören sollen oder nicht. Ähnlich kann mit dem *Stern* verfahren werden.

Sollen *Maria* und *Joseph* in die Krippe gestellt werden? Sind nicht auch sie wichtig, um deutlich zu machen, daß der Sohn Gottes *Mensch* wurde, einer von uns, geboren aus Davids Geschlecht, der Wurzel Jesse? Zu prüfen wäre allerdings, ob wir die Eltern Jesu nur in der Haltung der Anbetung darstellen oder ob wir auf die alte Tradition zurückgreifen sollen, nach der Maria über das kommende Schicksal ihres Sohnes betrübt nachdenkt oder Joseph als Grübler dargestellt wird, der kaum etwas vom Geschehenen begreift?[27]

Und darf das in den *Hirten* sichtbar werdende messianische Motiv fehlen? Und sind die Hirten nicht *auch* die Vertreter der Armen, der Unterdrückten, Entrechteten, die als erste zur Krippe gerufen wurden? Auch die Hirten müssen nicht unbedingt das Kind anbeten – sie können es zweifelnd oder unverständig betrachten...

Es muß den einzelnen Gruppen überlassen werden, wieweit auch der Winter, die Nacht (Mitternacht) auf ihren Symbolgehalt befragt und dargestellt werden. Für die Weihnachtsfeier im kleinen Kreis können auch »Anti-Krippen« erstellt und gedeutet werden (wie ja jede aufgestellte Krippe von den Erbauern gedeutet werden sollte): Krippen, in denen das Kind unter Bergen von Geschenken verschwindet; an denen Leute vorbeiirren, um ihren Geschäften nachzugehen...; Ställe, aus denen rührselige Musik kommt usw.

Krippe und Christbaum werden am Heiligen Abend aufgestellt. Das Kind kann in einer kleinen häuslichen Feier in die fertige Krippe gelegt werden. Doch sollten solche Feiern nicht das Evangelium der Christmette vorwegnehmen, sondern in Gebeten, Gedichten und Liedern das Geheimnis der Weihnacht umkreisen.

Hier soll eines Brauches gedacht werden, der heute fast vergessen ist, der aber in vielen Weihnachtsliedern noch erinnert wird. Gemeint ist das *(Christ-)*

---

[27] Hier könnte die Josephsgestalt interpretiert werden, wie sie auf der »Anbetung des Kindes« von Hugo van der Goes oder auf dem Nolde-Bild »Heilige Nacht 1912« erscheint.

Hitda-Codex aus Meschede, um 1020

Kindlwiegen. Es war offenbar schon im Mittelalter sehr beliebt[28]. Man nahm das Kind aus der Krippe oder nahm ein Bild des Weihnachtsgeschehens und

---

[28] Stonner, 185; Veit/Lenhart, 149

wiegte es zum Klang der Orgel. Gelegentlich wiegte sich auch das Kirchenvolk zum Klang der entsprechenden Orgelmusik, um das Kind zu ehren. Das Ganze ging später wohl auch in fröhlichen Tanz über. Von den Liedern, die beim Kindlwiegen gesungen wurden, ist vor allem das Lied »Joseph, lieber Joseph mein, hilf mir wiegen mein Kindelein...« Volksgut geworden.
Der Brauch, von den Reformatoren oft genug scharf angegriffen, ist vergessen. Er könnte in Andachten für kleine Kinder (bei rechter Anleitung) wiederaufleben, dürfte aber kaum zu den Bräuchen gehören, um die es sich zu kämpfen lohnt. Anders ist es mit dem liturgischen Tanz, dem wir gerade an den Festtagen besondere Aufmerksamkeit zuwenden sollten.

Der Weihnachtsbaum[29]

Der Brauch, zum Weihnachtsfest einen Weihnachts-(Christ-)Baum aufzustellen und zu schmücken, ist relativ jung, mag er auch mit vielen Wurzeln in der Vorzeit verankert sein. Den ersten, mit Sternen und Lichtern bereicherten Tannenbaum zeigt ein Kupferstich Lukas Cranachs d. Ä. von 1509[30]. Die Krippe in

[29] Vgl. L. Mackensen, Geschichte des Weihnachtsbaumes, Berlin–Leipzig 1929; O. Lauffer, Der Weihnachtsbaum in Glaube und Brauch, Berlin–Leipzig 1934. Vor allem K. Pfister, Bräuche und Sitten. Der erste Weihnachtsbaum, in: »Im Schritt der Zeit«, Sonntagsbeilage zur Kölnischen Volkszeitung Nr. 52 vom 25. 12. 1938.

[30] Worschech verweist auf einen älteren Beleg, der sich in den Offenbarungen der Adelheid Langmann, einer Klosterfrau zu Engelthal, findet und der aus dem 14. Jhdt.

der Kirche der Augustiner-Chorherren in Neustift (Südtirol) wird seit 1621 von zwei kerzengeschmückten Tannen flankiert[31]. Der erste urkundliche Hinweis auf einen »familiären Weihnachtsbaum« findet sich wohl 1605 in Schlettstadt[32]. Aus der gleichen Zeit stammt ein Bericht aus Straßburg: »Auff Weihnachten richtet man Dannenbäume ... in den Stuben auff, daran hängt man Rosen, aus buntfarbigem Papier geschnitten, Äpfel, Oblaten, Rauschgold,

stammt. Dort wird zur Ehre der Geburt Christi ein Baum geschenkt (a.a.O., 81):
»Do zu wart auch der sel gezeigt ein paum mit sogtan plüeden, daz nie schöner plüede gesehen wart. und der paum hat auch all die plüede die gesein mügen, und stet auch uf dem paum allez dat guet gesein mag, und den paum den gibt ie einz dem andern die kindepet uz und auz: di mueter dem kinde, daz der mueter zu einer weisunge. und den paum hot mir unser frau gesant zu einer weihenahtgab und hiez mich, daz ich dir in sant. got hab ere.«
Leider wird keine Quelle angegeben. Der Hinweis Worschechs, unter den bei Seb. Brant genannten »gryn tannryß« (vgl. Anm. 1/14) seien »große Festtannenbäume« zu verstehen, ist sicher falsch. Es handelt sich hier eindeutig um ein Neujahrsbrauchtum.

[31] LThK I, 988f. Nach J. Fendel wird 1590 dem Pfarrer von Schwarzach (Niederbayern) angelastet, er habe am Hl. Weihnachtstage zur Vesper (vor ausgesetztem Allerheiligsten) »mit ainem Tannen Peimel, daran Öpfl gesteckht gewest, under die Khinder geschlagen« (Heimatkalender f. d. Oberpfalz 1985, 119). Dieser frühe kirchliche Weihnachtsbaum hatte offenbar (hoffentlich) noch keine Kerzen.

[32] LThK, 989. Veit/Lenhart setzen den Schlettstadter Baum »um 1600« an. Er war mit »Äpfeln und Oblaten« verziert, welche die Kinder am Dreikönigstag abnehmen durften.

Weihnachtsbaum

Zucker...[33] Der Lichterschmuck fehlt also noch beim häuslichen Weihnachtsbaum. Dieser ist um 1650 jedoch in Hannover bekannt gewesen, wie ein

[33] Veit/Lenhart, 81

Brief Lieselottes von der Pfalz an ihre Tochter bezeugt (geschrieben am 11.12.1708). Sie berichtet aus ihrer Kindheit von einem Spiel, das sie »Christkindl« nennt (»L'Enfant – Christ«): »Da richtet man Tische wie Altäre her und stattet sie für jedes Kind mit allerlei Dingen aus, wie: neue Kleider, Silberzeug, Puppen, Zuckerwerk, und alles mögliche. Auf diese Tische stellt man Buchsbäume und befestigt an jedem Zweig ein Kerzchen.« Ein Brief vom 11.1.1711 bestätigt das und weist darauf hin, daß es solche Lichter schon 1551 am Oberrhein gegeben habe.[34]

Der Brauch dürfte vor allem in den »gehobenen Kreisen« bald Fuß gefaßt haben, vornehmlich in Mitteldeutschland, so daß er wegen des dort vorherrschenden Protestantismus als »evangelischer Brauch« apostrophiert wurde. Aber er entsprach so sehr dem Gemüt der Deutschen, daß er bald in allen Landschaften verbreitet war.

Er war freilich nicht unumstritten. So lesen wir beim gelehrten (protestantischen) Theologen Dannhauer (17. Jahrhundert): »Unter anderen Lapalien, damit man die alte Weihnachtszeit oft mehr als mit Gottes Wort begehet, ist auch der Weihnachtsbaum oder der Tannenbaum, den man zuhause aufrichtet, denselben mit Puppen und Zucker behängt und ihn hernach schütteln und abblümen läßt. Wo die Gewohnheit

---

[34] A. Becker, Pfälzer Volkskunde (Unveränderter Nachdruck der Ausgabe von 1925), Frankfurt/Main 1979, 291). Der Hinweis von Veit/Lenhart (a.a.O., 81 f.), ein solcher lichtergeschmückter Baum werde erstmals durch den Dozenten der Rechte, G. Kießling, im Jahre 1734 bezeugt, ist also nicht zu halten.

herkommt, weiß ich nicht... Viel besser wäre es, man reihete sie (sc. die Kinder) auf den geistlichen Cedernbaum Christus Jesus«[35].

L. Mackensen mag recht haben, wenn er die Wurzeln des Brauchs nicht in Resten uralt-heidnischer Festfeuer- oder Fruchtbarkeitbräuche sieht. Er weist sie den Gewohnheiten schon des 15. Jahrhunderts zu, um die Neujahrszeit »gryen tann riß in seyn huß« zu stecken, wie es (verächtlich) Sebastian Brant in seinem Narrenschiff von 1494 beschreibt[36]. Der Brauch war offenbar so allgemein, daß Polizeiverbote sich dagegen wandten, »die Wälder um Weihnachten zu lichten, um sich ›Meyen‹ zu holen«[37].

Aber eben hier wird doch deutlich, daß der Brauch, sich immergrüne »Maien«, Nadelbaumzweige ins Haus zu holen, in sehr frühe Zeiten verweist. Die mittelalterlichen Mysterienspiele zu Advent und Weihnacht verzichteten auf das Grün ebensowenig, wie die Paradeisspiele (vor allem in den Alpenländern) auf den Paradeisbaum. Nur wegen der in die Vorzeit reichenden Wurzeln konnte der Brauch des Christbaums wohl so schnell überall Wurzeln fassen. Die Sinndeutung des Baumes ist ambivalent. Zunächst dürfte der Weihnachtsbaum, die Ursymbolik des Baumes aufgreifend, als *Lebensbaum* verstanden worden sein: Leben, das den (Winter-) Tod überdauert und Hoffnung gibt. So wird der Baum

---

[35] Catechismus – Milch V, 649. Vgl. Cassel, 138 f. Freilich war Dannhauer ein leidenschaftlicher Gegner jeglichen Brauchtums.
[36] Vgl. oben, S. 21, Anm. 14.
[37] Veit/Lenhart, 81.

transparent auf Jesus Christus hin, das neugeborene Leben der Welt[38].

Dabei mußte die Erinnerung wach werden an den Baum der Entscheidung im Paradies, von dem die Ursünde kam und damit der Tod[39], und an den Baum des Kreuzes, an dem die Sünde vernichtet und der Tod auf endgültiges Leben hin zerbrochen wurde. Von hier aus geht der Blick in die Endzeit, in die Zeit der »zweiten Weihnacht«, von der es heißt, daß am »Strom des Lebenswassers«, der wie Kristall glänzt und der vom Thron Gottes und des Lammes ausgeht, die *Bäume des Lebens* stehen werden, die zwölfmal Frucht tragen und deren Blätter zur Heilung der Völker dienen.

Wenn unser Weihnachtsbaum stärker an den Baum der Entscheidung und den Baum des Kreuzes erinnern soll, so sollte man ihn mit Kerzen schmücken und (nach alter Tradition mancher Landstriche[40]) mit

---

[38] Bächtold-Stäubli führt eine Reihe von Stellen an, welche Eier (oft goldene) als Schmuck des Weihnachtsbaumes bezeugen (vgl. auch Storms Novelle »Unter dem Tannenbaum«). Das würde die Lebens-Symbolik des Tannenbaumes unterstreichen. Auch der (vereinzelt?) in Deutschland, Norwegen, Schweden bezeugte Tanz um den Weihnachtsbaum dürfte die Lebenssymbolik hervorheben.
Vom »Leben« aus könnte die Brücke zum »Licht« geschlagen werden: ». . . in ihm war das Leben, und das Leben war das Licht der Menschen. Und das Licht scheint in der Finsternis, und die Finsternis hat es nicht ergriffen« (Joh 1,4f.). Der Prolog des Johannes-Evangeliums ist das Evangelium der Weihnachtsmesse »in die« (am Tage).

[39] In den alten Paradeisspielen bestand die Szenerie aus einem grünen Baum mit Äpfeln (Cassel, 146).

[40] Diese Tradition wird bis heute z.B. in der Oberpfalz gepflegt.

Äpfeln (oder mit den »stilisierten Äpfeln«, den [bunten] Christbaumkugeln). Wird dagegen stärker der Baum der Endzeit (und damit der Zeit vollendeter Herrlichkeit) symbolisiert, so kann der Baum mit all den Herrlichkeiten behängt werden, die sich die Phantasie bis heute liebevoll ausgedacht hat.

In Klassen, Gesprächskreisen, bei Gottesdiensten kann es sinnvoll sein, den Baum durch ein Holzgestell zu ersetzen, dessen »Äste« schmale Tafeln (wie Wegweiser) sind, auf welche die Wünsche der Teilnehmer geschrieben werden: Friede, Gerechtigkeit, Versöhnung, Liebe usw. So mag der Sinn des Weihnachtsbaums neu erschlossen worden.

Der Christblock

Erwähnt werden soll eine alte Sitte, die lange verschollen war, die aber angesichts moderner offener Kamine, Kachelöfen usw. neu belebt werden könnte. Gemeint ist die Sitte des Christblocks oder Weihnachtsblocks. Ein großer Holzblock wird am Heiligen Abend oder am ersten Weihnachtstag in das offene Feuer gelegt, in romanischen Ländern oft mit feierlichen Zeremonien, bei denen der Block mit Wein, Öl, Wasser übergossen oder mit Körnern bestreut wird. Er brennt dort die Festtage über oder wird schon bald – leicht angekohlt – aus dem Feuer

---

[41] Es wäre schön, wenn in unsern Häusern nur natürliche Kerzen, meist aus Bienenwachs, verwendet würden. Das wird aus vielen Gründen nicht immer möglich sein. So sollten natürliche Lichter am Heiligen Abend brennen, und gelegentlich sollten zwischen all den elektrischen Kerzen auch einige Wachslichter leuchten.

Christblock

gezogen, um später bei Gewittern u. a. wieder in die Glut geschoben zu werden. Gelegentlich ist der Brauch erwähnt, die Asche auf Felder und Wiesen zu streuen, um diese damit zu segnen, oder sie unter das Futter des Viehs zu mischen, damit es vor Krankheiten bewahrt bleibt.

Über Ursprung und Sinn solchen Brauchs gehen die Meinungen der Forscher auseinander. Ein Christblock wird schon vor 580 von Martin von Bracara erwähnt, der den Brauch als verbotenen (heidnischkultischen) Kalendenbrauch erwähnt. Der angelsächsische Missionar Pirmin erneuert 758 das Verbot. 1184 wird jedoch ein Christblock unter den Abgaben erwähnt, die dem zustehenden Pfarrer zu entrichten waren.

Nach Schönfeldt geht die Sitte des »Weihnachtsscheits« oder des »Julklotzes« auf den Wunsch der Vorfahren zurück, daß das Feuer im eiskalten Winter nicht ausgehen dürfe. »Die Sitte stammt jedenfalls aus vorchristlicher Zeit, als Skandinavier und alte Briten ihre gewaltigen Winterfeste zu Ehren von Thor mit Freudenfesten feierten... Im Mittelalter spielte das Scheit eine große Rolle und sollte die zwölf Tage zwischen Weihnachten und Epiphanias im Kamin brennen. Man scharte sich um das Scheit, und alte Feindschaften wurden begraben. Wer auserwählt war, den Stamm zu fällen, wurde beneidet, denn er galt im kommenden Jahr gegen alles Übel gefeit... und wer dem Stamm auf dessen Heimtransport begegnete, der grüßte das Weihnachtsscheit, weil er auf diese Weise am Segen teilnahm...«.[42]

Die Sitte mag zum Brauchtum des Baumes gehören und somit wurzelhaft mit dem Weihnachtsbaum und dem Adventskranz verwandt sein. Vielleicht ist in ihm der Rest eines Feuerbrauchs zur Weihnacht zu sehen, so daß er von der Feuer-Licht-Symbolik her zu deuten wäre[43]. Daher lohnte es sich, den Brauch – wo

---

[42] Schönfeldt, 329. Nach A. Becker gehört der Brauch, den er vor allem »zwischen Sieg und Lahn, Westfalen, Meininger Oberland, Ostfriesland u. a.« ansiedelt, zum weihnachtlichen Feuerbrauch (293).

[43] Cassel, 161f. Cassel berichtet, daß der Block an einigen Orten Frankreichs – weil er zur Ehre der Dreifaltigkeit verbrannt wurde – auch »Dreifeuer« (Trois feux, trefuè) heißt. Man wählte dort, wohl wegen der Symbolik des Paradiesbaumes, Scheite von fruchttragenden Bäumen

dies sinnvoll und möglich ist – neu zu beleben, wobei durchaus die Schüler eine Sinndeutung für die Familie geben könnten, wenn der Brauch im Unterricht erklärt wird.

Die Bescherung

Die Sitte, Kinder und Freunde am Nikolaustag mit kleinen Gaben zu beschenken, ist (mit dem Aufkommen des Christbaums?[44]) auf das Weihnachtsfest übergegangen. Der ursprüngliche Sinn war deutlich: Unsere Geschenke sind sinnfällige Zeichen des großen Geschenkes, das der Vater der Welt in seinem Sohn macht. Cassel sagt um 1860: »Auch wir haben keine holdere Pflicht, als Weihnachtsgeschenke zu sammeln, zu übersinnen, zu überwachen und Liebe zu üben. Aber nur, wo sie Leben und Bewußtsein ihres himmlischen Wohlthäters in sich trägt, wird sie ein Trost und Genuß, wie ihn Jesus den Menschen verlieh. Denn Lieben ist Geben. Sein Fest des Lebens wahrlich die rechte Zeit der Liebe und des Gebens«[45]. Nach dänischen Schriftstellern bestand bei skandinavischen Bauern der Brauch, zur Weihnachtszeit mit »ganzen Fudern von allerhand Saat

---

(162). In der Provence wurde der Klotz beim Hereintragen offenbar begrüßt: »Sei willkommen, lieber Klotz, bemühe dich ans Feuer« (ebd.).

[44] LThK X, 989. Sicher ging ein starker Impuls für die Verlegung auf das Christfest vom Protestantismus aus, dessen Aversion gegen die Heiligenverehrung sich auch auf das Nikolausbrauchtum ausdehnte. Eine Ausnahme bleibt das protestantische Holland.

[45] A.a.O., 193

und Grütze, 24pfündigen Weihnachtskuchen und durchgesichtetem Roggen in der Nachbarschaft herumzuziehen«[46]. Die Bettler hatten in der Weihnachtszeit besondere Rechte: »Sie kamen in Namen dessen, der alles gegeben hat. Man freute sich, wenn sie soviel sammelten, um selber gastlich sein zu können«[47]. Erleichterung wurde in diesen Tagen den Gefangenen gewährt. Lebendig war das Wort des Chrysostomus: »Befreit sehe ich Adam, jubelnd Eva und weinend die Schlange, die Gefangenen mit Erlaß beschenkt und die Tyrannen verurtheilt«[48].

Die alte Intention des Schenkens ist heute allenfalls noch in den Gaben sichtbar, die in der Advents- und Weihnachtszeit den Hilfsorganisationen gespendet werden: Adveniat, Kinderdörfern, Behindertenwerken, Altenheimen ... Hier sollte die Weihnacht nicht eine einmalige, das Gewissen beruhigende Spende auslösen, sondern eine »Umkehr des Herzens« einleiten.

Darüber hinaus ist unsere »Kultur des Schenkens« sehr entwicklungsbedürftig. Selbstgefertigte, persönliche Geschenke sollten zum Beispiel den Vorrang haben vor protzigen »Geldanlagen«, die Kreativität anregendes Spielzeug vor mechanischem usw. Auch die gegenseitige Beschränkung auf ein bestimmtes (Geld-)Maß sollte, zumal in Familien und unter Freunden, erwogen werden. Jedenfalls muß der Hintergrundsinn des Schenkens reflektiert werden, so aussichtslos es auch oft erscheint, das

---

[46] Cassel, ebd.
[47] Cassel, ebd.
[48] Zitiert nach Cassel, 196

Kind von Betlehem unter Bergen von Geschenken auszugraben.[49]

Weihnacht der Tiere und Bäume

Es ist verständlich, daß vor allem in bäuerlicher Umgebung das Vieh und die Obstbäume in das weihnachtliche Geschehen einbezogen wurden. Stonner berichtet, daß man an hohen Festtagen jedem Tier von jeder Fruchtart gab, zur Weihnacht mit den Worten: »Da hast du dein Christkindchen«. Im schwäbischen Oberamt Nagold und in Freudenstadt »erhielten zu Weihnachten die Schweine Milch, die Kühe Salz, Brot mit Heu als Christkindle. In Bärnau in der Oberpfalz gab der Bauer am Christabend dem Vieh nach der Abfütterung »Christkindlhaber« mit den Worten: ›Hai Vaich, haust au wos; des haud da 's Christkindl brauchd, das ma glückli san mit dir‹. Im benachbarten Deutschböhmen erhielten am Heiligen Abend die Haustiere (Ochsen, Kühe usw.) das G'leck, eine Leckermahlzeit aus Hafer, Kleie und Salz, vermengt mit Stücken von Äpfeln, Nüssen und Weihnachtssemmeln. Auch ging man um Mitternacht während der Mette in die Ställe und las das Evangelium von der Geburt Christi in einem Stalle . . .«[50].

---

[49] In einigen deutschen Landschaften tritt das Christkind, allein oder mit Begleitern, als Person auf (Franken, Oberpfalz), um Kinder und Erwachsene zu beschenken.
Vgl. auch den Hallwiler Brauch des »S Wienechtchind«-Umzugs, der allerdings eher heidnische als christliche Wurzeln haben dürfte (Das Jahr der Schweiz, 4f.; vor allem 281, Anm. 7).
[50] Stonner, 68f.

Ähnliches wird aus der Grafschaft Glatz berichtet und aus Westfalen. Für das Berchtesgadener Land beschreibt Kriss das »Impwecken«: In der Heiligen Nacht wurden die Bienenkörbe und -kästen mit Weihrauch besprengt, wobei der Bauer spricht: »Auf, auf, in Gott's Nam / helft's wiederum z'samm, / bringt's der Kirch a Wachs / und ins a Honig, / an guaten, und net z'wenig«[51]. Nach der Mette gingen Bauer und Bäuerin mit Knecht und »Dirn« mitunter zu jedem einzelnen Obstbaum, klopften dreimal mit einem Stecken an den Stamm und sprachen dazu:

> Bam, Bam, wach auf, setz' deine Blüahei auf!
> Trag recht vui Äpfi oder Birn,
> net grad für'n Bauer, aa für die Dirn.[52]

Über ganz Deutschland verbreitet sind Erzählungen, nach denen in der Weihnachtsnacht Obstbäume oder Blumen zu blühen beginnen. Zu den schönsten dieser Erzählungen gehört jene aus dem Trierer Raum, nach der in der Heiligen Nacht ein Klosterbruder im verschneiten Wald eine blühende Rose fand, die er mit der Wurzel aus der hartgefrorenen Erde grub und – in

---

[51] Kriss, 44 f. Einen ähnlichen Brauch berichtet Stonner aus Schlesien (Stonner, 75).

[52] Kriss, 45 f. Nach Stonner u. a. wurden in Tirol »nach dem Durchkneten des Weihnachtssteiges ... die Groß- und Kleindirn ... von der Bäuerin auf den Anger hinausgeschickt, damit sie mit den teigigen Armen die bereiften Obstbäume umfaßten. Die Volksauffassung war, daß sie nach solcher Liebkosung im kommenden Jahr besonders reichlich tragen« (78).
In Böhmen schüttete man die Reste der Weihnachtsmahlzeit an die Wurzeln der Obstbäume (Stonner, ebd.).

einen Topf gepflanzt – vor dem Muttergottesaltar aufstellte. So soll eines der schönsten Weihnachtslieder entstanden sein, das in einem Speyrer Gesangbuch von 1599 zum ersten Mal belegt ist:

> Es ist ein Ros entsprungen
> aus einer Wurzel zart,
> wie uns die Alten sungen,
> aus Jesse kam die Art,
> und hat ein Blümlein bracht
> mitten im kalten Winter
> wohl zu der halben Nacht.

Aus dem Nürnberger Land ist seit 1430 eine Sage überliefert, nach der ein Baum in der Heiligen Nacht (plötzlich) Äpfel hervorbrachte[53]. Ein kurzer Hinweis von 1426: »Es blüheten in Bayern fruchtbare Bäume, darauf erfolgte ein starker Sterb« zeigt, wie wenig idyllisch all solche Sagen gedacht waren: das fascinosum der Weihnacht war so deutlich wie das tremendum.

Alle geschilderten Bräuche gehen stark zurück oder haben sich längst verloren. Geblieben ist mancherorts die Segnung der Stallung und aller Tiere, so in vielen Teilen Bayerns und mancherorts in Westfalen. Eine neue Verbundenheit mit Tier und Pflanze könnte solche oder ähnliche Bräuche wieder beleben: das Vieh am Heiligen Abend zu segnen, ihm besonders gutes Futter zu geben, ihm die Christgeburt mitzuteilen.[53a] Der durch Pfarrer Rudolf in Kempten

---

[53] Worschech, 60.
[53a] In Bayern (Österreich) gab es den »Wolfssegen«. Nach der Mitternachtsmesse trat der Geistliche mit dem Allerheilig-

initiierte Brauch der »Weihnacht der Tiere«, bei dem die Kinder ihre Haustiere zur Weihnachtsfeier in der Kirche mitbringen, könnte – wenn die gesetzte Grenze beachtet wird – zu einer echten Erneuerung des Brauchtums führen.

Ein ähnlicher Brauch ist aus Pommern, vor allem von der Insel Rügen, bekannt. Dort hatte sich die »Lüttenweihnacht« als Brauch erhalten: Die Kinder richteten zur Weihnacht ein Fest für die Tiere im Hause, in Wald und Feld, im Meer und am Strand aus. Der Brauch erhielt sich, auch wenn er von den Erwachsenen oft nicht gern gesehen war.[54]

Jedenfalls sollten Kinder, welche Tiere zu betreuen haben, diese zur Weihnacht in besonderer Weise beschenken, ihnen besonderes Futter geben... Bei den Jägern ist es ohnehin alter Brauch, die Fütterung für die Wildtiere zur Weihnachtszeit besonders gut zu beschicken.

Zu erwähnen bleiben noch die lustigen Bräuche mit Tieren zur Weihnacht. So stellten sich die heiratsfähigen Mädchen im Frankenwald und im Fichtelgebirge in der Christnacht im Kreis um einen Gänserich

---

sten vor die Kirchentür, sang die vier Evangelien an und erteilte nach allen Himmelsrichtungen den Segen. Nach »volksfrommer Auffassung« galt der (1783 von Kaiser Joseph II. verbotene) Brauch der Abwehr wilder Tiere. Wahrscheinlich dürfte hier das Wissen um die kosmische Valenz des Festes Pate gestanden haben: zur Weihnacht werden Feldfluren, Häuser, Flüsse, Tiere gesegnet... (vgl. Markmiller, 45).

[54] K. Granzow, 223 ff. Dort auch eine ausführliche Beschreibung dieser »Lüttenweihnacht«.

auf. Wen das Tier zuerst zupfte, sollte im kommenden Jahr Braut werden.

»Eine andere Möglichkeit ist, in der Geisterstunde heimlich zum Hühnerstall zu schleichen und dort wahrscheinlich lange auf Antwort zu warten. Das Mädchen glaubt nämlich:

> Schreit der Hahn,
> dann bekomm ich einen Mann;
> fängt die Henne das Gackern an,
> dann muß ich warten auf den Mann.«[55]

Weihnachten war eben noch ein Fest für alle Bereiche des menschlichen Lebens.

Das Weihnachtsschießen

Das Weihnachtsschießen ist ein Brauch, der vor allem im Berchtesgadener Land gepflegt wird. Dennoch dürfte eine Untersuchung der Wurzeln und der Hintergründe dieses Brauches allgemein interessieren[56].

Geschossen wird mit großen Handböllern oder Pistolen, die im Privatbesitz sind. Das Pulver wird in den Lauf geschüttet, der mit einem Holzpropfen »verdämmt« wird. Die Ladung wird durch Zündhütchen gezündet. Geschossen wird vor allem in der Heiligen Nacht, primär während des »Mette-Läu-

---

[55] Worschech, 67
[56] Ausführliche Informationen bietet R. Kriss, Die Weihnachtsschützen des Berchtesgadener Landes und ihr Brauchtum, Berchtesgaden o. J. (1966).

tens«, also von 23.30 bis 24.00 Uhr, meist unter einem Weihnachtsstern oder ähnlichem. Je nach der Gepflogenheit des Ortes und des Stadtteils wird schon eine Woche vorher geschossen, auch am Nachmittag des Heiligen Abends und in der Neujahrsnacht.

Der Brauch ist erstmals 1666 urkundlich belegt[57]. Aus der Urkunde, die das Schießen zur Weihnacht und in den »drei Rauhnächten« verbietet, geht hervor, daß es sich um einen alten Volksbrauch handeln muß. »Es ist wohl sicher, daß er nicht erst mit der Verbreitung der Schußwaffen aufkam, sondern daß seine Entstehung viel weiter zurückreicht und letzten Endes in altgermanischen Glaubensvorstellungen wurzelt, aus denen uns die der Vertreibung der vegetationsfeindlichen Dämonen oder auch der Erweckung der schlafenden Wachstumsgeister dienenden Lärmumzüge um die Zeit der Wintersonnenwende bekannt sind. Vor Einführung der Schußwaffen benutzte man ... Glocken, Peitschen oder ähnliche Dinge, wie wir sie heute noch etwa von der Sitte des Perchtenumlaufens her kennen...«.[58]

Der Brauch will also zunächst wohl als uralte Dämonenvertreibung verstanden werden und hängt so mit dem modern gewordenen Knallen und Böllern in der Neujahrsnacht zusammen. Das alte Wissen, daß sich die Schar der Teufel und Dämonen (der Mächte der Finsternis) in den Nächten um die Weihnacht sammelt, um sich gegen das tödliche Licht des Kindes zu

---

[57] Kriss, Sitte und Brauch..., 55f.
[58] Kriss, ebd. 56

wehren, schlägt sich in solchen Bräuchen nieder. Heute freilich ist das Schießen primär zum Begrüßungssalut für das göttliche Kind geworden[59].

---

[59] Der vielfältige Aberglaube, der sich um die Christgeburt rankt, kann hier nur kurz erörtert werden. (Wer sich eingehender orientieren will, sei auf Bächtold / Stäubli IX, 864 ff. verwiesen; vgl. auch P. Cassel, 228 ff. und 307.) In der Hl. Nacht wird das Wasser zu Wein, jedenfalls hat das Wasser besondere (Heil-)Kraft; die Tiere können reden und offenbaren dem Lauschenden sein Schicksal; die Toten (die Unerlösten) feiern in abgelegenen Kirchen und Kapellen ihre Weihnachtsmette (vgl. etwa die Erzählung »Sankt Ulrich bei Pleystein«, die von einer solchen Mette in der St. Ulrichskirche in der Nähe von Pleystein und Burkhardsrieth/Pfrentsch berichtet. Sie geht auf eine alte Sage dieses Gebietes zurück. E. und A. Eichenseer, 268 ff.). Zufällig anwesende Menschen werden ins Verderben gezogen...

3 Brauchtum in der Zeit zwischen Weihnachten und Epiphanie

3.1 Zum liturgischen Aufbau der Zeit

Neben die Krippe des Kindes stellt die Kirche die zwei großen Verwirklichungsweisen der Nachfolge: die des Blutzeugen (Fest des Erzmärtyrers Stephanus am 26. 12.) und die des Bekenners (Johannes des Evangelisten am 27. 12.). Darauf folgt das Fest der Unschuldigen Kinder (28. 12.), die ohne jegliches Verdienst der Nachfolge, aus »reiner Gnade«, die Vollendung erlangten... Am Oktavtag des Weihnachtsfestes feiert die Kirche heute das »Hochfest der Gottesmutter Maria«. Jahrhundertelang wurde an diesem Tag das Fest der Beschneidung des Herrn (»In circumcisione Domini«) begangen, dessen Evangelium (Lk 2,21), um die Verse 16–20 erweitert, auch für das neue Fest beibehalten wurde. Den Abschluß der Festzeit der Christgeburt bildet dann das Fest der »Epiphania Domini«, der Erscheinung der Herrlichkeit des Herrn vor allen Völkern der Erde, ein Fest,

> So könnten wir fortfahren. Allem Aberglauben liegt das Wissen um das Besondere dieser Nacht zugrunde; es ist ein ferner Widerschein des Wunders, das in dieser Nacht geschah und geschieht. Daher kann es sich lohnen, von solchem Aberglauben zu erzählen, da auch vor solchem Hintergrund das Geheimnis der Christnacht erhellt werden kann.

dessen Ursprünge bereits im 3. Jahrhundert in Antiochien nachweisbar sind. Unter diesem Namen feierte die orientalische Kirche zunächst die Geburt des Herrn. Das Fest griff auf den Westen über und stieß dort auf das Datum des 25. Dezember, so daß es im Westen zum Fest der Erscheinung des Herrn vor den Völkern der Erde (die in den Magiern symbolisiert sind) wurde. Diese Festfolge eroberte dann langsam auch den Raum der östlichen (orientalischen) Kirche, wobei – liturgisch gesehen – das Fest der Epiphanie das der Geburt überragt.

3.2 Das Brauchtum

Das Trinken der Johannes-Minne

Brauchtum ist nur sehr spärlich aufgekommen, da die Feste ganz im Schatten des Weihnachtsfestes standen. Am Fest des Evangelisten Johannes wird der *Johannes-Wein* geweiht, der mit dem Begleitwort: »Trinket die Liebe des Heiligen Johannes!« am Schluß der Liturgie ausgeteilt wird. Wo dieses »Trinken der Johannes-Minne« in der Kirche nicht mehr geschieht (aus Zeit- oder hygienischen Gründen), lassen sich Familien den Wein während der Eucharistie weihen und trinken ihn zu Haus zu den Mahlzeiten oder am Abend.

Der Brauch reicht wohl tief in die Geschichte zurück. Die griechisch-römischen und altgermanischen Trankopfer zu Ehren der Götter und der Toten wurden im christlichen Mittelalter zum sogenannten

»Minnetrinken« (Minne etymologisch = Erinnerung, Gedächtnis), vor allem zum »bibere in nominibus sanctorum« (zum Trinken im Namen = zum Gedächtnis der Heiligen). Durch kirchliche Sanktionierung (noch vor dem 12. Jahrhundert) erhielt die Johannes-Minne, verbunden mit der Legende, nach der Johannes einen Giftbecher trank, ohne Schaden zu nehmen, und die durch das Trinken des Giftbechers getöteten Schwerverbrecher wieder zum Leben erweckte (legenda aurea, 70), den Vorrang vor anderen Heiligenminnen und hat sich bis in unsere Zeit erhalten.

Wo der Brauch das Gedächtnis des Heiligen belebt und zu der Erkenntnis führt, daß der Glaubende gegen »Gift« aller Art gefeit ist und daß die Liebe selbst »Tote« zu erwecken vermag, kann er sinnvoll sein.

Brauchtum der Silvesternacht

Die *Neujahrs-(Silvester-)Nacht* hat manchen Brauch bewahrt. Am bekanntesten ist das Schießen mit Feuerwerkskörpern, vor allem um die Wende des Jahres. Auch hier dürfte eine uralte Dämonenabwehr in den Rauhnächten die Hauptwurzel sein. Der Gedanke einer »Begrüßung des Neuen Jahres« mag mitspielen. Heute ist der Brauch weithin reine Freude am Lärmen oder am Feuerwerk, ohne daß darüber reflektiert wird.

Nach festlichem Essen am Abend (Silvesterkarpfen!) bleibt man zu Spielen oder zum Tanz beisammen. Beliebt ist das Bleigießen, ein alter Orakelbrauch: aus der Form des im Wasser erkaltenden Bleies versucht man, die Zukunft, vor allem die Ereignisse des nächsten Jahres, zu »lesen«. Früher geschah das zwischen 23.00 und 24.00 Uhr, also vor der Jahreswende, und zwar stillschweigend[1]. Andere Orakel wie die Salzorakel[2], Mehlorakel[3] oder Schattenorakel[4] sind heute längst vergessen. Das Bleigießen könnte ein lustiges Gesellschaftsspiel sein, wenn nicht eine verborgene Komponente in uns wäre, die dem Spiel einen wirklichen Orakelsinn gibt, so daß der eine oder andere sensible Gast vor allem bei »negativen Vorzeichen« belastet sein könnte[5].

In gläubigen Familien brennt wenigstens zur Stunde der Vormitternacht der Christbaum. Auch die Krippe ist erleuchtet. Das Neue Jahr wird mit einer kurzen Besinnung, Gebet und Lied begonnen, womit der Dank an Gott für das vergangene Jahr verbunden wird. Der offizielle Jahresschlußgottesdienst wird gewöhnlich bei Einbrechen der Dunkelheit gefeiert. In Süddeutschland werden danach zum zweiten Mal in den Rauhnächten Haus und Ställe gesegnet.

Im allgemeinen ist die Neujahrsnacht für uns ein fröhliches Fest. Man beginnt tanzend, singend das

---

[1] Cassel, 270
[2] Cassel, 271 f. »Oder man setzt Salzhäufchen für die Personen des Hauses. Wessen Häufchen sich zuerst auflöst, wird in dem Jahr sterben.«
[3] Schon Clemens von Alexandrien spottete über die »Mehlpropheten« (Cassel, 272).
[4] Cassel, ebd. Dort (272 ff.) weiteres abgesunkenes Brauchtum.
[5] In verschiedenen Gegenden gibt es besondere Gebildbrote zu »Neujahr«. Oft ist das ein Kranz. In der Eifel gab es ein Neujahrsbrot, das einen Kopf an jedem Ende hatte. Hier dürfte an das »Janusgesicht« eines jeden Jahres erinnert sein. Ähnliches gibt es im Salzburger Land.

neue Jahr, dem man erstaunlicherweise zuprostet! Solche Haltung ist nicht selbstverständlich. Der Jude etwa beginnt sein Neues Jahr mit dem Fest Rosch ha-Schana, das einen ernsten Charakter trägt, und zehn Fast- und Bußtagen, die mit dem ernstesten Fest des Jahres, dem Yom-Kippur (= großer Versöhnungstag) enden. Der Jude glaubt, daß es die Schuld der Menschen ist, die das Kommen des Messias zur Erlösung der Gesamtschöpfung verzögert. So tut er Buße, um das Neue Jahr rein zu beginnen und so die Wege für das Kommen des Messias zu ebnen. Es würde auch uns gut anstehen, in der Neujahrsnacht der Besinnung Raum zu geben, denn die Wende des Jahres erinnert an das Ende des Lebens und die Vollendung der Welt. Gerade diese Nacht lädt ein zum Nachdenken, Umdenken, zur Metanoia. Dies kann im Gespräch ebenso geschehen wie in schweigenden Gängen durch die Nacht oder in Gebet und Meditation[6].

Die übrige Zeit könnte der Geselligkeit gewidmet werden, wobei gerade diese Nacht Anlaß zu kreativem Spiel, etwa mit Marionetten oder Handpuppen, böte.

---

[6] Jedenfalls sollten die Hintergründe unserer ausgelassenen Silvesterfeiern erörtert und auf Fluchtaspekte hin untersucht werden. Die Ausgelassenheit haben uns die Römer beschert, und die frühe Christenheit hat lange Zeit ein Silvesterfasten dagegengesetzt.
Es ist auch zu überlegen, ob es angesichts der Not der Welt zu verantworten ist, wenn wir allein in der Bundesrepublik mehr als 100 Millionen DM für Silvesterfeuerwerk ausgeben. Gegen einzelne Raketen zur Freude der Kinder ist wenig zu sagen – die Aktion »Brot statt Böller« sollte jedoch eine Aufforderung an uns alle sein, über unser Tun nachzudenken.

Brauchtum am Neujahrstag

In Rom wurden seit 153 v. Chr. die öffentlichen Ämter am 1. Januar (neu) vergeben (früher am 1. März). So galt dieser Tag als Jahresbeginn. Die Christenheit hielt lange am 25. Dezember als Beginn des Jahres fest, bis Innozenz XII. im Jahre 1691 den 1. Januar als Beginn des bürgerlichen Jahres anerkannte.

Der *Neujahrstag* hat wenig Brauchtum ausgebildet. Früher wurde an diesem Tag (oder doch in seinem Umkreis) das »*Fest der Narren*« gefeiert[7]. »Bei diesem farbenprächtigen Anlaß ... zogen sonst fromme Priester und ernstzunehmende Bürger ... Masken an, sangen schamlose Liedchen und hielten überhaupt die ganze Welt mit Lustbarkeit und Spötteleien in Atem. Niedere Kleriker bemalten ihre Gesichter, stolzierten in den Gewändern ihrer Oberen herum und machten sich über die würdigen Gebräuche von Kirche und Hof lustig. Manchmal wurde ein ›Fürst der Unordnung‹, ein ›Spottkönig‹ oder ein ›Bubenbischof‹ gewählt, der den Ereignissen vorstand. Mancherorts feierte der ›Bubenbischof‹ sogar eine Parodiemesse. Solange das Fest der Narren währte, waren keine Sitte und kein Brauch vor Lächerlichkeit gefeit, und selbst die höchsten Persönlichkeiten der Umgebung mußten darauf gefaßt sein, verspottet zu werden.«[8]

Die Gefahr solcher Feste wird in diesen Zeilen deutlich; es mag an Auswüchsen, an Geschmacklosigkei-

---

[7] Vgl. das gleichnamige Werk von Harvey Cox, Stuttgart 1970.
[8] Cox, 10

ten, wohl auch an Blasphemien nicht gemangelt haben. Dennoch ist der hier erkannte Ansatz richtig: der Zeit, der Gesellschaft (kirchlich oder profan) den Spiegel vorzuhalten; Ehrfurcht und Ruhmsucht, Eitelkeit und Machtstreben zu karikieren; alles Unheilige, das im Gewand des Heiligen daherkommt, bloßzustellen; den Menschen ihre Masken, die sie oft genug für ihr Antlitz halten oder ausgeben, herunterzureißen. Es ist zu verstehen, wenn manche glauben, daß die »Übermacht der Mächtigen, die Schmach, die Unwert schweigendem Verdienst erweist«, eben alle Anmaßung und Überheblichkeit in Kirche und Gesellschaft erst möglich wurden, als das Fest der Narren in Verruf kam.

Es wäre unrealistisch, ein solches Fest wiederaufleben lassen zu wollen, so gut es sich der Jahreswende einfügen würde. Es ist längst zur Fastnacht abgewandert. Dort allerdings wäre ein Wiederaufleben solcher »Narren« dringend notwendig, die »ihr Jahrhundert in die Schranken riefen«, wenn denn überhaupt noch genügend satirische Kompetenz vorhanden ist. Und es wäre sinnvoll, wenn auch Erzieher sich den Spiegel vorhalten oder sich gar demaskieren ließen.

In kleinen Kreisen hat sich der alte Brauch des »Neujahrsansingens« erhalten – wenn auch nur noch selten als öffentliches Singen. Manche der Ansingelieder sind in ganz Deutschland verbreitet:

> »Seid munter, ihr Christen, und tut nicht erschrecken...«
> »Guten Abend in diesem Haus...«[9]

---

[9] Weihnachtssingebuch, Freiburg o. J., 103 ff.

Aus den einzelnen Landschaften sind viele solcher »Ansingelieder« ernster und burlesker Art veröffentlicht worden. Ein ausführlicher alter Neujahrswunsch aus Ansbach denkt an die Lehrer:

> »Die in Schulen sich bemühen,
> Gute Menschen auferziehen,
> Bei dem zugemeßnen Brot
> Segne, lohne sie, o Gott! ...«

Die Wünsche sind oft recht handfest:

> »Ich wünsch euch ein glückseligs neu's Jahr,
> Gesundheit, Fried und Einigkeit,
> Alles, was euch nütz und gut,
> Für das Himmelreich.
> Einen Stall voll Hörner,
> Den Boden voll Körner,
> Den Keller voll Wein...
> Das soll mein Neujahrswunsch sein.«

Und mit dem Hausgesinde wünscht man allen:

> Wir wollen ihm wünschen einen goldenen Tisch,
> Auf jeder Spitz ein gebackener Fisch.
> Dabei soll steh'n eine Kanne mit Wein,
> Da sollen sie alle recht fröhlich sein.«[10]

In allem spiegelt sich eine Zuversicht, die aus gläubiger Hoffnung geboren ist.

---

[10] Vgl. Worschech, 123 ff.

Brauchtum am Fest Epiphanie

Der Tag der *Epiphania Domini,* volkstümlich »Tag der Heiligen Drei Könige« oder »Dreikönigstag« genannt, ist von reichem Brauchtum umgeben. Seine Festlegende hat die Phantasie des Volkes angeregt. Das Evangelium nach Matthäus spricht (Mt 2,1–12) von »Weisen« (Magiern, Sterndeutern), die aus dem Morgenland kamen, um – geführt von einem Stern – den neugeborenen König der Juden zu suchen. Vom 3. Jahrhundert an hat man aus der Dreizahl der Gaben (Weihrauch, Gold und Myrrhe) auf drei Weise geschlossen, denen vom 6. Jahrhundert an Namen beigelegt werden: Kaspar, Melchior, Balthasar.[11] Gleichzeitig werden aufgrund alttestamentlicher Weissagung (Num 24,17; Jes 49,23 und 60,5f.; Ps 72,10–15) die Magier-Weisen zu Königen gemacht. Ihre Gebeine sollen nach der Legende, die ins 12. Jahrhundert zu datieren ist, durch die Heilige Helena nach Konstantinopel gebracht worden sein. Von dort kamen sie nach Mailand. Rainald van Dassel, Erzbischof von Köln und Kanzler Barbarossas, übertrug sie nach Köln (1164), wo sie im berühmten Dreikönigsschrein beigesetzt wurden.

Die Dramatik des Geschehens, die bei Matthäus berichtet wird (Stern, Wanderung durch die Wüste, Treffen mit Herodes, Anbetung des Kindes, Flucht der Heiligen Familie, Kindermord) drängte schon früh zu szenischer Gestaltung. Einer der frühesten Wechselgesänge, den Ephraim der Syrer († 378)

---

[11] Nach Markmiller (18) sind für das 6. Jhdt. die Namen Thaddadia, Melchior und Balytora bekannt. Beda Venerabilis tradierte im 8. Jhdt. die heute geläufigen Namen.

gedichtet hat, ist ein Gesang zwischen Maria und den Magiern[12]. Die dem 9. und 11. Jahrhundert zugeordneten Freisinger (Münchener) Handschriften, deren Text (ergänzt aus den Mysterienspielen von Orleans und den Ritualen von Rouen) bei Weinhold zu finden ist[13], haben die Titel: »Herodes sive Magorum adoratio« (= Herodes oder die Anbetung der Magier) und »Ordo Rachelis«. Beide stellen das von Matthäus geschilderte Geschehen dramatisch dar.

Spätere Weihnachtsspiele greifen immer wieder das Thema der Weisen auf, so die Carmina Burana, das Flattacher Kirchspiel[14] im Mölltal in Oberkärnten aus späterer Zeit und viele andere.

Hier eine Textprobe aus dem Flattacher Spiel:

> *Kaspar*
> Ihr geliebte weise Herrn,
> Folgt der Schriftgelerten Rat.
> Himmel schick uns jenen Stern,
> Der uns biß her gfüret hat.
> Was die Priesterschaft gesprochen,
> An dem nicht zu zweifeln ist;
> Dero Wort bleibt unzerbrochen,
> Diß wir glauben zu jeder Frist.
>
> *Melchior*
> Siehe der Propheten Wort,
> Schön dursuchet, sonnenklar:
> Betlehem soll sein der Ort
> Wo jener Prinz geboren war.

---

[12] Deutsch von Augusti, Denkwürdigkeiten aus der kirchlichen Archäologie 5, Leipzig 1822, 362 ff.
[13] a.a.O. 56 ff.
[14] Weinhold, 91 ff.

Himmels Sterren, wolst uns zeigen
Jenen Prinz so außerkorn,
Dem wir uns zu Füßen neigen,
Der in Judäa geborn.

Balthasar
Wenn wir dieses Kind antroffen,
Von dem wir so schön belert,
So kann auch Herodes hoffen
Daß ihm alles wird erklärt.
Ort und Stat soll er auch wißen,
Dieses wir ihm zeigen an,
Dann er scheinet höchst beflißen
Daß ers Kind anbeten kann.

Kaspar
An Herodes sein Begeren
Ich mir ein Bedenken mach.
Wann er will das Kindlein eren,
Warum folgt er uns nicht nach?
Er ist voller Grimm und Zoren,
Wie wir gsechen alle drei,
hat die Falschheit hintern Oren,
Ich gesteh es one Scheu.

O was seh ich dort von ferren
Außer der Stat Wetlachem?
Es erscheint uns jener Sterren,
Der uns zu Jerusalem
Ist entwichen auß den Augen,
Hat uns gsezt in Traurigkeit;
Laßt sich iezt mit Freud anschauen,
Wir sind von dem Ort nit weit...

Kaspar
Gott sei Dank Lob Er und Preis,
Für die Gnad so er uns geben!
Daß wir endlich die weite Reis
Gott können zu Füßen legen.
Wir danken dir, herzliebstes Kind,
Daß du uns das hast erwiesen,
Abzubüßen unsere Sünd,
Daß wir die ewig Freud genießen.[15]

Geblieben ist von allem lediglich das *»Sternsingen«*. Kinder, junge Burschen verkleiden sich als Kaspar, Melchior und Balthasar und zogen mit ihrem großen Stern von Haus zu Haus, um zu singen und Gaben zu heischen. Der Stern mußte dabei, wie alte Lieder betonen, ständig gedreht werden: Dadurch sollte das in den vorausgegangenen Rauhnächten stehengebliebene Sonnenrad neu angetrieben werden[16].

Solches Sternsingen war zunächst keineswegs auf den »Drei-Königs-Tag« beschränkt. Jahrhundertelang waren in einzelnen Landschaften der Lehrer, der Kantor und die Schulkinder vor dem Christfest und am Heiligen Abend mit dem Stern unterwegs, um adventlich-weihnachtliche Weisen zu singen und dafür Gaben zu erheischen, die ein Teil der armseligen Lehrerbesoldung waren. Auswüchse gab es bald, so daß 1640 in Ochsenfurt amtlich bestätigt werden mußte, daß es »allein dem Schulmeister und Cantori mit den Astantes gebühret, die Haylige Christfeyrtag bey nacht mit dem Stern umb zu singen...«[17]

[15] Weinhold, 102f.
[16] So Veit/Lenhart, 150
[17] Worschech, 53. Auch in der Schweiz (Wettingen, Luzern)

Sternsinger

kennt man ein Sternsingen im Advent oder (Nebikon) zwischen Weihnachten und Epiphanie (Das Jahr der Schweiz, 29 ff.; 32 ff.; 38 f.). In Deutschland ist das Sternsingen heute ausschließlich (in neuer Sinngebung) mit dem Epiphaniefest verbunden.

Bewahrt hat sich auch die alte Sitte, am Vorabend des Epiphaniefestes (also in der letzten der Rauh-Nächte) noch einmal Haus, Hof und Stall zu »räuchern«[18].

Der Brauch des Sternsingens am Tage der Epiphania Domini war in Deutschland fast ausgestorben. Lediglich einige der in die Bundesrepublik geflüchteten Schlesier hielten ihn aufrecht. Das »Päpstliche Missionswerk der Kinder« (Aachen) stellte Anfang der sechziger Jahre das Sternsingen in den Dienst der Weltmission, so daß das Kerygma der Matthäus-Perikope in neuem Licht erscheint. Die Aktion hat einen so großen Erfolg, daß heute viele Millionen DM alljährlich eingespielt werden.[19]

Es braucht keiner Erwähnung, daß solcher Brauch mit aller Kraft gefördert werden sollte. Heute ziehen Jungen (Ministranten) oder Mädchen, mancherorts die Kommunionkinder oder Firmlinge des Jahres, z. T. unter Leitung von Erwachsenen, von Haus zu Haus, singen und erheischen Gaben für die Weltmission. Gelegentlich wird der Brauch mit einer kurzen häuslichen Andacht verbunden. Jedenfalls segnen die Sternsinger, die in einer kirchlichen Feier ausgesandt werden, Familie und Haus und schreiben mit geweihter Kreide die Buchstaben C+M+B (= Chri-

---

[18] Vgl. das Kapitel »Die Rauh-Nächte«, Seite 44 ff. dieses Buches. Rattelmüller (a.a.O., 43) unterscheidet zwischen den *Rauchnächten,* in denen geräuchert wird (heute also den Nächten vor Weihnachten, Neujahr und Epiphanie), und den *Rauhnächten.*

[19] Der Plan, für die Mädchen das »Frauentragen« (s. o.) wiederaufleben zu lassen, wurde damals fallengelassen, da der Brauch kaum noch bekannt war.

stus Mansionem Benedicat: Christus segne dieses Haus) verbunden mit der Jahreszahl an den Balken der Haus- oder Wohnungstür. Der Stern wird gelegentlich gedreht (behält also seine alte Sonnensymbolik) oder ist zum »Stern der Weisen« geworden, der in die einzelnen Häuser führt.

Da das Epiphanie-Fest sehr früh schon das Fest der Taufe Jesu (= Epiphanie des Sohnes durch die Stimme des Vaters und die Herabkunft des Geistes) an sich gezogen hat, wurde zunächst in der Ostkirche, dann auch in der Westkirche an diesem Tag das »Dreikönigswasser« geweiht, mit dem Haus und Felder gesegnet wurden. Dieser Brauch, der einst ein Gerangel unter der Jugend rings um den »Weihbrunnen« auslöste, da das zuerst geschöpfte Wasser die größte Segenskraft haben sollte, ist heute fast ausgestorben.

4 Brauchtum in der Osterzeit

4.1 Geschichte, Datum, Etymologie des Osterfestes

Ostern ist (mit Pfingsten) das älteste Fest der Christenheit. Es erwuchs aus dem jüdischen Pascha/Pessach-Fest, nahm auch dessen theologische Struktur auf und führte sie weiter. Den Zusammenhang mit dem Pascha-Fest zeigt nicht nur der Name, der in fast allen Sprachen mit Pascha gebildet wird; ebenso deutlich zeigen es alle Versuche der jungen Kirche, den Ostertermin festzulegen. Es gibt drei Zählweisen: die quartodecimanische, die Ostern gleichzeitig mit dem jüdischen Pessach-Fest beging; die sogenannte »urapostolische«, die Ostern in der Nacht vor dem auf das jüdische Pessach-Fest folgenden Herrentag (Sonntag) beging, und die selbständige christliche Osterberechnung, um die leidenschaftlich gerungen wurde. Alle drei gehen im Grunde von jüdischer Berechnung aus, denn auch die eigenständige christliche Berechnung ist formal jüdisch[1]. Nähe und Distanz zum jüdischen Pessach-Fest werden so verdeutlicht.

Nach erbittertem Ringen wird das Osterfest schließ-

---

[1] Vgl. Odo Casel, Art und Sinn der ältesten christlichen Osterfeier, ILW 14 (1934), 46; dazu R. Feneberg, Christliche Passafeier und Abendmahl, München 1971, 127.

lich auf den Sonntag nach dem 1. Frühlingsvollmond datiert (nach dem Konzil von Nizäa).

Im Lauf des 4. Jahrhunderts wird – vor allem für den Bereich der Ostkirche – ein 40tägiges Fasten als Vorbereitung auf das Osterfest erwähnt. Die Zahl 40 nimmt das Gedächtnis des Fastens Jesu in der Wüste auf (Mt 4,2); sie gilt aber schon im Alten Testament als heilige Zahl (Mose auf dem Berg; die Wanderung des Elia usw.). Da die Sonntage (als Klein-Ostern) vom Fasten ausgenommen waren, wurden später, um die Zahl 40 zu erreichen, 4 Wochentage dem ersten Fastensonntag vorangestellt, so daß die Fastenzeit am Aschermittwoch begann. Auch Karfreitag und Karsamstag wurden den 40 Tagen zugezählt. Seit dem 4. Jahrhundert fällt die Taufvorbereitung der Katechumenen in die Fastenzeit sowie die Zeit öffentlicher Kirchenbußen, bis die Sünder am Gründonnerstag wieder in die Kirchengemeinschaft aufgenommen wurden.

Während in den weitaus meisten Sprachen der Welt der Name des Osterfestes von »Pascha« hergeleitet wird, gehen die deutsche und die englische Sprache andere Wege. Beharrlich hält sich die Meinung, daß der deutsche Name »Ostern« auf eine Göttin *Ostara* zurückgehe. Beda Venerabilis erwähnt in seiner Schrift »De temporum ratione« eine Göttin *Eostra*. Aus dieser Stelle (der einzigen, in der *Eostra* belegt ist) in Verbindung mit der Tatsache, daß das christliche Osterfest eben Ostern heißt und der April der Ôstarmanoth, folgerte J. Grimm, daß es eine deutsche (germanische) Göttin Ostara gegeben habe, und zwar als Göttin des strahlenden Morgens und des aufsteigenden Lichts. Es begann der Streit der

Gelehrten. Hauptstütze für die Existenz einer Göttin Ostara war ein angeblich aus dem 9. Jahrhundert stammendes Schlummerlied mit ihrem Namen. Aber zum Ärger der Gelehrten wurde nachgewiesen, daß ein G. Zappert das Lied geschrieben und mutwillig als Zeugnis des 9. Jahrhunderts ausgegeben hatte. So muß die Theorie, daß Ostern auf eine Göttin Ostara zurückgehe, wohl aufgegeben werden.[2]

Vielleicht hängt Ostern mit Osten zusammen, da Ostern ja erst nach der Tag- und Nachtgleiche des Frühlings gefeiert werden durfte, die Sonne also zum Ostpunkt zurückgekehrt war[3]. Ob ein heidnisches Frühlingsfest vom christlichen Osterfest abgelöst wurde, ist umstritten. Sicher ist jedoch, daß viele Osterbräuche ihre Wurzeln im Heidentum haben.

---

[2] Nach den »Deutschen Pflanzensagen«, die Ritter v. Perger gesammelt hat (Stuttgart und Oehringen 1864, 30), soll im Kloster Corvai (wohl Corvey) ein »altsächsischer Bardenchor« aufbewahrt werden, dessen Text (hier ins Hochdeutsche übertragen) lautet: Ostara, Ostara,/ Der Erde Mutter,/ lasse diesen/ Acker wachsen/ und grünen,/ ihn blühen,/ Früchte tragen,/ Frieden ihm!/ Daß seine Erde sei gefriedet,/ und sie sei geborgen,/ wie die Heiligen,/ die im Himmel sind« (Text offenbar nach Montanus, Deutsche Volksfeste I, 28).
Alle Nachforschungen in Corvey nach diesem (recht eigenartigen) Text blieben ergebnislos. Es gibt ihn – nach Auskunft des zuständigen Archivars – nicht.

[3] Nach dem etymologischen Wörterbuch von Kluge (Berlin 1975, 526) ist Ostern eine »gallo-fränkische Prägung zu austro (Morgenrot)«.

4.2 Zur Theologie des Festes der Auferstehung

Das christliche Osterfest nimmt die Theologie des jüdischen Pessach-Festes auf und führt sie weiter: Gott ist ein Gott der Befreiung. Als mitziehender Gott leitet er sein Volk durch die Wüste in das Land der Verheißung. Der große Exodus kulminiert im Christus Jesus: in seiner Hingabe am Kreuz erwirkt er die totale Freiheit der Liebe und den Exodus auch aus dem Tod. Im Licht von Tod und Auferstehung Jesu Christi gehen wir mit allen Völkern, geleitet von unserem Gott, dem Land der Endzeit entgegen.

Christus unser Osterlamm. Schlußstein aus der Klosterkirche in Cluny, Frankreich

So ist Ostern nicht primär Erinnerung (memoria) an das, was vor 2000 Jahren geschehen ist; der Schwerpunkt liegt auf der jährlichen Feier (mysterium) der Ostern (die memoria und prophetia in sich begreift). Dieses Osterfest faltet sich aus in die Eucharistiefeiern des Jahres, vor allem die des Sonntags als »Klein-Pascha« (»Klein-Ostern«). Ostern sagt, daß Gott nicht Knechtschaft will, sondern Freiheit; nicht Tod, sondern Leben, (end-gültiges) Leben in Fülle. Seit Ostern steht die Welt nicht mehr wie seit Adams Sünde im Äon des Todes, sondern im Äon des Lebens (1 Kor 15). So ist Ostern das Fest, auf dem die Hoffnung aller Völker steht.

4.3 Brauchtum der Fastenzeit

Das vielfältige Brauchtum der *Fastnacht* muß hier ausgespart werden. Es würde den Rahmen dieses Buches sprengen.

Der Tag vor Aschermittwoch als »Vorabend der Fastenzeit« heißt seit etwa 1200 »Fastnaht« (»Nacht« in der Bedeutung von Vorabend); er dürfte aber ein altes Vorfrühlings- und Fruchtbarkeitsfest gewesen sein, lange bevor die Kirche im 12. Jahrhundert die »Fastnacht« auf die Zeit vor dem Beginn der Fasten begrenzte. Vielleicht hat sogar das niederdeutsche Wort »faseln«: »gedeihen, fruchtbar sein« etymologisch eine Rolle gespielt. Jedenfalls ist die Fastnacht nicht (ausschließlich) christlichen (kirchlichen) Ursprungs.

Die seit dem 17. Jahrhundert bezeugte Bezeichnung der Fastnacht und des närrischen Treibens als »Karneval« kommt vom italienischen carnevale. Dessen genaue Herkunft ist bis heute ungeklärt. Am ehesten handelt es sich um eine volksetymologische Umdeutung des mittellateinischen Wortes carnelevale: »Fleischwegnahme« oder von carrus navalis: »Schiffskarren« (der bei festlichen Umzügen zur Wiedereröffnung der Schiffahrt im Frühjahr begegnete). Das Volk hat daraus wohl die Bedeutung von »carne vale«: »Fleisch lebe wohl!« gemacht.

Elemente eines alten Vorfrühlings-, Fruchtbarkeitsfestes sind also von der Kirche übernommen worden. Sie trafen auf die Lehren der Kirchenväter, vor allem des Augustinus, von der heilen, gottnahen und der unheilen, dämonischen Welt. So wurden in der Fastnacht die Dämonen vertrieben, die Narren (im Sinne der töricht, sündig Lebenden) demaskiert oder doch bloßgestellt. Auch der Tod, häufige Figur der alten, bis heute der alemannischen Fasenacht, wird zur Fastnacht überwunden. Dennoch wäre es unsinnig, alle Fastnachtsbräuche aus christlicher Wurzel erklären zu wollen. Noch unsinniger ist es allerdings, sie ohne diese Wurzeln zu interpretieren.

Die strenge Fastenzeit hat wenig Brauchtum ausgebildet. Vor allem fehlt ein »Mittebrauch«, der uns ständig das Anliegen der Zeit vor Augen führt, wie der Adventskranz den Adventsgedanken. Vielleicht könnte (wie in Südtirol) das Hauskreuz – schön geschmückt als crux gemmata – in dieser Zeit die Mitte des Hauses bilden. Ähnliche Dienste könnte ein »Hungertuch« leisten. Auch die vom Generalvikariat in Essen herausgegebene Arbeitshilfe (mit deutlich sichtbarem Leporello) könnte Erinnerung und Anruf sein.

Das spärlich ausgebildete Brauchtum der Fastenzeit zeigt großen Ernst. So etwa die *Aschenweihe* und das *Bezeichnen der Gläubigen mit dem Aschenkreuz* am Aschermittwoch. Die zu Beginn der Fastenzeit aus der kirchlichen Gemeinschaft ausgestoßenen Sünder erhielten das Bußgewand und wurden mit Asche bestreut. Seit dem 10. Jahrhundert etwa wird die Asche geweiht und als Aschenkreuz an der Stirn der Gläubigen aufgezeichnet.

In der Bibel ist die Asche Bild des ganz und gar Wertlosen (Gen 18,27; Sir 40,3; auch wohl Ijob 13,12). Zur Trauer sitzt man in der Asche (Ijob 2,8; Jos 3,6) oder wälzt sich darin. Der Trauernde »ißt Brot wie Asche« (Ps 102,10)[4].

Diese Wertung der Asche entspricht weitgehend der Deutung der Asche in der Mythologie der Völker[5], wenn auch die Ambivalenz eines solchen Bildes erhalten bleibt: Phönix erhebt sich aus der Asche, Symbol des neuen Kreislaufs der Weltäonen.

Die aufgestreute Asche des Aschermittwoch ist Bild der »Nichtung« des Menschen: »*Du* bist Staub/ Asche« – so wertlos, so nichtig. Gleichzeitig ist die Asche Gleichnis der Vergänglichkeit: »...zum Staube wirst du zurückkehren.«

Daß die zu weihende Asche aus den Palmwedeln[6] hergestellt werden soll, die zur Palmprozession des

---

[4] Vgl. H. Haag, Bibellexikon, Einsiedeln 1951, 106.
[5] Vgl. etwa das Stichwort »Asche« in: Enzyklopädie des Märchens, Berlin-New York 1977, 855 ff.
[6] oder den ortsüblichen Zweigen (Weide, Buchsbaum)

vergangenen Palmsonntags getragen wurden, hat eine tiefe Symbolik. Wie die (eschatologische) Königswürde Christi, die sich am Palmsonntag offenbarte, nur durch das Kreuz erreicht wurde, so ist alle Herrlichkeit des Menschen nur durch den tiefsten Dienst, das Sich-Opfern für andere, zu erreichen.

Beliebt waren durch die Jahrhunderte hin die *Kreuzwegandachten* (zum Teil verbunden mit großen Fastenpredigten). Sie kamen wohl durch die Franziskaner (seit dem 15. Jahrhundert) in die abendländische Frömmigkeit. Als später von den Reformatoren der Vorwurf erhoben wurde, daß die katholische Kirche »das Leiden und Sterben unseres Seligmachers verdunkle, vertusche und unterdrücke«, blühte die Andacht als »demonstratio catholica« auf, zu deren Verbreitung wohl der Franziskaner-Pater Leonhard von Porto Mauritio († 1751) am meisten beigetragen hat. In der Barockzeit und später war die Kreuzwegandacht die beliebteste Andacht der katholischen Christenheit.

Aus den ursprünglich sieben »Fußfällen« (= Stationen)[7] wurden seit 1590 (Adrichomius) 12 Stationen, denen 1625/26 die beiden letzten hinzugefügt wurden (A. Daza). Außer der VI. Station (Veronika reicht Jesus das Schweißtuch) gehen alle Stationen auf die biblischen Berichte zurück.

Passionsstelen, auf denen Szenen der Leidensgeschichte dargestellt waren, sind aus gotischer Zeit ebenso bekannt wie später aus der Barockzeit. Sehr bald wurden Kreuzwegstationen als Stationen auf

---

[7] Vgl. die um 1505 geschaffenen 7 Leidensstationen des A. Krafft, die in Nürnberg vom Tiergärtner Tor bis zum Johannesfriedhof aufgestellt waren.

dem Weg zu Wallfahrtskirchen errichtet. Sie geleiteten die Beter in das Heiligtum: Kreuz (Kreuztragen) als Weg des Christen.

Kreuzwegandachten sind bis heute beliebt, wenn ihre Bedeutung auch zurückgegangen ist. Eine neue Sicht des Pascha-Mysteriums, das Tod und Auferstehung als Einheit sieht, führte in einigen Kirchen dazu, die 14 Stationen des Kreuzwegs um eine 15. zu erweitern: die Auferstehung. In anderen Gemeinden wurde der Kreuzweg mit zum Teil neuen Stationen als »Heilsweg« gestaltet[8].

Es ist bis heute sinnvoll, den Kreuzweg auch mit Kindern zu gehen (wobei nicht jede Station begangen werden muß). Es sollte uns allerdings zu denken geben, wenn ein so erfahrener Seelsorger wie Jörg Zink in seiner Kinderbibel »Der Morgen weiß mehr als der Abend« die Passion (bis auf einen kurzen Hinweis) ausspart. Sensible Kinder können vom Leiden und Sterben des Herrn zutiefst getroffen sein. Überhaupt fehlen jüngeren Kindern noch die Kategorien, um die Passion begreifen zu können.

[8] Einen solchen Heilsweg finden wir etwa in der St. Michael-Kirche in Amberg/Oberpfalz. Seine Stationen sind: 1. Gott ruft die Welt aus Liebe ins Dasein. 2. Der Mensch schlägt Gottes Liebe aus. 3. Gott geht den Menschen nach, geleitet sie und ruft sie in den Bund. 4. Gottes Liebe wird sichtbar in seinem Sohn und dessen Wirken. 5.–8.: Das Mysterium des Bösen und Gottes Liebe werden im Kreuz sichtbar (auf 4 Bilder verteilt finden wir dort alle 14 konventionellen Kreuzwegstationen). 9. Gottes Sieg über den Tod und das Böse (Emmaus: Auferstehung). 10. Gottes Geist treibt den neuen Menschen (Kirche). 11. Alle Menschen sind zu neuem Leben berufen (Eucharistie). 12. Unser Ziel: Gottes endgültiges Reich (der neue Himmel und die neue Erde).

Daher ist eine sehr sorgfältige Auswahl der Texte notwendig (auf den jeweiligen Adressatenkreis hin). Mit jüngeren Kindern sollte man einen Kreuzweg nur versuchen, wenn Mutter oder/und Vater dabei sind.

Jedenfalls sollte ein Kreuzweg für Kinder immer mit einem Hinweis (biblischer Bericht, Lied, Gebet) auf die Auferstehung enden. Sicher wäre es besser, Stationen eines *Heilswegs* mit den Kindern zu erarbeiten. Anhand seiner Stationen könnte dann (zu allen Zeiten des Jahres!) der Heilsweg Gottes mit Mensch und Welt nachvollzogen werden.[9]

Vor allem in Süddeutschland waren die »*Ölbergandachten*«[10] beliebt. An einzelnen Orten war damit eine figürliche Darstellung des dreimaligen Niederwerfens Jesu in Getsemani verbunden. So wurde etwa in der Ramsau bei Berchtesgaden das Altarbild

---

[9] Mit älteren Kindern sollte der biblische Hintergrund der Stationen erarbeitet werden und (beim traditionellen Kreuzweg) der Hintergrundssinn der Veronika-Legende. – Eine zeitgemäße Kreuzwegandacht für die Familie findet sich in: »Durch das Jahr – durch das Leben. Hausbuch der christlichen Familie«, S. 362–369.

[10] Die Ölbergandachten waren im Süden unseres Landes zum Teil Antwort der Geistlichkeit auf das in der Fastenzeit üblich gewordene »Hoamgarschtgehen«. Die Sonntagnachmittage und -abende, an denen ja das Fastengebot nicht galt, wurden zu Treffen bei diesem und jenem Bauern benutzt, der seine Gäste mit Kaffee, Nudeln usw. bewirtete. Es wurde getrunken, gesponnen, erzählt – vor allem bei der Jugend war eine Reihe von Spielen üblich. Weil die Geselligkeit gelegentlich ausuferte, wurden solche Treffen von der Geistlichkeit nicht gern gesehen. So führte man am Anfang des 18. Jahrhunderts die Ölbergandacht ein (Kriss, 96 ff.).

Eine Station des »Heilswegs« in St.-Michael, Amberg (Mauermann); Thema: »Gottes Geist treibt den neuen Menschen (die Kirche).«

fortgenommen; in der Höhlung des Altares wurde eine überlebensgroße Christusfigur sichtbar, die sich nach der Fastenpredigt, während die entsprechenden Gebete gesprochen wurden, dreimal niederwarf und wieder aufgerichtet wurde. Beim dritten Fall wurde von oben ein Engel heruntergelassen, der dem Herrn den Kelch reichte. Zum dreimaligen Fall ertönte die größte Glocke (»Angstläuten«). Diese Andacht war einst sehr beliebt, stieß aber immer mehr auf das Unverständnis oder gar Gelächter der jungen Generation und wurde – gegen die Bitten der Volkskundler – abgeschafft[11]. Dagegen hat sich eine Ölbergandacht mit szenischem Spiel an jedem Donnerstag in der Fastenzeit in der Franziskanerkirche von Dietfurt bis heute erhalten, bei der der Engel von einem Buben dargestellt wird. Auch in Berching (Oberpfalz) ist eine ähnliche Ölbergandacht neu belebt worden. Die Geschichte des Berchinger Spiels reicht bis in das Jahr 1516. Vielleicht ist der Brauch dort noch älter. Er wurde verschiedentlich abgeschafft und neu belebt[12].

Es ist sehr schwer, Bräuche wie die szenischen Spiele in der Ölbergandacht gerecht zu beurteilen. Das gilt auch für die größeren Passionsspiele wie in Oberammergau und Erl. Gewiß gibt es Christen, die durch solches Spiel tiefer in die Todesangst oder in das Leiden Jesu Christi eingeführt werden. Dennoch dürften die meisten kaum noch Zugang zu solchen Spielen finden. Die hohen Besucherzahlen allein sind kein Gegenargument. Kriterien für die Förderung oder die Aufhebung solchen Brauchtums sind schwer zu finden. Vielleicht müssen Verfremdung, symbolische Aussage und indirekte Verkündigung verstärkt werden, je mehr wir uns dem Geheimnis des Todes und der Auferstehung Christi nähern. Jürgen Molt-

---

[11] Kriss berichtet von weitaus reicherer Dramatik solcher Ölbergandachten in den letzten Jahrhunderten. So habe man Christus durch eine Öffnung im Kirchengewölbe, begleitet von Engeln, unter einem »Regen von Manna-Brot« herabsteigen lassen, was ein »allgemeines Gelächter und Lärmen verursacht« habe (Kriss, 100).
[12] Oberpfalzverein (Hg.), 19f.

manns Wort, das Kreuz müsse »aus dem Spiel« bleiben, gibt zu denken.

Hingewiesen sei in diesem Zusammenhang auf eine Tagebuchnotiz von Max Frisch, in der er von einer Darstellung des Abendmahls durch Marionetten berichtet: »Es war erschütternd. Es war heilig in einem Grade, wie es mit einem menschlichen Darsteller, der uns einen Christus vortäuschen will, nie möglich wäre... Der Mensch, auch wenn er ein Bild spielt, bleibt immer noch aus Fleisch und Blut. Die Puppe ist Holz ... das nie den verfänglichen Anspruch erhebt, einen wirklichen Christus darzustellen, sie ist nur ein Zeichen dafür, eine Formel, eine Schrift, die bedeutet, ohne daß sie das Bedeutete sein will...«. Solche Verfremdung ist wichtig: die Kleinheit der Puppe, ihr Aussehen, die Begrenztheit ihrer Bewegungen. Sie wird vom Geist des Marionettenspielers und von dem des Zuschauers doppelt belebt: ein sinnenhafter Anreiz, der tief in die geistigen Dimensionen führt.

Andere Bräuche der Fastenzeit haben entweder lokalen oder landschaftlich geprägten Charakter oder sind den Kar- und Ostertagen integriert worden. So etwa der Brauch, am ersten Fastensonntag (Invocabit) eine mit Reisig und Stroh umwickelte Tanne neben einigen kleineren Tannen (den »Hexen«) aufzurichten und in der Dämmerung anzuzünden, nachdem zuvor der englische Gruß gebetet wurde. An anderen Orten wurden brennende Buchenscheiben von den Bergen ins Tal geworfen oder feurige Wagenräder über die Äcker des Tales getrieben. Daher wurde der Sonntag auch »Funkensonntag« genannt. Die Bräuche sollten wohl »das restliche Kalte und Dämonische des Winters... vertreiben« und der langsam höhersteigenden Sonne bei ihrem Aufstieg helfen[13].

In der Eifel brennen an diesem Sonntag die »Burgen«: Reisig- oder Stroh-Stöße um einen kreuzgeschmückten Mittelmast.

4.4 Brauchtum der Passionszeit und der Heiligen Woche

Das Verhüllen der Kreuze

Als Passionszeit versteht man die Zeit vom 5. Fastensonntag (Judica) bis zum Auferstehungstag. In dieser Zeit stellen die liturgischen Texte, besonders Epistel und Evangelium, »die Person des in seinem Leiden ›sich selbst entäußernden‹ (Phil 2,7) Gottesknechtes vor Augen... Aus diesem Geist heraus wurde es seit dem 10. Jahrhundert üblich, alle Kruzifixe und Heiligenbilder, die an die Glorie des Herrn erinnern – auch der Gekreuzigte wurde in romanischer Zeit noch mit einer Königskrone dargestellt –, mit einem Tuch zu verhüllen; vorher wurde schon zu Beginn der Quadragesima der ganze Chorraum der Kirche mit einem sogenannten Fasten- oder Hungertuch verhängt.«[14]

Der ursprüngliche Sinn des Brauchs hat sich kaum durchhalten können, zumal unsere Zeit mehr der gotischen Darstellung des Gekreuzigten (des leidenden Gottesknechtes) zuneigt als der romanischen. Da

---

[13] Stonner, 30.
[14] LThK VIII, 153f.

der alte Brauch in die heutige Karfreitagsliturgie hineinragt (Enthüllung des Kreuzes vor der Kreuzverehrung), so könnte der Verhüllung der Sinn unterlegt werden, die alltäglich gewordenen Kreuzdarstellungen zu verhüllen, um sie danach neu zu sehen und zu meditieren. Der neu belebte Brauch der *Hungertücher* dient ohnehin nicht mehr der Verhüllung des Altarraums, sondern der sinnfälligen Meditation des Ostergeheimnisses in unserer Zeit.

Die große Woche (= Karwoche)[15]

Als Vorbereitung auf die österliche Nachtfeier hielt man im 2. Jahrhundert ein Fasten von zwei Tagen oder von 40 Stunden. Später (4./5. Jahrhundert) spricht man vom »triduum crucifixi, sepulti, suscitati« (Karfreitag, Karsamstag, Ostersonntag). Die aufkommende Neigung, die zentralen Heilsereignisse in chronologischer Folge zu feiern, führte schon bald dazu (ebenfalls im 4./5. Jahrhundert), die Feier der Osterereignisse bereits mit dem Mahl in Betanien und dem Einzug Jesu in Jerusalem beginnen zu lassen. So entsteht der Palmsonntag und mit ihm die »Heilige Woche«. Der Brauch wird in Rom allerdings erst später (11./12. Jahrhundert) übernommen[16].

---

[15] Karwoche von ahd. kara (chara) = Sorge, Kummer. Es muß offen bleiben, wie weit die Bedeutung von »carena« oder »carina« (fasten mit Brot und Wasser) mitschwingt.
[16] LThK VI, 4f.

Palmprozession und Palmweihe

Die Palmprozession, die in Jerusalem heute noch von Betanien bis in die Nähe der Grabes-Auferstehungskirche führt, wurde bald reich ausgestaltet. »Als Darstellung Christi wurden im Zug auf einer Bahre das Evangelienbuch oder das Kreuz mitgeführt«, in England auch die Pyxis (= Hostienbehälter) mit dem eucharistischen Brot. Im deutschsprachigen Süden finden wir später – gelegentlich bis heute – in der Prozession die Holzfigur des auf einem Esel reitenden Herrn[17]. Unterwegs wurde die Prozession von der Geistlichkeit begrüßt. Da in den lateinischen Gesängen keinerlei Rücksicht auf das Volk genommen wurde, wandte sich dessen Interesse der Palmweihe zu, die der Palmprozession vorausging[18].

Die Palmen wurden in Babylon als heilige Bäume verehrt. In Delos dem Apollo zugehörig, wurden sie im Orient zu Siegeszeichen. Seit 293 v. Chr. verlieh man sie in Rom den siegreichen Soldaten. Als Zeichen sieghafter Vollendung (Offb 7,9) wurden sie in den christlichen Bereich übernommen, waren Symbol des Lebens- wie auch des Paradiesbaumes[19]. Als Zeichen des (eschatologischen) Königtums Jesu ist die Palme beim Einzug in Jerusalem zu werten. Eine eigentliche Weihe der Palmen ist wegen ihrer Zei-

---

[17] Über die barocke Ausweitung solchen Brauchtums siehe Veit/Lenhart, 79; vgl. Rattelmüller, 94 ff.
[18] LThK VI, 5
[19] ebd. Vgl. Hofbauer, Ostbayern, Regensburg 1981. Dort auch Ausführungen über den Symbolwert von Buchsbaum, Weide etc.

Palmprozession in Jerusalem

chenhaftigkeit überflüssig, sie entsprang wohl der Überzeugung, daß alles geweiht werden müsse, was in den Bereich des »fanum«, des Heiligen, gelangte. In Deutschland wurde aus den (nicht vorhandenen) Palmen bald ein Gebinde aus Salweiden (»Palmkätzchen«), die zur Osterzeit meist in Blüte stehen. Je nach Landschaft gab es daneben »Palmen« aus Buchsbaum, Immergrün, Wacholder, Tanne, Haselzweigen, Stechpalmen mit roten Beeren. Sie waren behängt mit Gebildbroten, Eiern, Früchten, z. T.

Kinder mit Palmbuschen, Oberbayern

auch Würsten, Geräuchertem (bis es die Pfarrer wegen der Mißbräuche verboten), gefärbten Holzspänen, Seidenbändern, Kreuzen. Nach Schönfeldt besteht der »richtige« Palmbusch aus »immer dreierlei vom Gleichen: drei Buchszweige, drei blühende Palmkätzchen, drei Stechpalmenzweige, drei lange blühende Haselruten ... drei Wacholderzweige, drei Eichenzweige mit dem roten Laub vom Vorjahr ... Pflanzen, die ... schon in grauer Vorzeit vor allem Bösen und Schädlichen haben bewahren sollen.«[20]

[20] Schönfeldt, 96 ff. Dort auch Bilder besonders schöner Palmbuschen.

In Süddeutschland sind die Buschen beachtliche Sträuße, welche die Kirche vor allem auf der Bubenseite in einen Wald verwandeln. Die Sträuße sind festlich geschmückt[21]. Sie werden nach der Prozession (je nach Lokaltradition) auf die Gräber der Toten gesetzt und nach dem feierlichen Amt nach Hause getragen, wo sie hinter das Hauskreuz, unter den Dachfirst oder in die Felder und Wiesen gesteckt werden[22].

Die Neuordnung der Liturgie der Heiligen Woche[23] hat die Palmprozession wieder stärker betont[24]. In ihr wird die Macht des (und der) Ohnmächtigen deutlich, die Macht dessen, der sich als Diener aller begreift. Dazu ist die Prozession eine Huldigung an jene Macht, die »letzten Endes« alle »Mächte« überwindet und die neue Schöpfung heraufführt.

---

[21] Nach Schönfeldt war es in Westfalen Brauch, den Palmbuschen mit Palmvögeln aus Kuchenteig, mit Brezeln, Zuckerzeug und Früchten zu schmücken und »nach der Kirche« im Haus zu verstecken. Die Kinder mußten ihn suchen, und wer ihn fand, rief: »Palmsonntag« und besaß das Recht, den Buschen als erster zu plündern.« (100) In Tirol versperren die Kinder mit den großen, geweihten Palmbuschen die Straße (des Dorfes) und erheischen Gaben von den Reisenden.

[22] Von »Ackerweihen« in Westfalen mit ähnlichem Brauchtum berichtet Stonner, 84. Vgl. für die Oberpfalz: Oberpfalzverein, 22f. usw. Zum abergläubischen Mißbrauch der Palmzweige siehe von Perger, a.a.O., 28ff.

[23] Ordo Hebdomadae Sanctae instauratus (= OHS) vom 16. 11. 1955

[24] Der starke Rückgang der Salweiden wird dazu führen

Der Gründonnerstag und sein Brauchtum

Die Herkunft des Namens »Gründonnerstag« ist unbekannt[25]. Der Name »dies viridium« jedenfalls ist schon im 12. Jahrhundert bekannt. An diesem Tag geschah schon unter Papst Innozenz I. († 417) die Wiederaufnahme (Rekonziliation) der Büßer, die aus der eucharistischen Gemeinschaft für eine kurze oder längere Bußzeit ausgeschlossen waren. Die Weihe der Heiligen Öle, die zur Taufe, zur Krankensalbung und zur Priesterweihe benutzt werden, geschieht an diesem Tag, um die Liturgie der Osternacht (zeitlich) zu entlasten. Die Vorverlegung der Osternachtsliturgie auf den Karsamstag (seit dem 14. Jahrhundert auf den *Morgen* des Karsamstag) führte dazu, nun den Gründonnerstag zum »triduum sacrum« (den Heiligen Drei Tagen) zu rechnen.

Der uralte, aber schon früh vergessene Brauch der *Fußwaschung,* der mit dem Gründonnerstag verbunden ist, wurde erstmals 1955 innerhalb der Eucharistiefeier geübt. Der Gesang »Ubi caritas et amor...« (Wo Güte und Liebe, da ist Gott), der

> müssen, diese immer mehr zu schützen, zumal die Blüten eine der frühen Nahrungsquellen der Bienen sind. Wo nicht der (wenig aussagekräftige) Buchsbaum an die Stelle tritt, könnte auf Birken zurückgegriffen werden, die im Zimmer schnell ausschlagen und die im Bestand kaum gefährdet sind.
>
> [25] Es gibt verschiedene Versionen: a) Der Tag ist nach dem Brauch benannt, (wohl aus Fastengründen) etwas Grünes zu essen. b) Er ist als »dies viridium« ein Tag der Büßer (eigentlich der »Grünen«, die durch Wiederaufnahme neue, grüne Zweige am Baum der Kirche werden). c) Abzuleiten von greinen (grienen) = weinen (wegen der Schuld). Vgl. Oberpfalzverein, 23.

während der Gabenbereitung gesungen wird, gehörte ursprünglich zum Brauch der klösterlichen »Caritas«, einem an diesem Tag gewährten besonderen Imbiß nach Art eines Liebesmahles (Agape).

Ob der Brauch der Fußwaschung seinen ursprünglichen Sinn noch entfalten kann (der Mächtige, in einem hohen Amt Stehende verrichtet die Dienste eines Sklaven, d. h.: er versteht seine Macht, seinen Ruhm, sein Amt als Dienst am Bruder) hängt stark vom einzelnen Bischof, Pfarrer oder sonstigen Liturgen ab. Manchmal wird der Liturge den Brauch als Anruf an sich selbst verstehen. Hohles Pathos wird in der Liturgie schnell gerichtet. Der Brauch eines Liebesmahles (Agape) nach dem Gründonnerstaggottesdienst aber sollte in Gemeinde und Familie gepflegt werden. Hier könnte die Brücke zwischen Eucharistie und Alltag neu geschlagen werden. Gleichzeitig könnten wir uns in der Gemeinschaft auf die österlichen Tage einstimmen, im Aufruf zu einer Liebe, die sich kreuzigen läßt für andere, und die in solcher Liebe das bleibende Leben findet[26].

Der Karfreitag und sein Brauchtum

Schon in den ersten Jahrhunderten wurde in Jerusalem am Karfreitag ein Wortgottesdienst gefeiert, in

[26] Zu weiterem Brauchtum vgl. LThK VI, 8
Hier sei noch hingewiesen auf die sog. »Antlaßeier« (von mhd: antlâz = Ablass oder Befreiung). Diese am Gründonnerstag gelegten Eier haben ihren Namen wohl von der Befreiung der öffentlichen Büßer, die an diesem Tag erfolgte. So haben diese Eier eine besondere Segenskraft. Sie bleiben (nach dem Volksglauben) das ganze Jahr frisch (vgl. u. a. Schönfeldt, 104).

dem nach der Lesung der Johannespassion das Heilige Kreuz verehrt wurde. Rom übernimmt solche Kreuzverehrung im 8. Jahrhundert. Zur Verehrung wird der Psalm 118 gesungen, der vom »Ecce lignum crucis...« antiphonal umschlossen wird. Seit dem 10. Jahrhundert wurden aus dem gallo-fränkischen Raum einige der begleitenden Gesänge übernommen, so die Improperien (»Mein Volk, mein Volk, was tat ich dir...?«), das Trishagion (»Heiliger Gott...«) und das »Pange lingua...«.

Seit dem 7. Jahrhundert ist es üblich, an diesem Tag die Heilige Kommunion auszuteilen. Die Liturgiereform von 1955 hat die alte, schlichte Form der Karfreitagsliturgie wiederhergestellt. Aus jüngerer Zeit wurde die feierliche Übertragung des Allerheiligsten beibehalten. Seit dem Gloria des Gründonnerstag-Amtes schweigen die Glocken, die Orgel und die Schellen der Ministranten aus Gründen der Trauer. Zu den Gottesdiensten (Kreuzweg am Morgen und zur Gedächtnisfeier des Todes »um die 9. Stunde«) laden die Ministranten durch »Ratschen« (»Klappern«, »Rasseln«) ein, mit denen sie durch die Straßen gehen oder vor der Kirche (große »Hammer-Ratschen«) zum Kommen auffordern. Sinnvoll ist es, die Ministranten zu den üblichen Gebetszeiten an verschiedenen Punkten des Dorfes (der Stadt) ratschen zu lassen. Die Gläubigen werden aufgefordert, aus den Häusern zu kommen und mit den Ministranten den »Engel des Herrn« zu beten. Der Brauch wird gern angenommen.

Der bekannteste Brauch des Karfreitags war das Aufstellen des *»Heiligen Grabes«*. Unter dem Einfluß der Pilgerfahrten nach Jerusalem wurde es schon im frühen Mittelalter üblich, in großen Gotteshäusern im Chor, in Seitenkapellen, in der Krypta, in eigener Rotunde kleine Nachbilder des Heiligen Grabes von Jerusalem zu errichten und die Zeit der Grabesruhe Jesu mit Wachen und Beten zu feiern. Schon nach der »regularis concordantia« des 10. Jahrhunderts wird das Kreuz nach der Kreuzverehrung unter entsprechenden Gesängen im Heiligen Grab niedergelegt[27]. Seine Blütezeit erlebte der Brauch im Barock. Er ist bis zur Liturgieform vor allem in Süddeutschland lebendig geblieben und ist heute noch in Polen und in den nördlichen Ländern beliebt.

Viele bedauern es, daß der Brauch nach der Liturgiereform nur noch selten geübt wird. Sicher führte er vielen das Sterben und die Grabesruhe des Herrn sinnenfällig vor Augen, und sicher waren (oft bis in die späte Nacht) Beter am Heiligen Grab zu finden. Andererseits kann nicht geleugnet werden, daß hier ein Nebenaspekt der Passion (die Evangelien legen die Akzente auf Kreuz, Tod und die Auferstehung Jesu) besonders betont wird. Vielleicht sollte das Kreuz nach der Kreuzverehrung des Karfreitags vor den Hauptaltar oder einen Nebenaltar gelegt und mit Frühlingsblumen geschmückt werden. Dann könnte in Gebets- und Meditationsstunden über das Geheimnis des Todes und der Auferstehung nachgedacht werden.[28]

---

[27] Vgl. LThK V, 120ff.
[28] »Kreuztrachten« am Karfreitag gibt es bis heute in Westfalen: Delbrück, Menden, Gehrden, Pömbsen.

4.5 Österliches Brauchtum

Osterfeuer und Osterkerze

Das Feuer ist eines der größten Güter der Menschheit, Göttern und Menschen heilig. Die Vestalinnen hüteten (in jungfräulicher Reinheit) das Heilige Feuer. Das Feuer erwärmt den Lebensraum des Menschen und erhellt ihn. Feuer macht Leben möglich und Kultur.

So war das Feuer stets Symbol der Sonne, die alles erwärmt und erhellt, die Leben gibt, Leben in Fülle. Wenn die Sonne nach dem langen Winter wieder höherstieg, Frost und Schnee vertrieb, die Erde auftaute, dann entzündete man die Frühlingsfeuer. Sie waren Begrüßung der Sonne und doch mehr. Sie waren eine Art kultischer Sicherung des Lebens, des Wachstums, der Fruchtbarkeit, der Ernte[29]; auch eine Sicherung gegenüber der Krankheit und allen Übeln, die im Feuer vernichtet werden sollen[30].

[29] Untergründig schwang wohl ein Wissen um die Reintegration mit. Religionsgeschichtlich gibt es die Reintegrationen der Welt im Wasser (Sintflutmotiv) und im Feuer (Weltbrandmotiv). Die alte, von Sünden schwer gewordene Welt vergeht im Wasser oder Feuer, um jung, rein zu einem neuen Äon aufzustehen (Phönix aus der Asche). Im Kreislauf des Jahres wird solches Wissen vergegenwärtigt (vgl. auch A. Becker, Frühlingsbrauch und Sonnenkult..., Wuppertal-Elberfeld 1937, 40f, u. ö.).

[30] Der Zweibrückener Botaniker und Pfarrer von Hornbach, Hieronymus Bock, gen. Tragus (1498–1554) schreibt in seiner »Teutschen Speißkammer«:
»So haben etliche der Teutschen, sonderlich im Wazgaw, ein solchen Glauben und Zuversicht, sobald ein Vihesterben einher felt, vermöge dasselbig durch kein ander mittel

Osterfeuer

abgeschafft werden, es werde dann ein Notfewr angezogen, das bringen sie auß dürrem Eichen Holtz mit großem Nothgezwang einer Stangen zuwegen, dieselbig muß man auff dem dürren Eichen Holtz mit Gewalt, wie ein Schleiffstein, herumber treiben, und ist solche Stang auff

Daß endlich das Frühlingsfeuer zu Mahl, Spiel und Tanz einlud, zeigt die anthropologische Bedeutsamkeit des Brauches. Die Kirche jedenfalls hat die Bedeutung solchen Brauchtums erkannt. Schon im Frankenreich des 8. Jahrhunderts hat das geweihte Osterfeuer das vorchristlich-heidnische ersetzen sollen[31]. Die alten Bräuche wurden getauft[32], bewahrten aber wohl noch lange (bis heute?) ihre magischen Unterschichten.

> beiden Seitten der understen Höltzer mit Ketten angebunden, das sie keines wegs mag weichen. Und so man gemelte gebundene Stang ein Zeitlang mit Arbeit umbtreibet, so kommt nach viler Bewegung erstmals ein große Hitz, nach der Hitz folgt ein Rauch, und nach dem Rauch entzündet sich das Notfewr, das empfahet man mit Andacht und großer Reverentz in Zunder und anders. Auff solche gezwungen Notfewr seind etliche Jungfrawen bloßes Leibs mit etlichen Ceremonien ordiniert und bestellet, tragen bloße Schwerter in ihren Händen, darzu sprechen sie ihre Reimen und Sprüch. Alsbald dernach würdt ein großes Fewr angezündet mit vielem Holtz, zu Stund treibet man das Vihe mit Ernst und Andacht durch das errungen Notfewr, guter Hoffnung und Zuversicht, der Unfall und Vihesterben soll dadurch gewendet werden.« (Belege bei A. Becker, 40)

Offenbar wird hier das Feuer als Inkorporation der Sonne gesehen, so daß die heilenden und stärkenden Kräfte der Sonne auf das Feuer übergehen (deutlich wird jedoch auch hier, wieviel »heidnische Ursubstanz« sich im Volk erhalten hat, wie langsam der Glaube wirklich das Volk in seinen Tiefenschichten erreicht).

[31] Bächtold-Stäubli, 1333, unter Berufung auf Franz, Benediktionen I, 517. Vgl. Stonner, 31 f.
[32] Stonner berichtet von der Stiftung, die Konrad von der Mark 1342 machte. Er schenkte der Antonius-Bruderschaft zu Hörde i. W. einen Weinberg. »Dafür sollte sie ›uch hillige Paschendaz‹ ein Freudenfeuer auf dem Renne-

Zu den bekanntesten profanen Feuerbräuchen der Osterzeit zählt das Osterräderlaufen (etwa in Lügde in Westfalen). Den großen Holzrädern sind Sprüche eingeschnitzt, die das Geheimnis christlicher Ostern deuten. Die Räder werden mit Stroh umwickelt und brennend zu Tal gerollt. Der Bauer sieht es gern, wenn das Flammenrad über seine Felder geht, da er sich davon Segen für den Acker verspricht. Überhaupt ist ein gutes Jahr zu erwarten, wenn alle Räder gut ins Tal kommen.

Die Ursache des Brandes, der 1090 die Kirche und weite Teile des Klosters Lorsch vernichtete, war eine brennende Holzscheibe, die am Tag der Frühlings-Tag- und Nachtgleiche nach volkstümlichem Brauch hochgeschleudert wurde. Dieser Brauch hat sich zur Osterzeit im schwäbisch-alemannischen Gebiet bis heute gelegentlich erhalten, obwohl er wegen der Feuergefahr verboten wurde.

Viele andere Feuerbräuche sind in den einzelnen Bundesländern zu finden. Erinnert sei an einen Oberpfälzer Brauch. Dort wird ein »Judas«, ein großer behauener Holzklotz, an den Rand des kirchlichen Osterfeuers gelegt und nach der Osternachtfeier, angesengt, mit nach Hause genommen. In den österlichen oder nachösterlichen Tagen werden aus dem Klotz kleine Kreuze geschnitzt, die in die Äcker und Wiesen gesteckt werden. Diese sinnfällige Übertragung des österlichen Segens auf den Hof und die Äcker könnte in ländlichen Gegenden (recht gedeutet) belebt werden.

> berg anzünden und alle Jahre den Ring darum schließen helfen und Gott danken für die Erlösung vom Teufel mit seinem Blute« (a.a.O., 32)

Seit dem 8. Jahrhundert beginnt die liturgische Feier der Auferstehung mit der Weihe des Feuers[33]. Es soll aus dem Stein geschlagen werden, ein Hinweis auf das Hervorgehen Jesu Christi aus dem Felsengrab. Das Licht des Feuers wird weitergegeben an die (brauchtumsmäßig sehr viel ältere) *Osterkerze*.

Die Symbolik der Kerze, die ihren Leib vom Feuer (Licht) verzehren läßt, legt ihre Verwendung im Osterbrauchtum nahe. So finden wir eine Osterkerze schon 384 in Piacenza. Im 7. Jahrhundert wird sie in allen Titelkirchen Roms verwandt. Das Einritzen des Kreuzes und der Buchstaben Alpha und Omega ist in gleicher Zeit für Spanien bezeugt und ist von dieser Zeit an wahrscheinlich auch Brauch in Rom. In Jerusalem war es uralter Brauch, das Licht der Osterkerze an alle Mitfeiernden weiterzugeben, ein Brauch, der (nach einer Blüte im Frühmittelalter) heute wieder überall geübt wird[34].

Die Osterkerze wird in der Osternachtliturgie am geweihten Feuer entzündet und in den dunklen Kirchenraum getragen, nachdem sie vorher gesegnet wurde. Zu ihrem Lob wird das Exsultet[35] gesungen, das ins 1. Jahrtausend zurückgehende Preislied auf

---

[33] Die Liturgiereform, lange ersehnt und notwendig, um auch dem Osterfest wieder seine Gestalt zurückzugeben, hatte auch Nachteile, soweit es das Brauchtum (und damit die Volksfrömmigkeit) angeht. So wurden in der Ramsau (Oberbayern) die häuslichen Herde am Karsamstagmorgen nur mit geweihtem (Oster-)Feuer angezündet, eine schöne Verbindung von Liturgie und Familie (vgl. auch Stonner, 31 f.). Die meisten Osterbräuche sind auch nach der Liturgiereform möglich geblieben.

[34] LThK VII, 1276f.

Osterkerzen

die »magnalia dei«, die Großtaten Gottes, die in der Auferstehung gipfeln. Die Osterkerze bleibt – festlich geschmückt – der liturgische Mittelpunkt der Osternachtfeier.

[35] Benannt nach dem Anfangswort des Hymnus: »Exsultet iam angelica turba caelorum...« (»Frohlockt, ihr Engelchöre der Himmel...«).

Es wird notwendig sein, die Kinder wieder Feuer erleben zu lassen. Schön wäre es, wenn irgendwo am Dorf- oder Stadtrand ein großes Osterfeuer gebaut und abgebrannt werden könnte, da dort auch die Ambivalenz des Feuers sinnenfällig würde. Das Feuer wird als uraltes Sonnensymbol gedeutet, als Lebenssymbol und als »Gabe der Götter«. Breiten Raum nimmt die christliche Deutung ein.
In den meisten Fällen wird wohl nur das Anzünden von Kerzen in verdunkelten Räumen möglich sein. Hier sollte eine Kerze aus Bienenwachs gewählt werden. Die Erfahrung des lebendigen, wärmenden Lichtes und der springenden Schatten ist neben der Deutung des Kerzensymbols wichtig.
Kerzen können selbst gegossen und verziert werden. Sonst können gekaufte Kerzen mit Osterzeichen, Symbolen, Sprüchen versehen werden. Die so gegossenen oder doch gestalteten Kerzen sollten in den Häusern, vor allem bei den Ostermahlzeiten, verwendet werden.
Ein schöner Brauch ist es, Osterkerzen auf die Gräber der Verstorbenen zu tragen und sie dort brennen zu lassen.
Vielleicht könnte auch der alte Brauch neu belebt werden, eine »Exsultet-Rolle« zu malen.[36] Als das Preislied auf die Osterkerze noch in lateinischer Sprache vorgetragen wurde, entrollte man am Ambo eine Rolle mit dem (variablen) Text des Liedes, der von

---

[36] Eine der »klassischen« Exsultetrollen, die »Barberini-Exsultetrolle« der Biblioteca Apostolica Vaticana (Barb. Lat. 592), erschien 1988 im Belser-Verlag in sorgfältiger Edition.

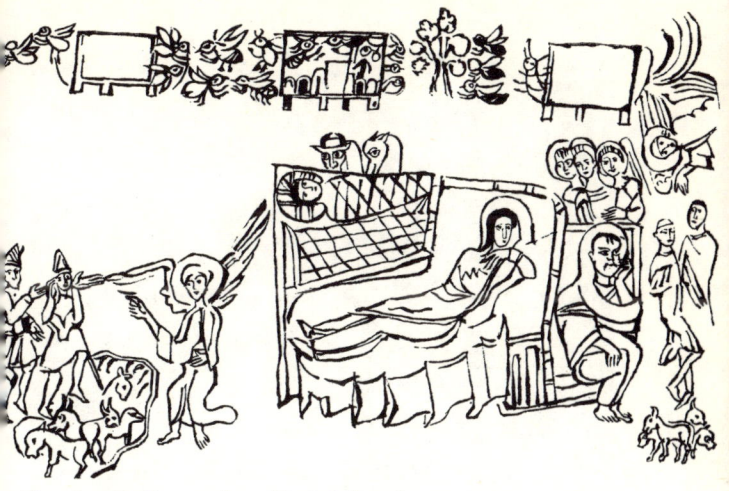

Exsultet-Rolle aus dem 12. Jahrhundert

großen Bildern unterbrochen war, auf denen dem Volk das Gesungene vor Augen geführt wurde. Wenn der Text auch heute einheitlich ist und gewöhnlich in deutscher Sprache gesungen wird, wäre eine Exsultet-Rolle als Meditationshilfe nicht nur für die Kinder und Jugendlichen, die sie erarbeiten, sondern auch für die Hörer des Exsultet in der Osternacht sinnvoll.

Das Osterei

Das Ei ist ein uraltes Fruchtbarkeitssymbol, Ursymbol des Seins und Werdens. Nach dem pelasgischen Schöpfungsmythos der Griechen paarte sich die Urgöttin Eurynome mit der von ihr selbst aus Wind geschaffenen Urschlange Ophion und legte daraufhin in Gestalt einer Taube das Weltei, aus dem Himmel

Antikes Ei-Motiv am Hischam-Palast, Jericho

und Erde und alle Kreaturen hervorgingen. Nach dem orphischen Schöpfungsmythos wurde die Nacht vom Wind begattet, worauf sie ein silbernes Ei legte, aus dem der doppelgeschlechtige Eros hervorging, der »Beweger des Alls«.[37] Eine ähnliche Rolle spielt das Ei in den Schöpfungsmythen der Inder.[38]

---

[37] Vgl. E. Schmalzriedt, Der historische Hintergrund der griechischen Mythen, in: E. Lessing, Die griechischen Sagen (in Bildern erzählt), München 1985, 20.

[38] Vgl. M. Eliade, Geschichte der religiösen Ideen, Bd. 1, Freiburg – Basel – Wien 1978, 209.
Der lange versuchten (heute als unhaltbar erwiesenen) Übersetzung von Gen 1,2: »Der Geist Gottes (ruach elo-

In den Friesen römischer Tempel (vor allem derer, die Jupiter geweiht waren) finden wir lange Reihen von Ei-Motiven: Sinnbilder der Zeugungskraft der Götter und der Fülle des Lebens, die von ihnen ausgeht.

Die frühe Kirche, deren Verhältnis zu heidnischen Sinnbildern sehr ambivalent war, hatte den Genuß der Eier in der Fastenzeit verboten. Die Gründe dafür sind unbekannt[39]. Eine »benedictio ovorum« zum Osterfest ist seit dem 12. Jahrhundert bekannt: das Ei wird als Auferstehungssymbol in der Kirche geachtet.

Gefärbte Eier werden zum ersten Mal von Freidank in seiner »Bescheidenheit« (frühes 13. Jahrhundert) erwähnt. Th. Naogeorgus berichtet 1553 in seinem »Regnum papisticium« von roten Eiern (ova rubra) bei der österlichen Speiseweihe. E. Puteanus spricht in »Ovi Euconium« von »beschrifteten, bemalten und geätzten Ostereiern«[40]. Die Bezeichnung »Ostereier« erscheint erstmals 1611 in Straßburg.

him) *brütete* über den Wassern« lagen ähnliche Gedanken zugrunde.

[39] Eier galten sicher nicht als luxuriöse Speisen, auf die in der Fastenzeit verzichtet werden sollte. Hängt das Verbot untergründig mit der frommen Übung sexueller Enthaltsamkeit während der Fastenzeit zusammen? Oder sollte das Symbol des Lebens erst am Fest des Lebens wieder genossen werden?

[40] Vgl. Meyers Enzyklopädisches Lexikon, Mannheim u. a. ⁹1976, Bd. 17, 783 und Bächtold-Stäubli VI, 1327ff.
Nach S. Schönfeldt sind buntgemalte Eier »uralt«: »Schon vor fünftausend Jahren sollen die Chinesen buntverzierte Eier zum Frühlingsanfang verschenkt haben, und die alten Ägypter haben das Ei ebenso wie unsere germanischen Vorfahren als Symbol der Fruchtbarkeit verehrt.« (Feste

Dort schreibt Fritsch 1625: »Zu Ostern werden die Eier grün, gelb, rot, schwarz und blau und anderer Art gefärbt.« 1641 regt sich Dannhauer über die kirchliche Weihe von Ostereiern auf...[41]
Seitdem gehören zum Osterfest die gefärbten oder (mit Zeichnungen, Sprüchen) bemalten Ostereier. Nach Bächtold-Stäubli könnte die bevorzugte rote Farbe auf den Tod Jesu verweisen[42]. Die Ostereier gehören zum Speisenkorb, der am Osterfest geweiht wird (Speisenweihe)[43].

und Bräuche, 117). Schönfeldt gibt – wie immer – keine Belege. So auch nicht für den Hinweis, die »Jungfrauen in Armenien (hätten) schon in den frühesten christlichen Jahrhunderten Eier geschenkt bekommen, und zwar als Erinnerung an die frommen Frauen aus Galiläa, die Jesus mit Josef von Arimathia ins Felsengrab legten und für ihn Spezereien und Salben bereiteten...« (ebd.).

[41] J. Lefftz, Elsässisches Volksleben im Osterfrühling, Strasbourg 1974, 76

[42] A.a.O., Sp. 1330 unter Hinweis auf Hess. Bl. 26, 135f.; 28, 356ff.

[43] Der Brauch wird besonders in Bayern, Österreich und Südtirol gepflegt. Er läßt sich bis ins 7. Jahrhundert zurückverfolgen. Vielleicht hat die Kirche nach der strengen Fastenzeit primär der Unmäßigkeit im Genuß der ersten österlichen Mahlzeiten steuern wollen. Zum Speisenkorb gehörten ursprünglich (1389 zuerst verzeichnet): Geräuchertes, Osterfladen, ein verziertes »Butterlaibl« – in frisch gehackten Kräutern gewälzt, Salz, Meerrettich (Kren), ein Osterei für jedes Familienmitglied, dazu als Krönung das Osterlamm mit der Auferstehungsfahne (Antlaßeier und Karfreitagshäut, in: Charivari Nr. 4, April 1988, 7). Heute hat der Brauch den Sinn, die Brücke zwischen Altar und dem häuslichen Tisch zu schlagen, zwischen dem Sakralen und dem Profanen. Er sollte überall in Deutschland heimisch werden.

Ostertisch, gedeckt mit geweihten Speisen

In Familien und Unterricht kann das Verständnis des Ostereies von langer Hand vorbereitet werden. Es könnte ein Aquarium aufgestellt werden, in das Froschlaich gegeben wird. Die Zimmertemperatur läßt in wenigen Wochen die Keimlinge zu Kaulquappen und zu kleinen Fröschen werden, die das Wasser verlassen. In einfachen Brutapparaten können Hühner- oder Entenküken erbrütet werden – ein unauslöschliches Erlebnis für Kinder. Etwas vom Geheim-

Ostereier

nis des Lebens, das im Ei verborgen ist, wird auf diese Weise deutlich oder doch geahnt.

Das Ei wird zunächst als Symbol des Lebens gedeutet (Tempelfriese). Danach wird es auf das Fest der Auferstehung übertragen: Symbol neuen Lebens; Symbol vielleicht auch einer neuen Erde (Weltenei).

Wo es möglich ist, können Kinder etwa 14 Tage vor Ostern Getreidekörner in eine größere, mit Erde gefüllte Schale säen. Das bald sprossende Grün bildet zum Fest ein Nest, in das Ostereier gelegt werden können. Das doppelte Lebenssymbol macht die Theologie der Ostern sinnenfällig.

Es ist auch sinnvoll, ausgeblasene Eier mitbringen und bemalen zu lassen. Dabei bleibt jedem Schüler die Art der Bemalung überlassen. Gute Beispiele können prämiiert werden.

Besonders gut gelungene Exemplare, die zu Hause oder in Jugendgruppen bemalt wurden, sollten zur Schule mitgebracht und gezeigt werden.

In manchen Pfarreien bemalt jede Familie vor Ostern ein Ei, auf das der Name der Familie geschrieben wird. Diese Eier werden am Karsamstag an einen »Osterbaum« (Forsythien, Weiden, Birken) neben dem Altar gehängt, so daß im Bilde des Osterstraußes alle Familien der Gemeinde um den Altar versammelt sind.

Der Osterhase

Der Hase als österlicher »Eierbringer« ist erstmals im 17. Jhdt. belegt.[44] Nach Lefftz spielt jedoch schon Johann Fischart von Straßburg in seinem Jugendwerk: Aller Praktik Großmutter »deutlich auf den eierlegenden Osterhasen an«. Den ersten eindeutigen Beweis liefert dann G. Frank 1682 in seiner Abhand-

---

[44] Becker, A., Osterei und Ostern, Jena 1937; Bächtold-Stäubli VI, 1330; vgl. Meyers Enzyklopädisches Lexikon, 17–783.

lung: »De ovibus paschalibus – Von Oster-Eyern«, wo es heißt: »... im Elsaß und den angrenzenden Gegenden nennt man diese Eier ›Haseneier‹ auf Grund der Fabel, mit der man Einfältigen im Geiste und Kindern weismacht, der ›Osterhase‹ lege solche Eier und verstecke sie...«[45] Nach Schönfeldt hatte der Hase (der ihrer Meinung nach auch ein »verunglücktes Osterlamm« sein könnte) »Mitbewerber« im Amt des Eierbringers: in Holstein und Sachsen den Hahn, im Elsaß den Storch, in Hessen den Fuchs, in der Schweiz den Kuckuck.[46] Sowohl Schönfeldt als auch Becker[47] betonen, daß der Hase das Tier der Liebesgöttin Aphrodite gewesen sei; nach Schönfeldt auch der Begleiter der germanischen Erdgöttin Holda, der er auf nächtlichen Umzügen mit der Kerze voranleuchte[48]. Das mag durchaus sein – zu fragen ist aber, wie der Hase von dort aus zum österlichen Eierbringer wurde.

Die Kirchenväter sehen im Hasen das Bild des schwachen und ängstlichen Menschen, der gejagt wird und der sich vor den Verfolgern in den Felsen (Christus, Kirche) flüchtet. Bei Klemens v. Alexandrien u. a. wird der Hase zum Bild der Fruchtbarkeit und Unkeuschheit. Der Physiologus deutet die Tatsache, daß die Hinterläufe des Hasen länger als seine Vorderläufe sind, so, daß sich der Hase nur berganlaufend retten kann. So soll der Mensch Christus zustreben und nicht dem Irdischen anhangen und damit dem Teufel erliegen.

[45] A.a.O., 73f. Ähnlich Schönfeldt, 121f
[46] Schönfeldt, 121f.
[47] Becker, 313
[48] Schönfeldt, 121

Auf den alten Schöpfungsbildern ist der Hase entweder Gottessymbol, ein Symbol des flüchtigen Menschenlebens oder Symbol der Fruchtbarkeit. Sonst ist er in der mittelalterlichen Darstellung Symbol des Lichtes, Christussymbol, vor allem auch Symbol der Auferstehung. Diese Symbolik geht wohl auf Ambrosius zurück, der im Hasen ein Symbol der Auferstehung sah »wegen der mit der Jahreszeit wechselnden Färbung«, eine – bis auf den Schneehasen – naturwissenschaftlich kaum haltbare Deutung. Der Hase wurde jedoch wohl kaum wegen solcher Symbolbedeutung mit Ostern verbunden. Wahrscheinlich ist die Verbindung von Ei und Hase vom gleichen Zinstermin her zu erklären, da beide sowohl Osterspeise als auch Osterzins waren.

Der Hase hat heute längst das eigentliche Ostersymbol, das Osterlamm, verdrängt.[49] Die verschiedene Symbolik des Hasen kann im Unterricht aufgewiesen werden. Seine Fruchtbarkeit (die früher sprichwörtlich war und die schon im ausgehenden Winter

---

[49] Die Kirche kennt seit dem frühen Mittelalter eine *Osterlammweihe,* die im 10. Jhdt. durch den hl. Ulrich nach Deutschland kam. Nach dem Straßburger Rituale von 1480 erfolgte die Weihe am Osterfest nach der Wandlung. Das geweihte Lammfleisch wurde bei den örtlichen Freudenmählern ehrfurchtsvoll (im Gedenken an das wahre Osterlamm) verspeist. So erhielten die Armen der Spitäler zu Ostern ein Lamm (wie auch ehrsame Ratsherren ein mit Blumen geschmücktes Osterlamm gemeinsam verzehrten). Das Osterlamm gehörte zu den Zinsabgaben an Grundherren und Klöster.
Geblieben ist von all dem das gebackene Osterlamm, das (mit der Auferstehungsfahne) den Speisekorb und den Ostertisch schmückt. (Vgl. J. Lefftz, 65 ff).

Bauern bei der Zinsabgabe: Kreuzbrot, Hase, Eier und Federvieh. Holzschnitt 1479

»Märzhasen« hervorbrachte) macht auch ihn zum Sinnbild des Lebens, das den (Winter-)Tod überdauert. Dennoch sind die meisten der von uns besprochenen Ostersymbole und -bräuche wichtiger als der Hase.

Hingewiesen sei wenigstens noch auf die vielen »Eierspiele«, die sich rings um das Fest angesiedelt haben. So das in ganz Deutschland bekannte »Eierpicken«, wobei *der* Sieger ist, dessen Ei unbeschädigt bleibt. Aus meiner Jugendzeit ist mir noch gut bekannt das Eierwerfen: Ostereier werden weit in die Wiesen geschleudert. Sieger ist, wer am weitesten wirft und wessen Ei unbeschädigt bleibt. Interessant ist auch das »Eierschieben« (»Eierrollen«): Ostereier werden über zwei schräggestellte Hölzer (etwa Besenstiele, die nahe nebeneinanderliegen) herabgerollt. Trifft das Ei auf ein anderes, das mit aufgelegter Münze (Groschen, Markstück) in das Gras gestellt ist, und zwar so, daß die Münze herunterfällt, so gehört dem »Roller«die Münze.[50] Auch in solch fröhlichen Spielen mag dunkel noch die Symbolik des Eies gegenwärtig sein.

Der Ostervogel

Im Hunsrück und in der Pfalz war es Brauch, ein ausgeblasenes großes Ei (oft ein Gänse-Ei) mit farbigen Papierflügeln, Kopf und (Papier-)Schwanz zu bekleben und als »Ostervogel« unter die Decke zu hängen: Das Leben bekommt Flügel[51]. Wenn ein Gänse-Ei beschafft werden kann, kann es als Grundform für die Ostervögel dienen. Sonst ist jede schnell erstarrende Masse als Grundform geeignet. Je phantasievoller die Vögel sind, desto besser: Ein Stück beschwingter Osterfreude soll erfahren werden. Die von Kindern geschaffenen Vögel werden zur Osterzeit in den Häusern aufgehängt.

---

[50] Weitere Spiele bei Schönfeldt, 120 ff.

[51] Wenn in sächsischen Bauernwohnungen über dem Ostertisch eine (meist aus Holz geschnitzte) Taube hing, so dürfte wohl auf das Pfingstfest (und die Einheit von Ostern und Pfingsten) hingewiesen sein. Nach E. Pöschl versinnbildet auch im Odenwald der Ostervogel den Hl. Geist. Er sei vielleicht aus einem »Antlaßei« gefertigt. Angeblich hat er früher dazu gedient, Hexen zu erkennen (Odenwälder Zauberschlüssel, Ober-Ramstadt / Rohrbach 1986, 61 f.).

Ostervogel

Das Osterwasser

Das Wasser als Quelle, Bach, Strom, Meer ist eines der Ursymbole der Schöpfung[52]. Es hat belebende Kraft, ist Wasser des Lebens; es reinigt, heilt; aber es zerstört auch, ist Wasser des Todes für Landschaften, Menschen und Tiere. So spielt das Wasser eine besondere Rolle im Brauchtum gerade der Osterzeit. »Vom Eise befreit«, aus der Starre erlöst, kann das Wasser nun wieder seine Kraft (und Symbolkraft) entfalten. Uralt-heidnische Bräuche haben sich erhal-

---

[52] Vgl. J. H. Schneider, Wasser, in: H. Kirchhoff, Ursymbole, 87 ff.

ten, die in wunderlicher Weise christliches Gedankengut angezogen haben.

Wer sich am Ostermorgen im fließenden Bach wäscht, bleibt nach altem Glauben immer jung und schön. Osterwasser vertreibt – aus der Quelle geschöpft – Ausschlag, Augenleiden und viele andere Übel. Das Vieh wird am Ostermorgen in einen der Bäche getrieben, um es vor Krankheit zu schützen. Das Osterwasser, das in den Häusern aufbewahrt wird zur Heilung und Segnung für Mensch und Tier (es verdirbt nicht!), soll unter Brücken geschöpft werden, über die Leichen- und Hochzeitszüge während des Jahres gehen.

Das alles muß in tiefem Schweigen vor sich gehen, das »Plapperwasser« verliert alle Kraft. Man soll beim Holen des Wassers nicht einmal grüßen, keinen Gruß erwidern und sich nicht umsehen. Später erst werden Spaziergänge zu Brunnen und Quellen gemacht. Und alles Wasser verwandelt sich in der Osternacht in Wein[53].

Die meisten dieser Bräuche sind von großer Tiefe, auch wenn sie kaum reflektiert wird. Uraltes Wissen von der Reintegration der Äonen im Wasser bricht ebenso auf, wie das Wissen um die heilende und zerstörende Macht des Wassers. Solches Wissen vermischt sich mit dem Glauben an die umwandelnde Kraft der christlichen Taufe und der damit verbundenen endzeitlichen Verheißung für den einzelnen und die gesamte Schöpfung. Dennoch bleibt bei all diesem Brauchtum ein Rest, der »ins Geheimnis verweist«.

---

[53] Bächtold–Stäubli VI, 1357

Das Alte und das Neue Testament greifen die Wassersymbolik häufig auf. Sie kulminiert im Taufgeschehen. Da die Symbolik des Wassers auf Ostern und Pfingsten verweist, wurde schon seit dem 2. Jahrhundert das Taufwasser nur zweimal im Jahr geweiht, nämlich in den Nachtfeiern von Ostern und Pfingsten. Es war den Gläubigen gestattet, vom Taufwasser mit nach Haus zu nehmen. Es diente zur Segnung von Haus und Hof. Man goß es an die Obstbäume und auf die Äcker und Wiesen.
Später wurden die Weihe des Osterwassers und die des Taufwassers geschieden, da das Taufwasser ausschließlich der Taufe vorbehalten blieb. Bis heute nehmen die Gläubigen das Osterwasser nach der Osterfeier mit heim zur Segnung von Haus und Hof. Im Religionsunterricht und in der Katechese ist die Symbolik des Wassers eingehend zu besprechen. Einige Wasserbräuche zur Osterzeit können in einer Art Spiel vollzogen und später gedeutet werden. Wo es noch reines Wasser in Quellen und Bächen gibt, könnten Kinder sich dort (schweigend!) am Ostermorgen waschen (vgl. das Volkslied »Und in dem Schneegebirge«). Gedeutet wird der Brauch als Sehnsucht nach Schönheit und ewiger Jugend. Leicht ist dann dieBrücke zu schlagen zur christlichen Taufe und zur Verheißung des Lebensstromes der Endzeit, wie ihn der Seher (Offb 22,1 ff.) beschreibt. Hinweis auf die Taufe und die »Wasser der Endzeit« ist das Osterwasser, das wir aus der Liturgie der Osternacht zur Segnung in unsere Häuser tragen.

Das Osterlachen (risus paschalis)[54]

Die Betrachtungen zu den Osterbräuchen sollen nicht abgeschlossen werden, ohne eines Brauchs zu gedenken, der vor allem in der Barockzeit sehr im Schwange war: des Osterlachens (risus paschalis).

Der Prediger hatte durch »Ostermärlein«, die er in seine Predigt einstreute, seine Gemeinde zum Lachen zu bringen. Aufgeklärte Zeiten haben solch »groteskem« Brauch (Flögel) schnell den Garaus gemacht, und so hatten die Gemeinden (bis heute) in der Predigt wenig zu lachen.

Gewiß mag es da manche Derbheiten gegeben haben und sicher auch manch dummen oder zu einfältigen Witz. Erschrecken sollte uns aber die Tatsache, wie wenig Platz in der Liturgie, die doch Fest und Feier im eminenten Sinne ist, das menschliche Lachen hat. Was wäre an einem Fest, das alle Trauer der Menschen und alles »Seufzen und Ächzen« der Kreatur in Freude verwandelt, sinnvoller als das Lachen? Ist es nicht die erste, spontane Verleiblichung der Osterbotschaft?

Es ist gewiß schwer, solches Osterlachen wieder zu beleben. Sicher wird auch in einer fröhlichen Runde nach der Liturgie oder an einem Abend der Osterwoche dieses österliche Lachen aufbrechen. Dennoch müßte es sich lohnen, dem Lachen auch in unserer

---

[54] Vgl. den gleichnamigen Artikel von V. Hertle in KBl 2/1984, 114ff. Dazu das 1522 erschienene Schwankbuch: »Schimpf (= Scherz) und Ernst« des Franziskaners Johannes Pauli, in dem die Fragwürdigkeit mancher »Ostermärlein« überdeutlich ist.

sehr ernsten Liturgie wieder Raum zu geben. Dazu bedarf es allerdings einer Reihe von Erzählungen und Anekdoten voll tiefen Humors, die uns in ihrer Weise die Osterbotschaft von der Erlösung aus der Todverfallenheit und der Berufung zu unsterblichem Leben aussagen und erinnern.

Wichtiger als das Osterlachen war ein anderer Brauch, der längst vergessen ist, der aber zur Barockzeit in verschiedenen Kathedralen, vor allem in Frankreich (so etwa in der Kathedrale von Auxerre), üblich und beliebt war. Während der feierlichen Osterliturgie tanzte dort der Bischof mit dem mitfeiernden Klerus im Chor (oft auf dem Labyrinth, das als Mosaik in den Boden eingelassen war). Dabei warf man sich in Form eines Tanzspiels einen Ball zu. Der Ball war wohl Symbol der lebenspendenden Sonne, des eigentlichen Symbols des Auferstandenen. Vielleicht war der Ball auch Symbol der vom Todeslos befreiten, »leicht gewordenen« Erde. Es ist schmerzlich, sich der Zeiten zu erinnern, in denen solcher Brauch der Liturgie integriert werden konnte[55].

---

[55] Gerade das Beispiel des liturgischen Tanzes (in dem ja der ganze Mensch mit Leib und Seele Eucharistia sagt), zeigt, wie notwendig es ist, altes, sinnträchtiges Brauchtum neu zu beleben. Als ich vor Jahren eine pfarrerlose Gemeinde in der Oberpfalz (Hütten) als »Ferien«-Gemeinde übernahm, war etwa der Brauch der österlichen Speisenweihe fast vergessen. Heute tragen fast alle Familien ihre (phantasievoll gestalteten) Speisekörbe wieder zur Weihe in die Kirche. Es wird von der Liebe des Pfarrers oder sonstiger Gemeindemitglieder abhängen, ob das Brauchtum lebendig ist und lebendig bleibt.

5 Das Brauchtum des Festes Christi Himmelfahrt

5.1 Zur Theologie des Festes

Es gibt »keinen wirklichen Unterschied zwischen Auferstehung und Himmelfahrt. Beide Aussagen wollen mit je verschiedenen Bildern und innerhalb eines je verschiedenen Vorstellungshorizontes ausdrücken, daß Jesus nicht im Tode geblieben ist, sondern gerade in seinem Tod den letzten Sinn aller Geschichte, nämlich Gott, erreicht hat«.[1] In den Festen der Auferstehung und der Himmelfahrt feiern wir das im Tode Jesu Christi sich ereignende Eingehen des erhöhten Kyrios in die endgültige Herrlichkeit des Vaters. Dabei tritt das Himmelfahrtsfest an Bedeutung hinter dem Fest des Todes und der Auferstehung zurück.

Von den Evangelisten berichtet – außer der kurzen Erwähnung der Himmelfahrt im sogenannten »Markusschluß« (Mk 16,19) – nur Lukas ausführlich vom Ereignis (24,50ff und Apg 1,6ff). Bei den Eucharistiefeiern der Urkirche war das Grundthema (vor allem im Hochgebet) die »passio domini«, die in Tod und Auferstehung gewirkte Erlösung.[2] In den

---

[1] G. Lohfink, Der Tod ist nicht das letzte Wort, Freiburg 1976, 24.

[2] J. A. Jungmann, Missarum Sollemnia, Wien 1949, II/266.

Gedächtnisworten nach der Wandlung gedachte man zunächst des Leidens und der Auferstehung des Herrn; später (seit Ambrosius) auch der Himmelfahrt.[3]

5.2 Zur liturgiegeschichtlichen Entwicklung des Festes

Das Fest der Himmelfahrt Christi ist (als eigenständiges Fest) erst gegen Ende des 4. Jahrhunderts nachzuweisen. Die Urkirche gedachte zunächst in der sogenannten »Pentecoste«, der 50tägigen Festzeit von Ostern bis Pfingsten, des Todes, der Auferstehung, der Himmelfahrt und der Geistsendung als eines einzigen (untrennbaren) Festgeheimnisses. Sie war sich der Einheit von Auferstehung, Himmelfahrt und Geistsendung bewußt.[4] Später bildete sich dann das Kirchenjahr mit eigenständigen Festen heraus, wobei (bei allen Vorteilen) das Bewußtsein der Einheit des Festereignisses verlorenging. Offenbar hat Betlehem (wohl im Kampf gegen den Kult des Adonis[5]) dann

---

[3] Ebd.
[4] Vgl. G. Lohfink, Die Himmelfahrt Jesu, Stuttgart 1972, 26 ff.
[5] Der Adonis-Kult wurde gerade in Betlehem gefeiert. Der Festmonat des Adonis, der Juni, fiel zeitlich in die Nähe der Himmelfahrt (40 Tage nach Ostern). So wurde dem gestorbenen und »auferstandenen« Adonis der wahrhaft Auferstandene und Erhöhte gegenübergestellt (vgl. Cl. Kopp, Die heiligen Stätten der Evangelien, Regensburg 1959, 46 f).

Himmelfahrtskapelle auf dem Ölberg in Jerusalem

die Feier des Himmelfahrtsfestes an sich gezogen und die Gemeinde in Jerusalem eingeladen[6], bis sich überall die Festfeier der Himmelfahrt durchsetzte.

5.3 Das Brauchtum des Festes

Das Fest hat wenig eigenständiges Brauchtum entwickelt.[7] Manche Bräuche sind sekundär beim Fest angesiedelt worden: So (in der Schweiz) der »Auffahrtsumritt« in Beromünster und die »Bannumzüge« in Baselbiet.[8] Diese Umritte dürften alte Bannbräuche gewesen sein, bei denen (im Frühjahr) die Grenzen der Gemeinde, der Pfarre ... umritten oder abgeschritten wurden, um den Segen Gottes für die Fluren zu erflehen, ein Brauch, der sich auch in einigen deutschen Landschaften bis heute erhalten hat.
Eher possenhaft (und damit viele Fehlentwicklungen entlarvend) ist der Brauch, zum Himmelfahrtstag nur »Fliegendes« (Geflügel) zu essen.[9]
So bleibt als nahezu einziger christlicher Himmelfahrtsbrauch das gelegentlich noch geübte Hochziehen einer Heilandsfigur zu einer Luke in der Kirchen-

---

[6] Jerusalem besaß seit Konstantin eine eigene Himmelfahrtskirche (am Ölberg), aber keine Festfeier am 40. Tage nach Ostern (Kopp, 47).
[7] Offenbar war man sich des sekundären Charakters des Festes mehr bewußt, als wir ahnen.
[8] Das Jahr der Schweiz in Fest und Brauch, 184 ff und 187 f.
[9] Geramb, 87; S. Gräfin Schönfeldt, 145.

»Auffahrt-Christus« (Oberpfalz)

decke. Der Brauch dürfte aus der Barockzeit stammen.[10] Die Figur wird (wurde) gewöhnlich – unter wechselnden Zeremonien – nach dem Gottesdienst (Kappl bei Waldsassen)[11], zur Mittagszeit[12] oder in der nachmittäglichen Vesper[13], oft von geschmückten Engeln begleitet, emporgezogen. Wichtig ist, wohin die sich langsam drehende Figur unmittelbar vor dem Verschwinden in der Luke blickt, denn von dort kommen in der Folgezeit die Wetter.[14]

Offenbar wurden schon bald vom Kirchenboden Heiligenbildchen, Äpfel oder Blumensträußchen herabgeworfen.[15] Die Kinder, die sich um die Bildchen, Äpfel usw. rauften (wobei es wohl recht lebhaft zuging), wurden dann nicht selten von oben mit einem Wasserguß bedacht.

Einen Brauch eigener Art hat O. Schmidt anhand der Amberger Kirchenrechnungen entdeckt. So war es in

---

[10] H. Fähnrich, in: Oberpfalzverein (Hg.), Lebendiges Brauchtum der Oberpfalz, Weiden 1983, 42. In Amberg dürfte er um 1670 (Schmidt) aufgekommen sein.

[11] H. Fähnrich beschreibt den in der Kappl noch geübten Brauch: »Dann, nach dem dreimaligen lateinischen Ruf des Priesters und nach der Segnung der Figur ist es so weit. Lautlos erhebt sich die Figur und schwebt empor, sich langsam um die eigene Achse drehend – der Heiland hat die Hand segnend ausgestreckt. Er entschwebt an einem kaum wahrgenommenen Seil in einen der drei Türme, aufmerksam verfolgt nicht nur von Kinderaugen...« (Oberpfalzverein, 42).

[12] Geramb, ebd.; R. Dettmann, M. Weber, Eifeler Bräuche im Jahreskreis und Lebenslauf, Köln 1981, 71.

[13] Stonner, 191.

[14] Geramb, 87 u. a.

[15] Stonner, ebd.; vgl. Geramb, ebd.

der Hauptkirche Ambergs offenbar üblich, nach dem Verschwinden der Heilandsfigur Oblaten auf die Gläubigen herabregnen zu lassen.[16] Als man den Brauch später als unpassend empfand (ob wegen der Verwechslungsgefahr mit konsekrierten Hostien oder weil manche der Oblaten wohl auch an »ungewöhnliche Plätze« [Schmidt] fielen, bleibt dahingestellt), wurde von einem Amberger Schreiner ein »Kranz von Oblaten« gebunden, der nach der »Auffahrt« langsam vom Kirchenboden herabgelassen wurde. Da der Kranz Jahr für Jahr in der Kostenrechnung erscheint, ist er offenbar von den Gläubigen geleert worden.

Es ist schwer, solche (heute noch vereinzelt vorkommende) Bräuche gerecht zu beurteilen. Fähnrich schreibt: »In einer Zeit, wo nüchterne Sachlichkeit Trumpf ist, bleibt festzustellen, daß diese Kirche (sc.: die Kappl) an Christi Himmelfahrt bis auf den letzten Platz besetzt ist. Ob das kleine Kapplfest wirklich nur ein Fest für Kinder ist?«[17]

Theologisch muß aber gesagt werden, daß die Himmelfahrt kein »sinnenfälliges« Ereignis ist und daß bei solchem Brauch die Gefahr groß ist, daß sich falsche Vorstellungen im Volk festsetzen, die den Glauben nicht »verleiblichen«, sondern ihn fragwürdig machen. Andererseits ist – recht verstanden – der aus Amberg berichtete Brauch von theologischer Tiefe: Der Herr wird den Blicken der Gläubigen

---

[16] Nach persönlicher Mitteilung von O. Schmidt. Immerhin weist die Kirchenrechnung für 1674 einen Betrag von 1½ Gulden für diesen Brauch aus, und 1676 sind urkundlich 303 »Oblatenplatten« für Himmelfahrt gekauft worden.

[17] Oberpfalzverein, ebd.

entzogen und bleibt in der Gestalt des eucharistischen Brotes unter uns.[18] Vielleicht ist es gut, solche Bräuche im Medium des *Wortes* (in Predigt, Unterricht, Erzählung) neu zu beleben und sie auf ihren theologischen Aussagewert »abzuhorchen«.

Nun gibt es am Fest der Himmelfahrt auffallend viele Wallfahrten, die zum Teil sehr alter Brauch sind (Westfalen, Eifel, Süddeutschland). Wenn die Wallfahrt Bild unseres Lebensweges ist: auf dem Weg zum Heiligen (letztlich immer: zu Gott) zu sein und so Sinn und Ziel des Lebens zu finden, dann bietet sich der Himmelfahrtstag als Wallfahrtstag geradezu an. Vielleicht wurden aufgrund solcher Überlegungen die Bittprozessionen mit dem Fest verbunden. Diese stammen aus Gallien, wo sie Bischof Mamertus von Vienna um 1470 zur Abwendung schwerer Plage einführte.[19] Eigenartig bleibt, wie sich solcher (Buß-) Brauch in der österlichen Festzeit (Pentecoste) behaupten konnte.[20] Hier mag die Theologie des Himmelfahrtstages den Ausschlag gegeben haben.[21]

---

[18] Dazu kommt – erstmals 1674 erwähnt – der Brauch, aus der Luke, durch die Christus entschwand, eine hölzerne Heilig-Geist-Taube zum Pfingstfest herabschweben zu lassen: Der Herr ist in neuer Seinsweise unter uns.

[19] Noch um 1700 wurde in Toul auf einer Stange das Bild eines Drachen mitgetragen, den der Träger bei der Rückkehr von der 3. Bittprozession »wie einen besiegten Feind« sich über die Schulter legte (LThK I, 519).

[20] Spanien verlegte diese Bittgänge in die Woche nach Pfingsten, konnte aber die Ausbreitung des gallischen Brauches nicht verhindern (ebd).

[21] Leider wird das Fest heute immer mehr zum »Vatertag« (wohl wegen der zeitlichen Nähe zum »Muttertag«) mit indiskutablen »Bräuchen«.

6 Das Brauchtum des Pfingstfestes

6.1 Zur Theologie des Pfingstfestes

Pfingsten war stets ein Teil des *einen* Festes der Erlösung: Der am Kreuz Gestorbene wurde als der Kyrios zum Vater erhöht und kam in der Weise des Geistes zu den Seinen zurück. Erst später (als das Kirchenjahr sich entfaltete und historisierende Tendenzen entstanden) wurde ein eigenes Fest der Pfingsten begangen.

So ist theologisch primär die *Einheit* des Heilsereignisses zu sehen: Pfingsten bleibt mit Ostern zur Einheit verbunden.[1]

Der Pfingstbericht der Apostelgeschichte (Apg 2,1 ff) läßt den Geist im Symbol des Sturmes und des Feuers auf die junge Gemeinde herabkommen.[2] Damit wird die alttestamentliche Erfahrung wieder aufgenommen, die für Wind, Sturm, Atem (Lebenshauch) und Geist nur *ein* Wort: »ruach« hat. Die

---

[1] Bis heute wird diese Einheit in der Liturgie deutlich. Die Lesung nimmt Apg 2,1 ff auf: Die Herabkunft des Geistes am 50. Tage nach Ostern, dem jüdischen Wochenfest (Schawuot); das Evangelium dagegen Joh 20,22f: Der Auferstandene erscheint *am Abend des Auferstehungstages* den Jüngern, haucht sie an und übermittelt ihnen den Heiligen Geist. Das konträr Erscheinende ist zur Einheit des *einen* Erlösungsgeschehens verbunden.

[2] Vgl. Das Kap. Wind/Sturm, in: H. Kirchhoff (Hg.), Ursymbole.

Pfingstdarstellung, entstanden um 1020 im Kloster Reichenau/Bodensee

Symbolik des Windes, Sturmes, Atems ... macht das Wirken des Geistes deutlich: belebend, befruchtend, erwärmend ... und niederreißend, zerstörend ist er in der Welt. Im NT (vgl. vor allem Joh 7,37ff und Joh 19,33f) wird auch das Wasser zum Symbol des Geistes, welcher der dürstenden Menschheit mitgeteilt wird.

Der Geist ist das Angebot Gottes, das Herz des Menschen zu einem »menschlichen Herzen« zu machen (Ez 36,26); er treibt die Geistbegabten – zunächst den Herrn selbst, dann seine Jünger – dazu an, »den Armen die Frohbotschaft zu bringen, zu heilen, die zerbrochenen Herzens sind, den Gefangenen Befreiung und den Gefesselten Erlösung anzukündigen, auszurufen ein Jahr der Gnade von Jahwe, einen Tag der Rache für unseren Gott, die Betrübten zu trösten...« (Jes 61f; siehe Lk 4,16ff).

Er will das Antlitz der Erde erneuern (Ps 104,30). Pfingsten eröffnet so Mensch und Welt eine menschen- und weltwürdige Zukunft.

6.2 Das Brauchtum des Pfingstfestes

Auch hier ist genuines Brauchtum spärlich.[3]
Seit dem Mittelalter[4] (in der Barockzeit natürlich besonders gepflegt) ist es üblich gewesen, am

---

[3] Es ist unverständlich, wie ein so wichtiges kirchliches Fest (das zu einer der schönsten Dichtungen der Kirche inspiriert hat, zur Sequenz des Pfingsttages: »Veni sancte Spiritus...«) kaum Brauchtum hervorbrachte. Vielleicht war der Heilige Geist wirklich der »unbekannte Gott«, und vielleicht war dieser Geist in der Verkündigung und der gesamten Liturgie so wenig lebendig, daß das Fest im *Herzen* des Volkes nie verankert war.

Andererseits gab es im Mittelalter *vier* Pfingsttage, wodurch die Bedeutung dieses (Hoch-) Festes unterstrichen wurde. In der Eifel, in Ostpreußen u. a. wurden die

Pfingsttag den Heiligen Geist in Gestalt einer (gelegentlich lebendigen, meist aber hölzernen) Taube aus dem »Heilig-Geist-Loch«[5] herabschweben zu lassen. Dabei lag es an der Kunst der (sie herablassenden) Ministranten oder des Mesners (Küsters), sie in großen Bögen über den Köpfen der Kirchenbesucher kreisen zu lassen.[6] In Tirol hing die Taube unter einem (vergoldeten) Rad.[7] Der Taube wurde Weihrauch dargebracht, ein Heilig-Geist-Gebet wurde gesprochen (ein Heilig-Geist-Lied gesungen) – dann schwebte die Taube langsam zum »Himmel« zurück.[8]

Offenbar wurden auch an diesem Fest Gaben herab-

> Oster- und Pfingstfeiertage noch im Barock als Tridua begangen (also mit drei Festtagen). In der Nahe- und Bliesgegend galt noch lange das Verbot der Feldarbeit auch am Mittwoch nach Pfingsten – wohl als Rest der alten vier Feiertage (Veit/Lenhart, 155).
>
> Vielleicht hat eine dubiose Naturschwärmerei: »Pfingsten, das liebliche Fest, war gekommen ...« dazu beigetragen, daß der theologische Charakter des Festes verdunkelt wurde.
>
> Die vertieften charismatischen Erfahrungen unserer Zeit, die Rückwendung zur pfingstlichen Theologie, mögen dazu beitragen, neues Brauchtum auszubilden.

[4] so Veit/Lenhart, 154f.
[5] Stonner, 191.
[6] Geramb, 89.
[7] Geramb, 88.
[8] Vgl. Stonner, ebd. Für die Eifel hat H. Meyer den Brauch beschrieben: »(Es gab) hier und da in Eifeler Kirchen das innig-groteske Schauspiel, daß während des feierlichen Pfingstgottesdienstes hoch aus dem Schlußloch im Gewölbe der Kirche eine Taube als Vergegenwärtigung des Heiligen Geistes auf die fromme Gemeinde herabschwebte. Wie lebhaft der Geist und wie erdnahe seine

geworfen (welche wohl die 7 Gaben des Heiligen Geistes versinnbilden sollten): Lebkuchen und gedörrtes Obst,[9] gelegentlich »regnete« es auch Blumen, während die Chorknaben durch allerlei Geräusche das »Brausen (Wehen) des Geistes« hörbar machten.[10]

Nun ist die Taube nach dem Zeugnis der Hl. Schriften kein *pfingstliches* Symbol des Heiligen Geistes. Denn nach Apg 2,1 ff kam der Geist unter den Zeichen des Windes/Sturmes und des Feuers, nach Joh 20,22 f unter dem des Atems. Nur die Perikope von der Taufe Jesu (Mk 1,9–11 par) berichtet, der Geist sei »wie« (gewählt wird hier die eschatologische Vergleichspartikel *hos* im griechischen Urtext) eine

> Herabkunft wurden, das war freilich dem Küster oder seinen Meßjungen überlassen, deren hohes Amt es an diesem Tage war, die hölzerne Taube herabschweben zu lassen. Und da hat manchmal gar ein Spaßvogel oder auch ein derb-gutmütiger Schalk seinen verzeihlichen Zorn am gestrengen Lehrer ausgelassen, indem er ihm den hölzernen Geist bedrohlich nahe ums gebeugte Haupt schweben ließ. Sobald aber das Evangelium von der Herabkunft des Heiligen Geistes verklungen war, verschwand auch die hölzerne Taube wieder durch das Loch im Gewölbe.« (Dörfliche Pfingsten, in: Kölnische Rundschau vom 28. 5. 1955; vgl. Dettmann/Weber, 73).
>
> [9] Geramb, ebd.; vgl. Stonner, ebd. Das führte verständlicherweise zu einem Gerangel der Kinder, das von obenher mit einem Wasserguß beantwortet wurde, so daß der Brauch – wohl auch wegen anderer »Delikte« (vgl. Anm. 8) – schließlich verboten wurde.
>
> Nach Henrichs, Kult und Brauchtum im Kirchenjahr, Düsseldorf 1967, wurden in einigen Kirchen auch brennende »Wergflocken« (als Abbild der Feuerzungen) in den Kirchenraum geschüttet.
>
> [10] Veit/Lenhart, 155.

Taube auf den Herrn herabgekommen. Lk, der die Tatsächlichkeit solcher Erscheinung besonders betonen will, sagt: »... in leiblicher Gestalt *wie* eine Taube.« Was da zwischen dem Vater und dem Sohn war, ist (im Zerbrechen der Sprache und der Bilder) am ehesten mit einer Taube zu vergleichen.

Dennoch wird durch die Konzilien von Nicäa die Taube zum gültigen Symbol des Geistes erklärt.[11] Damit beginnt ikonographisch der Siegeszug der Geisttaube, die bald auch das Pfingstbild erobert.[12]

Nun hatte die Taube in der Antike einen gewissen Symbolwert.[13] Sie war Symbol der Sanftmut, und der bräutlichen Liebe (als solche war sie Attribut der Liebesgöttinnen mit ihrer stark sinnlich orientierten Liebe). Endlich galt sie als Symbol des Friedens.[14]

Neue (naturwissenschaftliche) Kenntnisse über die Taube haben den Symbolwert schwinden lassen. Für das »einfache Volk« – soweit es mit Tauben umging – ist er wohl nie vorhanden gewesen. So hat die Taube in steigendem Maße den Zugang zum Festge-

---

[11] H. u. H. Schmidt, Die vergessene Bildersprache christlicher Kunst, München ²1982, 111 und LCI, Bd. 2, 228.

[12] Das früheste Zeugnis dürfte der Rabula – Codex aus dem 6. Jhdt. sein (LCI, Bd. 4, 240 f).

[13] Solcher Symbolwert dürfte jedoch kaum zur Wahl der Taube in der Taufperiode geführt haben. Hier dürfte eher an die Taube als ein reines Tier der Juden und als Opfertier zu denken sein.

[14] Zum Friedens-»Symbol« wurde die Taube wohl vornehmlich durch den Gen 8,11. Hier war es wohl der (als Friedenszeichen – ohne eigentliche Symbolik – verbreitete) *Ölzweig*, der seine Zeichenhaftigkeit auf die Taube übertrug. Die Taube ist alles andere als friedlich!

heimnis der Pfingsten erschwert. Das »Taubenbrauchtum« verlor seine Symbolbasis und verschwand folgerichtig.

Es ist notwendig (wenn der Geist nicht weiterhin der »unbekannte Gott« bleiben soll), den Gläubigen die *pfingstlichen* Symbole neu zu erschließen. Für den Brauch heißt das, daß der Brauch des *Pfingstfeuers* (neu) belebt werden müßte. Pfingstfeuer gab es gelegentlich noch in Österreich. Nach Geramb wurden sie »am Vorabend des Pfingstsonntages im Viertel unterm Manhartsberge ... entzündet. Auch im Steirischen Unterlande ... sind sie Brauch«.[15] In Steyl wird in der (charismatisch orientierten) Pfingstwoche ein großes Pfingstfeuer entzündet und meditiert. Pfingstfeuer gibt es heute in einer Reihe von Gemeinden in Bayern und in andern Bundesländern.

Solche Feuer könnten das Wesen des Geistes »vor Augen führen«: die Glut des Geistes, der wir nicht standhalten können, die Nacht und Kälte zerbricht – die aber auch zerstören, vernichten kann. Wenn das Feuer sich (wie fast immer) mit dem Wind verschwistert, so stieben die Funken und entfachen überall auf bereitem Boden neue Feuer...

Gewiß ist heute ein Pfingstfeuer wegen der Sommerzeit nur am späten Abend sinnvoll. Aber hier (in der Stunde vor Mitternacht) könnte ein wenig vom alten Vigilgedanken[16] wieder aufleben. So würde das

---

[15] A.a.O., 90. Vgl. Stonner, 32f.
[16] In den Nächten vor Ostern und Pfingsten waren *Vollvigilien* üblich. Die Gläubigen bereiteten sich in dieser Nacht *wachend* auf das Fest vor. Ein Stück solcher Vigil könnte in der Stunde, die wir meditierend am Pfingstfeuer verbringen, wieder aufleben.

Pfingstfeuer direkt überleiten zur pfingstlichen Eucharistie.

b) Da Ostern und Pfingsten die beiden Tauftermine der alten Kirche waren, wurde in der Pfingstliturgie auch das *Pfingstwasser* geweiht. Liturgisch ist der Brauch (zu Recht) zum Osterfest abgewandert, so daß eine Weihe des Pfingstwassers kaum mehr üblich ist.[17]

»Wasserbräuche« haben sich jedoch zur Pfingstzeit erhalten.[18] So das »Wasservogel-Singen« im Bayerischen Wald (und gelegentlich in Niederbayern): Junge Burschen verkleiden sich, singen an den Pfingsttagen vor der Tür der Bauernhöfe (wobei religiöse Strophen mit profanen wechseln), erheischen Gaben und werden überall mit Wasser überschüttet. Geschieht das nicht, so erinnern die Sänger die Bauern daran: »D' Wasservögel muaß ma giaß'n,/sonst taat's uns ja vadriaß'n...«[19] Solches Überschütten mit Wasser wird auch im Zusammenhang mit dem »Pfingstschwanzfahren« in der Oberpfalz erwähnt.[20]

In Sulz und Gansingen (Aargau) gibt es den sogenannten »Pfingscht-Sprützling«, einen Oberschüler, der – ganz in Buchenlaub gehüllt – von Brunnen zu Brunnen des Dorfes geht, seine belaubten Arme ins

---

[17] Stonner, 191

[18] Vgl. Bächtold-Stäubli, V, Stichwort ›Pfingstwasser‹ 1702f und ›Pfingsttauf‹, 1701f, sowie ›Pfingsttau‹, 1700f.

[19] E. Mayer, Wasservogel-Singen, in: Sänger- und Musikantenzeitung, 27. Jg., Heft 3. Vgl. auch Schönfeldt, 159.

[20] Oberpfalzverein, 43ff.

Wasser taucht und die Dorfbewohner (vor allem die Mädchen) anspritzt. Wer naß wird, hat sich »außergewöhnliche Fruchtbarkeit ergattert«.[21] Vielleicht sollen hier Vegetationsdämonen gebannt werden. Sicher hängt der Brauch mit der uralten Symbolik des Wassers und des Baumes zusammen.

Es muß offenbleiben, wieweit in den beschriebenen Feuer- und Wasserbräuchen untergründig der Gedanke der Reintegration = Untergang und Wiedergeburt der Welt im Feuer (Weltbrandmotiv) und im Wasser (Sintflutmotiv) mitschwingt. Sicher steht dieser uralte Gedanke hinter vielen Frühjahrsbräuchen. Jedenfalls wäre eine Reflexion über solche Bräuche anhand des pfingstlichen Leitwortes sinnvoll:

> Sende aus deinen Geist,
> und alles wird neu geschaffen. –
> Das Antlitz der Erde wirst du erneuern...

c) Bis heute werden überall die Kirchen zum Pfingstfest mit frischem Grün, »*Maien*« geschmückt. Auch hier sind wohl dem Festtag alte Frühlingsbräuche integriert worden.[22] Aber auch hier könnte im üppigen Schmuck des kirchlichen Raumes dieser wieder ein Stück alter Tradition zurückgewinnen: Abbild des

---

[21] Das Jahr der Schweiz, 189f; vgl. Schönfeldts Ausführungen zum »Grünen Jungen« oder zum »Laubmännchen«, a.a.O., 159.

[22] Gelegentlich haben protestantische Pfarrer ihre Kirchen zu Himmelfahrt und Pfingsten mit »Maien« schmücken lassen, wohl um ein Gegengewicht gegen den Fronleichnamstag (und Fronleichnamsschmuck) zu haben. (O. Schmidt, mündlich.)

endgültigen Reiches Gottes, des neuen Jerusalem, der »beata pacis visio« zu sein, wie etwa die Langhäuser vieler Dome, z. B. des Aachener Münsters.

Der »Pfingstbuz« in Schwaben oder der »Pfingstquack« in der Pfalz dürften Verkörperungen alter Maienbräuche sein, die sekundär mit dem Pfingstfest verbunden wurden. Die in grüne Reiser und Zweige eingebundenen jungen Männer sind wohl »Personifikationen des Wachstumsvorgangs«, eine Kultsymbolik in Form eines Spiels, das den Sieg des Sommers über den Winter bedeutet.[23]

Viele andere Pfingstbräuche: Umritte[24], Ringstechen zu Pferde[25], Pfingstschnalzen und Pfingstschießen[26] sind ebenfalls sekundär mit Pfingsten verbunden worden. Den geschmückten »Pfingstochsen« mag noch ein uraltes Wissen von der Schlachtung als einer feierlichen Opferhandlung umgeben.[27] In manchen Gegenden gehört er wohl auch, wie das geschmückte

---

[23] J. Hofbauer, Ostbayern, Regensburg 1980, 290. Vgl. auch den »Pfingstl« in einigen Orten des Bayerischen Waldes (St. Englmar).

[24] Wie etwa der Pfingstritt in Kötzting/Bayer. Wald.

[25] Schönfeldt, 158f.

[26] Geramb, 89; vgl. Schönfeldt, 162f. Vgl. das »Pfingsttuschen« am Pfingstmontag in St. Englmar/Bayer. Wald.

[27] Nach Bächtold-Stäubli wurde gegen Pfingsten ein Ochse durch die Straßen geführt, namentlich an den Häusern der Kunden des Schlächtermeisters, dem er gehörte, vorbei, um dann zum Fest geschlachtet zu werden. Der Ochse war reich mit Bändern und Kränzen geschmückt und erhielt aus den Häusern bunte Taschentücher, die an seinem Horn befestigt wurden. (»Geschmückt wie ein Pfingstochse«)... (V, 1695).

Pfingstfeuer

Vieh überhaupt, zu den Resten alter Weidebräuche.[28]

Neben der Belebung des Pfingstfeuerbrauchs, des besonders reichlichen Schmückens der Kirchen und der Häuser, auch der Reflexion der vorhandenen »profanen« Pfingstbräuche, sollte an Pfingsten alles gepflegt werden, was der charismatischen Erneuerung der Gemeinde dient. Gedacht ist dabei an Nachtwallfahrten, die in einer Liturgie, einer Meditation, einem Nachtgebet ... ihren Höhepunkt finden und in einem Pfingstfeuer mit Tanz enden könnten.[29] Die Pfingstwoche – in Norddeutschland sollte mit Nachdruck nach Pfingsten wieder eine Ferienwoche verlangt werden – könnte Einkehrtagen dienen, die in Meditation, Gebet, Spiel, Feier, Tanz ... Wege zur charismatischen Erfahrung, nicht zuletzt über die Kreativität der einzelnen, eröffnen. Es wäre zu überlegen, ob nicht an den Abenden der Pfingstwoche Vorträge und Meditationen zur charismatischen Erneuerung gehalten werden sollten, die in einem Gemeindeabend enden könnten.

Sicher aber sollten das Pfingstfest und die Pfingstoktav in den Dienst der Weltmission gestellt werden. Tagungen, die den Missionsgedanken vertiefen; Treffen junger Christen aus allen Teilen der Weltkirche sind hier ebenso gemeint wie die Auseinandersetzung mit der Gestaltung von Eucharistiefeiern in allen Kirchen der Kontinente oder dem Leben der uns

---

[28] Bächtold-Stäubli, V, 1696 und Schönfeldt, 163.
[29] »Frühschichten« wären in der Pfingstoktav von besonderer Wichtigkeit.

fremden Christen in ihren Gemeinden. Das Wehen des (Pfingst-) Geistes könnte so neu erfahren werden.[30]

---

[30] Es muß abgewartet werden, welch neues Brauchtum sich aus solcher Akzentsetzung entwickelt.

7 Das Brauchtum des Fronleichnamsfestes

7.1 Theologie und geschichtliche Entwicklung des Festes[1]

Die Urkirche feierte die Eucharistie als Herrenmahl und Brudermahl. Eine Verehrung des verwandelten Brotes außerhalb der Liturgie war im ersten Jahrtausend der Kirche unbekannt. Als im Mittelalter die Liturgie immer mehr zum »heiligen Drama« wurde, als das Volk immer mehr schauen, sinnenfällig verehren wollte, wurde der Boden für eine Andachtsfrömmigkeit bereitet, in deren Mittelpunkt die Monstranz mit dem verwandelten Brot rückte. Reaktionen auf die verbreiteten Irrtümer des Berengar von Tours (der die reale Verwandlung von Brot und Wein geleugnet hatte) mögen solche Tendenzen verstärkt haben.

In solcher Situation hatte Juliane von Lüttich, 1209, ihre Gesichte von der Scheibe des Vollmonds (= der Kirche), in der ein dunkler Fleck das Fehlen eines Festes zu Ehren der Eucharistie anzeige. 1246 ordnete der Bischof von Lüttich (auf Drängen Julianes) die Einführung eines solchen Festes für seine Diözese

---

[1] Vgl. LThK 4, Sp. 405f.

an. Papst Urban IV. schrieb das Fest für die ganze Kirche vor (1264); aber erst Papst Johannes XXII. gab ihm allgemeine Geltung in der Kirche (1317).

In Deutschland setzte sich der Name »Fronleichnam« schon bald durch (Vron, Fron = Herr, heilig, hehr; Lichnam = lebender Leib). Im Hinblick auf den Gründonnerstag, als den Tag der Einsetzung der Eucharistie, wurde ein Donnerstag als Festtag gewählt: in Lüttich (etwa bis 1264) der Donnerstag nach der Oktav des Dreifaltigkeitsfestes, in Rom der Donnerstag nach der Pfingstoktav. Heute ist dieser Tag in der gesamten Kirche der Tag des Fronleichnamsfestes.

7.2 Das Brauchtum des Festes

Der einzige Brauch des Festes[2] ist die Fronleichnamsprozession, die in bunter Vielfalt im ganzen deutschen Sprachraum begangen wird.

---

[2] Früher waren Fronleichnams-Spiele sehr beliebt, die offenbar aus der Fronleichnamsprozession hervorgingen (LThK 4, 406). Vgl. etwa: G. Milchsack, Egerer Fronleichnamsspiel (Heidelberg 1881).
Überhaupt war die Fronleichnamsoktav wohl eine bekannte Spielzeit. Erinnert sei hier an die Begegnung Don Quijotes mit dem Karren voll verkleideter Schauspieler, die am »8. Corpustage« ihr »Auto vom Reichstag des Todes« an verschiedenen Orten aufführten (VII, 4).

Die Geschichte der Fronleichnamsprozession

In Köln ist eine Prozession am Fronleichnamstag schon 1277 nachweisbar, in Benediktbeuren 1286[3], in Würzburg 1298[4]. Im 15. Jahrhundert wird es dann üblich, an vier Stellen (vor aufgebauten Altären) anzuhalten, die Evangelienanfänge zu singen und den Segen nach allen Himmelsrichtungen zu erteilen, ein Brauch, der erst 1820 von Rom gebilligt wird.[5]

Prozessionen, Wallfahrten sind uralt. Die Juden des AT zogen gemeinsam zu den örtlichen Heiligtümern, später dreimal im Jahr zum Tempel nach Jersualem.[6] In feierlicher Prozession trägt David die Bundeslade nach Jerusalem. Die Urkirche wallt an den Festtagen

---

[3] LThK 4, 406.

[4] Stonner, 87.
Es muß allerdings gesagt werden, daß bei solchen Prozessionen zwar Kreuze, Bilder und Reliquien der Heiligen mitgeführt wurden, kaum aber das Sanctissimum. »Theophorische Gänge« gab es nur als Versehgänge. Die Festfeier des Fronleichnamsfestes kannte zunächst nur die Eucharistiefeier zu Ehren der »Coena Domini«. Vielleicht gab es dabei auch Umgänge in der Kirche. »Wann und wo man anfing, die konsekrierte Hostie, allerdings verhüllt, mitzutragen, wird ... kaum festzustellen sein.« Manche der für eine theophorische Prozession angeführten Quellen sprechen von *Versehgängen*.
Um 1400 hatten die meisten deutschen Städte ihre Fronleichnamsprozession – mit *verhülltem* Allerheiligsten (Veit/Lenhart, 176).

[5] Rom kannte seit 1600 einen (nicht unterbrochenen) Umgang, den Gesänge begleiteten und der mit dem priesterlichen Segen abgeschlossen wurde.

[6] Die drei Wallfahrtsfeste waren das Pessachfest, das Schawuot- (Wochen-) Fest und Sukkot (Laubhüttenfest).

zu den Orten der Erinnerung des Herrenlebens. Die Prozessionen erhalten sich, finden in der Gotik einen Höhepunkt und werden im Barock besonders gepflegt. Abraham a S. Clara verteidigt das Wallfahren[7]: »Es ist zwar allenthalben gut beten, dann sogar das Gebet des geduldigen Jobs auf dem Misthaufen war eines guten Geruchs gegeben. Gleichwohl aber hat der allerhöchste Gott Ihme und seinen Heiligen etliche Ort sonderlich erkiesen, allwo er forderist denen dürftigen Adams/Kindern seine Gnaden zu spendieren entschlossen.« Er empfiehlt die Prozessionen, die »Gebett-Gänge«, »öftere Umbgäng«, da das Gebet kräftiger und wirksamer sei, wenn die ganze Gemeinde öffentlich betet, Obrigkeit und Untertanen die Knie beugen und Junge und Alte zusammen »die Stimm und Händ« zu Gott erheben, als wenn nur »einer in der Gemein gen Himmel seufzet und an der Gnaden-Porten anklopft«.[8]

Von hier aus wird die Beliebtheit der Wallfahrten deutlich, wobei die Symbolik des Lebensweges (s. u.) ebenso gegenwärtig ist wie die Symbolik jenes Weges, auf dem das Volk Gottes unterwegs ist zur Stadt der Endzeit, zum neuen Zion.

Freilich wurde in der Spätgotik, vor allem aber im Barock, die Prozession burlesk ausgestaltet. Veit/Lenhart schildern eine Prozession in Mainz, in der neben allen Zünften und Ständen der Stadt unzählige

---

[7] Er leitet es von »waldfahren« ab und erklärt es mit der frommen Sitte der Altgermanen, in dichten Wäldern zu opfern (Veit/Lenhart, 174). »Wallen« dürfte etymologisch jedoch mit »Wedel« wurzelverwandt sein in der Bedeutung: umherschweifen, unstet sein...

[8] Veit/Lenhart, 175.

Wallfahrt zum Grab des Apostels Matthias in Trier

Gestalten des Alten und Neuen Testamentes auftraten und in der Szenen der Heilsgeschichte vor Augen geführt wurden.[9] Engel und Teufel waren beliebte Darstellungen. In Freiburg wurde die Fronleichnamsprozession von geschwänzten Teufeln eröffnet und beschlossen,[10] in der Mainzer Prozession von 1613 schritten dagegen die neun Engelchöre vor dem Allerheiligsten her, und Scharen anderer Engel warfen Blumen auf den Weg.

Kein Wunder, daß bald Derbheiten nicht ausblieben. So wurde in einer Münchener Prozession die Hölle

---

[9] A.a.O., 84f.
[10] A.a.O., 85.

dargestellt. Derb-komische Teufelsgestalten saßen auf einem Wagen und bewarfen die Zuschauer mit Mist. Der Heilige Georg stach auf einen mit Ochsenblut gefüllten Papierdrachen derart ein, daß das »Blut« nur so herumspritzte. Überhaupt waren Tanz und derbe Unterhaltung häufig, wobei sich die Tänzer offenbar auf den Tanz König Davids vor der Bundeslade beriefen...[11]

Fronleichnamsprozession heute

Nach einer Zeit des Niederganges in der Aufklärung wurden die Fronleichnamsprozessionen vor allem im Kulturkampf und später in der Nazizeit zur »demonstratio catholica«. Heute ist eine Krise des Selbstverständnisses nicht zu übersehen. Während an vielen Orten die Prozessionen noch in traditioneller Weise gehalten werden, experimentieren andere Gemeinden, um eine gültige Form solchen Umgangs zu finden.

Sicher hat die Fronleichnamsprozession bis heute einen hohen Stellenwert – vor allem in traditionsbewußten ländlichen Gemeinden. Ihre religiös-christliche Funktion ist ebenso unumstritten wie ihre gesellschaftliche. Das Schmücken der Kirche, der Segensaltäre, der Straßen und der Häuser kann die Verehrung des Herrn der Eucharistie wecken und vertiefen. Die christlichen Vereine können neu erfahren, daß sie zum Dienst vor dem Herrn gegründet wurden und fortbestehen.

---

[11] Veit/Lenhart, 86; vgl. auch A. Mitterwieser, Geschichte der Fronleichnamsprozession in Bayern, München ²1949.

Dennoch bleibt ein Unbehagen (nicht zuletzt bei der jungen Generation), das viele Wurzeln hat. Einige sind zu nennen und zu bedenken:

a) Die Kyrios-Frömmigkeit der letzten Jahrzehnte führte zu einer Rückbesinnung auf das Zentralmysterium der Kirche: die Eucharistie. R. Guardinis Wort »Die Kirche erwacht in den Seelen« basierte auf der neuen, vertieften Feier des Herrenmahles. Die Jugendbewegung empfing ihre entscheidenden Impulse von dieser Feier her. Demgegenüber trat die Andachtsfrömmigkeit stark zurück. Die Andachten an den Sonntagnachmittagen waren kaum besucht und wurden abgesetzt (bis auf die Kreuzwegandachten der Fastenzeit, die Mai-Andachten und die Andachten im Rosenkranzmonat). Zwangsläufig geriet auch die Fronleichnamsprozession in eine Krise.

Nun ist ohne Zweifel alle Andachtsfrömmigkeit sekundär gegenüber der Eucharistiefeier: Die Feier des Herrenmahles, in dem Tod und Auferstehung des Herrn gegenwärtig gesetzt werden, ist wichtiger als Andachten, Gebetsstunden vor ausgesetztem Allerheiligsten... Und sicher kann ich auch beten, meditieren, ohne den Herrenleib in einer Monstranz vor Augen zu haben. Aber warum sollten wir einer Verarmung der Frömmigkeitsformen das Wort reden, vorausgesetzt, daß eine eucharistische Frömmigkeit nicht mit der Andachtsfrömmigkeit vermischt wird (wie früher bei der Messe »vor ausgesetztem Allerheiligsten«), und daß solche Andachtsfrömmigkeit sich bewußt bleibt, daß sie aus der Eucharistie lebt und in sie einmünden muß?

b) Gehört nicht das Prangen (die kostbare Monstranz, der »Himmel«, die Priestergewänder, die Uniformen der Vereine...) verbunden mit Liedern, die den glorreichen Sieg der Kirche über all ihre Feinde feiern (»Ein Haus voll Glorie schauet...«), zu einer »theologia gloriae«, die – nicht zuletzt angesichts zweier Weltkriege mit all ihren Greueln, der weltweiten (atomaren) Bedrohung der Völker, der Umweltkrise – längst einer »Theologie des Kreuzes« gewichen ist, in deren Mitte das (scheinbare) Scheitern des Herrn steht, so daß auch die Kirche immer Kirche unter dem Kreuz ist? Ist unsere heutige Prozession noch adäquater Ausdruck unseres Glaubens?

Aber: gibt es eine Theologie des Kreuzes ohne die Theologie des auferstandenen und erhöhten Herrn? Und: hat alle »Pracht« der Prozession nicht ihre Mitte im *gebrochenen* Herrenleib, von dem sie ständig ins Maß gesetzt wird?

c) Ist nicht die Segnung der Fluren fragwürdig geworden? Nicht nur wegen der (weithin banalen) Meinung, Wachsen und Gedeihen der Feldfrüchte hingen von naturwissenschaftlichen Gegebenheiten ab, sondern mehr noch wegen der Gefahr, die bedrängenden Fragen von Zerstörung und Rettung unserer Umwelt vorschnell auf Gott und seinen Segen abzuschieben?

Aber: bleibt es nicht auch heute unumstößliche Wahrheit, daß an Gottes Segen »alles gelegen« ist? Ist es nicht jetzt notwendiger denn je, daß wir unser Dasein und unsere Welt als *verdanktes* Sein erfahren? Und ist es für die Prediger so schwer, darauf hinzuweisen, daß Gottes Segen kein Alibi für unser fehlendes Engagement sein kann, daß wir Verantwortung tragen für die Schöpfung, die wir Gott verdanken?

Es wäre gewiß falsch, Fronleichnamsprozessionen

Bootsprozession auf dem Staffelsee bei Murnau/Obb.

abzuschaffen in einer Zeit, in der die Beliebtheit von Wallfahrten (wieder) steigt, in der die Gläubigen ihrem Glauben sinnenfälligen Ausdruck verleihen möchten. Wir haben ja den Sinnen wieder Raum gegeben in unserer Liturgie und unserem Leben, der Farbe, der Feier, dem Tanz, nachdem wir jahrzehntelang an der menschlichen Eigenart, in den Sinnen behaust zu sein, vorbeigegangen sind.[12]

[12] Über die vielfältigen Formen der Fronleichnamsprozession im deutschen Sprachgebiet orientiert gut (mit vielen farbigen Wiedergaben) Allianz, Alte Feste, frohe Bräuche, Ostfildern 4 (Kemnat) 1984; 79, 193 f u. ö. Dazu: Das Jahr der Schweiz, 193–203.

Neue (alte) Sinngebung

a) Es müßte deutlich werden, daß die Prozession sich aus der eucharistischen Feier entwickelt hat oder in sie einmündet. In Städten sollte der (oft geübte) Brauch Raum greifen, von der zentral gefeierten Eucharistie aus sternförmig in die Gemeinden zu gehen (singend, schweigend, meditierend), um dort nach dem feierlichen Segen in die Häuser entlassen zu werden; oder nach einer Statio in der Gemeindekirche zur zentralen Eucharistiefeier zu »wallen«.
In einer Eifelgemeinde wird in feierlicher Prozession das Evangelienbuch zum Ort der gemeinsamen Eucharistiefeier getragen. Nach dem zentralen Gottesdienst ist die Monstranz die Mitte der Prozession.

b) Der Umgang sollte wieder als Sinnbild unseres Lebensweges (im großen Zug des Volkes Gottes zur ewigen Stadt) gesehen werden. Sinn dieses Lebens ist die Nachfolge des Herrn in der Eucharistie. Wir folgen dabei dem Herrn, der seinen Leib für uns zerbrechen ließ, der sein Blut für uns vergoß – in der totalen Ohnmacht, in der totalen Liebe für uns und die Welt. Wir bejahen in dieser Prozession unseren Weg der Machtlosigkeit; die Aufgabe des Ruhms, der Ehre, der Karriere; wir bejahen unseren Weg des Dienstes; wir bejahen, daß der letzte Sinn unseres Lebens und unserer Liebe nur der sein kann, uns »kreuzigen zu lassen für die anderen«. Erst von solcher Sinngebung aus können wir zur Freude des Festes, zur Pracht der Gewänder vorstoßen. Der so verstandene Weg endet ja in Herrlichkeit, die im »Vorschein« unter uns sichtbar wird.

Prozession mit dem Evangelienbuch in Rurberg/Eifel

c) Der Segen über die Fluren sollte uns lehren, daß unser Leben ein radikal *verdanktes* Leben ist, daß wir radikal (und »letzten Endes«) von Gott abhängen. Die Bitte: »Unser täglich Brot, das für den morgigen Tag, gib uns heute...« ist ja nicht Geschwätz, sondern das Wissen, daß alles in Gottes Händen ruht, der gibt und nimmt, wann und wie er will.[13] Darüber hinaus sollte uns der Segen (mit dem Flurumgang) daran erinnern, daß Gott eine heile, menschenwürdige Schöpfung will (siehe Gen 1 und 2) und daß uns im »Herrschaftsauftrag« (Gen 1,26ff) die Sorge für diese Welt aufgetragen wurde, damit wir sie gemäß der göttlichen Schöpfungsordnung gestalten und dem ersehnten kosmischen Frieden entgegenführen.

Lieder, Texte der Prozession, vielleicht auch manche überkommene Formen werden sich von solchem Ansatz her wandeln – die Prozession sollte (und wird) wie alle Wallfahrt bleiben.

---

[13] In einigen deutschen Landschaften nahmen die Teilnehmer der Prozession gern einige Zweige der Birken, welche die Segensaltäre schmückten, oder einige der Altarblumen mit nach Haus, um sie dort – gelegentlich zu Kränzen gebunden – zum Schutz des Hauses (vor allem gegen Sturm und Gewitter) aufzuhängen. In der Überzeugung, daß vor allem *die* Pflanzen »Macht« haben, die in der Nähe der Monstranz standen, mischen sich (tiefer) Glaube und Aberglaube.

Fronleichnamsprozession in Oberbayern

8 Das Brauchtum des Festes Johannes' des Täufers

8.1 Zur Theologie des Festes

Johannes, mit dem Beinamen »der Täufer«, war eine der großen Gestalten des Judentums, die durch ihre asketische Lebensweise (in der Wüste), ihre Predigt vom kommenden Reich Gottes und der Notwendigkeit der Umkehr eine gewaltige Resonanz im jüdischen Volk fanden (Mk 1,1–7). Die von ihm gespendete »Taufe der Umkehr zur Vergebung der Sünden« (Lk 3,3), die mit einem öffentlichen Sündenbekenntnis verbunden war (Mt 3,6), machte dem gläubigen Volk seine Erlösungsbedürftigkeit bewußt.
Johannes erwartete das Kommen des Reiches (des Messias) als Gericht über alles Böse und Sündige (Mt 3,7ff par). Ein »reines Volk« werde von Gott geschaffen werden.
Die junge Kirche verstand Johannes als den Vorläufer Jesu. Danach sah er sich selbst als Wegbereiter des Christus (Joh 1,19–24) und wies auf das kommende »Lamm Gottes« hin (Joh 1,29–34). Von Geburt an war er auf Jesus hingeordnet (Lk 1 und 2), wobei nicht auszuschließen ist, daß Lukas in seinem »Kindheitsevangelium« aufzeigen wollte, wie sehr Jesus den Johannes überragte (»Überbietungsmotiv«). Das Selbstzeugnis des Täufers »Er (Jesus Chri-

stus) muß wachsen – ich aber muß abnehmen« (Joh 3,30) gibt seinen Stellenwert in der Theologie der Urkirche an.

8.2 Das Datum des Festes und seine (theologische) Bedeutung

Im Gegensatz zu fast allen Heiligen (eine Ausnahme bildet die Gottesmutter) wird bei Johannes neben dem Sterbetag (29. 8.) vor allem der Geburtstag gefeiert, und zwar am 24. Juni. Es ist umstritten, wie es zur Festlegung dieses Datums kam. Die einen glauben, dieses Datum aus den biblischen Daten erklären zu können: Da Johannes – nach Lk 1,36 – 6 Monate älter als Jesus war, legte die Kirche seinen Geburtstag (vom Weihnachtsfest ausgehend) auf den 24. Juni. Nach Schönfeldt legte man das Fest auf dieses Datum, weil auf diese Weise der Mittsommertag, »das uralte Fest der Germanen, der Kelten und der Sklaven« (Slawen? d. V.) eine christliche Deutung bekam.[1] Nach v. Geramb war dieses »Volksfest« bei der Übernahme des Christentums durch die germanischen Völker »so tief und kraftvoll entwikkelt, daß die Kirche um seinetwillen den Tag Johannes' des Täufers auf den altdeutschen Sonnwendtag ... und die Vigilia Sti. Johannis Bapt. in die Nacht vom 23. auf den 24. Juni verlegte. Nicht der Kirchenkalender, sondern das Volk hat diesen Tag bestimmt.«

Geramb weist aufgrund umfassender Forschungen

[1] Schönfeldt, 181.

nach, daß »von den ältesten schriftlichen Nachrichten bis herauf ins 19. Jahrhundert ... bei *allen* germanischen und deutschen Stämmen *nur* der Abend und die Nacht vom 23. auf den 24. Juni« als Mittsommertag und Sonnwendnacht galt, in der die Sonnenwendfeuer entzündet wurden.[2]

Beide Gedanken – die Christianisierung (»Taufe«) der Sonnenwendnacht und die Übernahme biblischer Daten – dürften für die Festlegung des Johannistages durch die Kirche von Bedeutung gewesen sein. Sicher ist, daß der »Mittsommertag«, an dem die Sonne ihren höchsten Punkt erreicht hat und alle Kräfte des Lichtes und des Feuers ihre größte Intensität haben, an dem aber auch das Dunkel wieder zu wachsen beginnt und der winterliche Tod sich im blühendsten Leben festkrallt, für das Volk eine kaum zu unterschätzende Bedeutung hatte.

Sicher ist jedoch auch, daß die Kirche sich bei der Festsetzung der Daten ihres Kirchenjahres stark von biblischen (oder überlieferungstheologischen) Daten hat leiten lassen.

8.3 Das Brauchtum des Festes

Vom Brauchtum berichtet Geramb: »Die ganze Zeit zwischen jenen genannten Vortagen und dem eigentlichen Sonnwendtag (Johannistag, 24. Brachmonat) ist von der Zauberkraft all der holden und unholden

---

[2] Geramb, 108 ff.

Geister erfüllt, die den Hochstand der Sonne begleiten. Hühneropfer, Kulttänze und Kultfeuer, Opferspeisen und Opferfrüchte haben sich in mannigfachen Restformen in den verschiedenen Ländern bis heute in diesen Tagen erhalten. Auch Hirtenfeste als Überbleibsel eines sehr alten Hirtenmahles zur Mittsommerzeit sind in einigen Gegenden nachzuweisen, und vor allem spielt die um diese Zeit aufs höchste blühende Kraft verschiedener geheimnisvoller Kräuter (namentlich des Farrenkrautes und des Johanniskrautes[3]) überall eine große Rolle im Volksglauben. Im allgemeinen herrscht in der Sommersonnenwende die heitere Stimmung vor, die Freude am Gedeihen und Wachsen der Feldfrüchte. Doch sind auch blasse Spuren einer Seelenverehrung und Opfergebräuche gegen Wassergeister erkennbar. Im Mittelpunkt aber steht das Sunnawend- oder Johannisfeuer, das Heils- und Reinigungsfeuer für Mensch und Tier.«[4] Zauber, Magie waren allgegenwärtig in dieser Nacht. Wer durch das Feuer sprang, bannte das Unheil und die Krankheit; Paaren wurde Fruchtbarkeit zuteil. In dieser Nacht »öffnen sich im Märchen die Berge; Elfen und Zwerge treiben ihr Wesen und verraten verborgene Schätze, verwunschene Jungfrauen kommen in der Mittagsstunde . . . Erlösung zu finden, in den Seen hört man versunkene Glocken läuten, man kann die geheimnisvolle Wünschelrute finden, kann

---

[3] Vgl. die Ausführungen zum »Johannis-Kraut« im folgenden Kapitel. Holunderblüten müssen – um als Arznei wirksam werden zu können – am »Johannistag mittags 12 Uhr« gepflückt werden (Becker, 117). Vgl. auch Anm. 32 des folgenden Kapitels.

[4] Geramb, 108.

die Sprache der Tiere verstehen, und Liebenden wird auf jeden Fall geholfen.«[5]

Aus den alten »Notfeuern« (althochdeutsch: Notfyr), die von Fall zu Fall, etwa bei Viehseuchen[6], entzündet wurden, entstanden – als die germanischen Völker zu festen Lebensordnungen kamen – »alljährlich festgesetzte, regelmäßig wiederkehrende Notfeuer«,[7] zu denen auch das Sonnenwendfeuer gehörte. Trieb man beim alten Notfeuer nur das kranke Vieh durch das Feuer oder um die Flammen, so geschah es nun vorbeugend auch mit dem gesunden Vieh, ein Brauch, der sich in Polen bis in die Neuzeit erhalten hat.

Aus solchen Sonnenwendfeuern erwuchs wohl der weitaus bekannteste Brauch[8] des Johannistages: das

---

[5] Schönfeldt, 181.
[6] Vgl. Christliches Brauchtum, 132ff; siehe Becker, 326ff.
[7] Geramb, 111f.
[8] Gelegentlich hat das Fest auch »Wasserbräuche« an sich gezogen, so etwa das Brunnenfest in Wunsiedl (Fichtelgebirge). Alle 26 Brunnen der Stadt sind mit ornamentalen und bildlichen Motiven aus Blumen und Blüten geschmückt. Einheimische und Besucher ziehen mit der Musikkapelle, die an jedem Brunnen ein Lied spielt, von Brunnen zu Brunnen. »Am Abend leuchtet der Blumenschmuck im Schein unzähliger Kerzen und Lampions.« (Alte Feste..., 52f) Gewiß hat ein solches Brunnenfest reale Hintergründe: die notwendige Reinigung der Brunnen im Frühjahr und die alte Chronik, nach der es 1766 einen so trockenen Sommer gab, daß die Brunnen kein Wasser mehr spendeten. Erst am Tag des Täufers kam das Wasser (wohl nach einer legendenhaften Überlieferung) zurück. Ob hier eine Verbindung mit der Taufe des Johannes im Jordan besteht, muß dahingestellt blei-

Johannisfeuer[9], das in der Nacht vom 23. zum 24. Juni auf den Höhen der Berge, am Stadt- oder Dorfrand oder in den Städten selbst abgebrannt wird – ein Brauch, der sich vielerorts erhalten hat oder neu belebt wurde.

In diesen Sonnenwendfeuern sollte wohl die Lebenskraft der zuhöchst stehenden Sonne Mensch und

ben. Das Alter des Brauches (erstmals 1833 erwähnt durch ein Verbot des Schmückens, das den Brunnen verunreinige), ist unbekannt.

Schönfeldt berichtet von »Brunnenfesten«, die am Johannistag »früher die kleinen Gemeinden am Rhein« zusammengeführt hätten (182). Nach dem Zeugnis Brentanos (»Des Knaben Wunderhorn«) wurden an diesem Tag die Brunnen gereinigt und neue Brunnenmeister gewählt, was mit einem kleinen Fest verbunden war. »Dann ziehen Kinder in der Nachbarschaft herum, sammeln Eier, die sie in einem mit Feldblumen geschmückten Korb auf Blätter legen und sich abends zum eigenen Feste backen lassen. Diese Brunnenfeste hat es schon im 15. Jahrhundert gegeben, und jede Gegend hatte bestimmte Brunnenlieder« (Schönfeldt, 182). Auch hier dürften sich alte (natürliche) Gepflogenheiten mit christlicher Sinngebung (Wassersymbolik) verbunden haben.

Das Fest zog jedoch auch andere Wasserbräuche (wegen der Taufe des Johannes) an: die Segnung von Quellen, Flüssen und Teichen ebenso wie die Waschungen mit dem (an diesem Tage) heilkräftigen und glückverheißenden Wasser. So erlebte Petrarca 1337 eine solche Waschung in Köln (Veit/Lenhart, 159).

Eigenartigerweise galt der Johannistag in der Pfalz (auch) als Unglückstag. Von jedem Wasser glaubte man, daß es an diesem Tag ein Opfer fordere, der Schwarzbach bei Zweibrücken (als keiner »Minotaurus«) sogar zwei (Bekker, 328).

[9] In der Steiermark hieß das Feuer: Sunnwendhansl-Frohfeuer (Geramb, 128).

Tier, und nicht zuletzt der bevorstehenden Ernte, zugewendet werden; die Sonne sollte wohl auch magisch beschworen werden, sich nicht von der Erde zurückzuziehen, nachdem Dunkel und Kälte bald wieder zunehmen würden.

Viele »Feuerbräuche«: der Tanz um das Feuer, das Überspringen des Feuers durch Paare, auch das Verbrennen von Stoffpuppen, Hexen, Dämonen ...,[10] die das Licht gefährden, sind aus dieser Wurzel zu erklären.

Welche Sinndeutung aber wurde nun dem Feuer als *Johannisfeuer* gegeben? Durandus erblickt im ausgehenden 12. Jahrhundert in diesem Feuer einen Hinweis auf den Vorläufer des Herrn, der »eine brennende Leuchte war«, und auf die Weissagung des Engels: »Viele werden sich über seine Geburt freuen«.[11] Eine nicht gerade überzeugende Argumentation!

Das Fest des Täufers zur Sommersonnenwende kann im christlichen Bereich wohl nur im Zusammenhang mit dem Weihnachtsfest gesehen werden. Die wiederaufsteigende Sonne der Wintersonnenwende wird zum Gleichnisbild des »Sol invictus«, der unbesiegbaren Sonne, die Christus ist; eine Symbolik, die das Datum des Weihnachtsfestes vermutlich mitbe-

---

[10] Geramb, 119. In einigen Alpenländern hieß die Puppe der »Tattermann« (ebd.); Schönfeldt, 186 f; Oberpfalzverein, 49. Hier wird auch ein (sicher nicht sehr alter) Spruch angegeben, den die Kinder beim Verbrennen der Stroh- und Heupuppen aufsagen: »Feuer, friß das Hexenweib / und verzehre Haß und Neid! / Fluch und Falschheit soll'n verbrennen / daß wir friedlich leben können.« (ebd.)

[11] Veit/Lenhart, ebd.

stimmte.[12] Dann würde die nun *abnehmende* Sonne des Mittsommertages von Joh 3,30 aus (»Er muß wachsen, ich muß abnehmen«) auf den Vorläufer zu deuten sein. Vielleicht auch wurden die Feuerbräuche aufgrund von Joh 1,7ff dem Johannistag zugewendet, so daß das Johannisfeuer als Christus-Symbol zu verstehen wäre.

Jedenfalls erfreute sich der Brauch des Johannis-Sonnenwendfeuers großer Beliebtheit. 1401 ging der Bayernherzog Stephan mit seiner Gemahlin im Johannisreigen des Volkes mit. 1471 wird das von Kaiser Friedrich III. beim Reichstag zu Regensburg berichtet. 1490 ließ der Bischof von Würzburg ein besonders großes Feuer vor seiner Burg verbrennen. 1496 eröffnete Erzherzog Philipp von Österreich den Feuertanz mit der Bürgerstochter Ursula Neidhard um das 45 Schuh hohe Feuer. 1609 nahm das Stiftskloster Neuburg das alte »sonabetfewr« gegen das Verbot des Stadtrichters, der Brand und Ausschreitung befürchtete, mit Erfolg in Schutz.[13] Das Feuer auf dem Greveplatz in Paris wurde lange Zeit hindurch feierlich vom Gouverneur der Stadt entzündet. »War der König zugegen, zündete dieser eigenhändig mit einer brennenden Fackel den Holzstoß an.«[14]

Bis heute ist der Brauch im deutschsprachigen Raum lebendig geblieben. Der Bogen der Sinndeutung kann sich von der Ursymbolik des Lichtes (des Feu-

---

[12] Vgl. in diesem Buch Seite 62ff.
[13] Geramb, 117; vgl. Stonner, 33 (unter Berufung auf Geramb).
[14] Veit/Lenhart, 159.

Sprung über das Johannisfeuer

ers, der Sonne) bis zur Lichtsymbolik in der Johannes-Christus-Parallele (s. o.) spannen. Dennoch bleibt zu überlegen, ob nicht der Brauch eines Pfingstfeuers sinnträchtiger ist als der Brauch der Johannisfeuer (so sehr es zu bedauern wäre, wenn die große Gestalt des Täufers dem Gedächtnis der Gemeinden immer mehr entschwände).

9 Das Brauchtum des Festes der Aufnahme Mariens in den Himmel

9.1 Zur Theologie des Festes

Nach früh bezeugtem Glauben der Kirche wurde Maria »am Ende ihres irdischen Lebenslaufs«[1] mit Leib und Seele in die Herrlichkeit des Himmels (Gottes) aufgenommen. Dieser Glaube betont die besondere Würde, die Maria, die Gottesmutter, in der Gemeinschaft der Kirche besitzt, und ihren Anteil an der Erlösungstat des Sohnes. In ihrer Aufnahme in Gottes Herrlichkeit wird exemplarisch deutlich, wozu Mensch und Welt durch Gottes Gnade berufen sind.[2]

---

[1] So der Wortlaut des Dogmas, das Pius XII. am 1. November 1950 verkündete.

[2] Das Dogma besagt nicht, *allein* Maria sei dieser Würde teilhaft geworden. Die theologische Diskussion fragt etwa nach der ganzmenschlichen Auferstehung der mit Christus Erstandenen (Mt 27,52f); und neuere Theorien zur Eschatologie sprechen vom »dynamischen« Weltgericht, in das die Toten – außerhalb der Zeitlichkeit seiend – eintreten. Das Dogma zielt offenbar auf die besondere Würde Mariens und ihre unauslotbare Ausprägung des »alter-Christus-Seins« (Vgl. zum ganzen: K. Rahner, Zum Sinn des Assumpta-Dogmas, Schriften zur Theologie 1, Einsiedeln ⁴1960, 239 ff). Übrigens spricht schon die legenda

9.2 Zur Entwicklung des Festes

Erste Aussagen zum Festgeheimnis gehen in die Frühzeit der Kirche zurück. In der Ostkirche wird bald nach dem Konzil von Ephesus (431), das Maria den Titel »Gottesgebärerin« endgültig zuerkannte, ein solches Fest gefeiert. Kaiser Mauritius (582–602) erkannte den 15. August als Feiertag an. Die römische Kirche feiert das Fest seit dem 7. Jahrhundert. Als »demonstratio catholica« gegen die »Schmähungen«, welche die Gottesmutter durch die Reformatoren erleiden mußte, »wurde ... Mariä Himmelfahrt ... der Lieblingsvorwurf des Barock. Höfische Luft umweht die hohe Frauengestalt, die sich zu den Höhen des Himmels schwingt.«[3] Starken Auftrieb erhielt die Festfeier durch die Verkündigung des Dogmas von der leiblichen Aufnahme Mariens in den Himmel am 1. 11. 1950.

9.3 Das Brauchtum des Festes: Die Kräuterweihe

(Geschichtliche) Wurzeln

Die Wurzeln des Brauchs liegen im Dunkeln. Die legenda aurea berichtet, daß auf Weisung eines

---

aurea (sich auf Hieronymus berufend) von der Möglichkeit, daß auch andere Tote bereits der leiblich-seelischen Auferstehung teilhaft wurden (Heidelberg o. J., 583 ff).
[3] Veit/Lenhart, 60.

Engels eine Palme vor dem Leichnam Mariens einhergetragen worden sei und daß beim Herabkommen des Herrn am dritten Tage (seine Mutter in den Himmel zu führen) sich ein »unaussprechlicher Duft« verbreitet habe. Ob solche Hinweise zur Entstehung einer Krautweihe beigetragen haben, muß dahingestellt bleiben.[4] Erste historische Belege gehen in das 10. Jahrhundert zurück. Im römisch-deutschen Pontifikalbuch, das in dieser Zeit zusammengestellt wird, finden wir ein Segensgebet über die (Heil-) Kräuter:

> Allherrschender Gott, den Menschen Urheber allen Heils und aller Gesundheit,
> du Arzt für Seele und Leib,
> in unerforschlicher Weisheit hast du eine Fülle von Pflanzen als heilwirkende Medizin für die Kranken geschaffen.
> Wir bitten dich:
> Erfülle diese Kräuter, die du geschaffen hast,
> mit deinem heilsamen Segen;
> und jedem Kranken, der sie braucht,
> seien sie Arznei für den Leib
> und Kraft für die Seele,
> auf daß er dir Dank abstatte
> und alle Geister loben unseren Herrn Jesus Christus.

Spätere Ritualbücher (Benediktionsbücher) berufen sich in ihren Segensgebeten auf die Schöpferkraft

---

[4] Die Legende, die Apostel hätten beim Öffnen des Grabes Mariens nur mehr Rosen vorgefunden, ist späteren Datums.

Gottes und auf 1 Mose 1 (vor allem 1,11 ff und 1,29 f).[5]

Wahrscheinlich reichen die Wurzeln des Brauchs weit in das Heidentum hinein. Schon immer haben die seltsamen Blüten- und Wurzelformen mancher Gewächse die Phantasie unserer Vorfahren angeregt; schon immer sind die Heils- oder Unheilskräfte der Pflanzen beglückt oder mit tiefem Entsetzen erfahren worden. Die deutschen Pflanzennamen bilden ja neben den vielen Pflanzensagen[6] eine Kulturgeschichte eigener Art.

Die gesamte Natur galt als belebt. Götter und Dämonen umgaben nach uraltem Glauben des Tags und des Nachts die bunte Vielfalt der Pflanzen.[7] Man konnte nur um den Segen, um die Fülle der Pflanzengaben, bitten – oder sich mit Zauber und Magie gegen die Mächte des Bösen wehren. »Beim Suchen und Gra-

[5] J. Pascher, Kräuterweihe an Mariä Himmelfahrt, in: Anzeiger für die Seelsorge, 1968/8, 326 ff.

[6] Vgl. A. von Perger, Deutsche Pflanzensagen, Stuttgart und Oehringen 1864, Neudruck Wiesbaden o. J.

[7] Vgl. zur christlichen Deutung solcher uralter Erfahrungen die wunderbare Predigt Kardinal Newmans über die Naturkräfte (Fest des Erzengels Michael 1831), in der es heißt: »Und würden wir über die Werke der Natur einen wissenschaftlichen Vortrag halten und dabei die Namen von Pflanzen und Bodenformen aufzählen sowie deren Eigenschaften beschreiben, dann müßten wir es ehrfürchtig tun, da diese großen Diener Gottes (die Engel, d. V.) es hören; müßten es tun mit jener Art von Zurückhaltung, die wir immer empfinden, wenn wir vor Weisen und Gelehrten unseres eigenen sterblichen Geschlechtes zu reden haben, da wir doch nur kümmerliche Anfänger ... in der Geisteserkenntnis ... sind.« (Predigten, Band I/2, Stuttgart 1950, 401.)

ben, beim Pflücken und zuletzt beim Kochen des Suds hing alles Gelingen am wirksamen Wort, an der zauberkräftigen Formel. Bräuche und Formen vererbten sich als kostbares Geheimnis von Generation zu Generation im bevorzugten Geschlecht der Weisen... Sie bannten die Krankheit, und oft genug bannten sie wirklich, weil sie echtes Wissen um die Heilkräfte der Natur von den Ahnen ererbt hatten.«[8]

Für all das war im Christentum kein Platz mehr. Zauber- und Beschwörungsformeln lebten nur im Untergrund fort – nun aber wurden Gebete (zu Gott, den Heiligen...) oft genug in den Dienst der unausrottbar scheinenden Magie gestellt. Sicher hielt man sich an kirchliche Anweisungen, wie sie etwa für das Pflücken der »Graciosa« (wohl: gratiola officinalis = Gnadenkraut) gegeben wurden:

»Wenn du die Pflanze gefunden hast, sprich zuerst:
Im Namen des Vaters suche ich dich, und im Namen des Heiligen Geistes pflücke ich dich.
Mir und allen, die dich tragen,
sollst du eine Wehr sein gegen die Geschosse aller unserer Feinde;
Zauber vertreibe, Gefangene löse, Verurteilte befreie und die Gnade aller Menschen erhalte mir.
Im Namen des Vaters, des Sohnes und des Heiligen Geistes.

---

[8] Pascher, 326.

Dann sprich das Evangelium: ›Im Anfang war das Wort‹, fünf Vaterunser und fünf Ave Maria und ›Ich glaube an Gott‹. Dann ziehe das Kraut mit der Hand heraus, lege es an Mariä Himmelfahrt auf den Altar, an dem die Messe gelesen wird, und besprenge es mit Weihwasser. Dann gilt es.«[9]

Aber wie sollte das gläubige Volk hier die Grenze zwischen Magie und gläubigem Vertrauen erkennen und wahren?[10]

Eine Weihe der Kräuter (nicht zuletzt der Heilkräuter) hat die Kirche mit vielen Festen des Kirchenjahres verbunden.[11] Die Weihe sollte verdeutlichen, daß alle (Heil-) Kräfte der Natur eine von Gott verliehene Gabe sind, die als gnädiges Geschenk Gottes erbeten und angenommen sein will.

Geblieben ist die Kräuterweihe am Tag der Aufnahme Mariens in den Himmel (»Großer Frauentag«). Vielleicht sind hier mit dem bisher besprochenen Gedankengut Überlieferungen eines alten Erntefestes und Erntedankes verbunden worden. In den »Frauendreißigern«, der Zeit vom »Großen Frauentag« (15. August) bis zum »Kleinen Frauentag« (Mariä Geburt am 8. September), einschließlich der

---

[9] Pascher, 327.
[10] Interessant ist, daß die amtlichen Ritualienbücher im Mittelalter von den Kräutern nichts anderes erwarteten als das Freisetzen ihrer natürlichen, geschöpflichen Kräfte. »Erst ein jüngerer Zusatz hat in das römische Rituale wieder die ›Bitte‹ hineingebracht gegen die ›Vorspiegelungen und Machenschaften des Teufels‹.« (Pascher, ebd.)
[11] Pascher, 327f.

Maria im Ährenkleid, um 1473, Soest/Westf.

alten Oktav dieses Festes, blühen ja die Blumen in Fülle und bilden verschwenderisch Samen aus; aber es reift auch das Getreide, und die erste Ernte ist eingebracht.

Nach M. Höfler[12] geht der Brauch der Frauendreißiger »auf eine germanische dreißigtägige Fastenzeit zurück, die als ein Toten- und Fruchtbarkeitsopfer anläßlich der Erntefeste begangen wurde«. Da die germanischen Erntefeste oft mit dem 15. August (= »Erntemond«) zusammenfielen, habe man den altchristlichen Todestag Mariens damit in Zusammenhang gebracht, zumal Maria schon früh als Schützerin der Feldfrüchte verehrt wurde.[13] Sicher galt die Zeit der Frauendreißiger als eine ganz besonders gesegnete Zeit: »Alle Gifte in Pflanzen und Tieren verlieren da ihre Schärfe, wogegen alle Heilkräfte dreifach gesegnet und gesteigert werden. Deshalb werden in dieser Zeit alle Heilkräuter gesammelt und als ›Weihbuschen‹ in die Kirche gebracht...«[14]

Näher liegt freilich der Gedanke, daß Maria schon bald als »schönste Blume« verehrt wurde, welche die Schöpfung hervorgebracht hat: die »rosa mystica« der Lauretanischen Litanei. Sie, die uns die wunderbare Frucht: den Erlöser, brachte, das Heil aller Welt, *mußte* zur Patronin der Schöpfung, vor allem der Ernte, werden. Von hier aus dürfte auch der theologische Sinn der Kräuterweihe heute zu erschließen sein

---

[12] »Der Frauendreißiger«, in: Zeitschrift für österreichische Volkskunde 18 (1912), 133 ff; Vgl. Geramb, 144 f.
[13] Vgl. die vor allem in Süddeutschland und Österreich beliebte Darstellung der »Madonna im Ährenkleid«.
[14] Geramb, 145.

– wobei (sekundär) der Blick auf die Schönheit und die Kräfte der Schöpfung fällt, deren Bedeutung für das Wohl und das Heil der Menschheit neu erfahren wird.

Anzahl und Art der gesammelten Kräuter

Äußerst schwierig ist es, Anzahl und Art der Kräuter festzustellen, die zum Krautbund (Weihbuschen, Würzwisch; mundartlich auch Kreitererbischl, Krintbusch'n, werzwisch etc.) gehören. Die Anzahl schwankt zwischen 7[15] (der alten heiligen Zahl) und 72[16] (mit Hinweis auf die ausgesandten 72 Jünger Jesu nach Lk 10,1ff par). Nur vereinzelt wird die Zahl 99 genannt. Sonst sind es 9 (3×3) Kräuter.[17] Im Hochstift Paderborn hielt sich offenbar in manchen Gegenden hartnäckig die Zahl 24 (wohl 2×12).[18]
Das Spektrum der Pflanzen, die im Zusammenhang

---

[15] Tirol, wo nach Geramb »vielfach je 7 verschiedene Kräuter zusammengebunden werden«. Wenn in Kallmuth/Eifel zum Krautbund 4 verschiedene Kräuter gehören (Guthausen), so dürften die 4 Hauptkräuter gemeint sein: Johanniskraut, Baldrian, Rainfarn und Beifuß.

[16] Diese Zahl wird häufiger im Gebiet des Paderborner Hochstiftes geannt. (Vgl. K. Preywisch, Der Krautbusch, in: Kreis Höxter, Mitteilungsblatt des Kreisheimatpflegers, Jg. 2 [1972], Nr. 3, S. 31. Hier findet sich gelegentlich auch die Zahl 99.)

[17] Schönfeldt, 211; Geramb, 147 (Kärnten).

[18] Preywisch, 31; wie wenig die Zahl in manchen Gegenden festgelegt ist (von den Arten ganz zu schweigen), zeigt A. Becker in seiner Volkskunde der Pfalz. Nach ihm besteht der geweihte »Würzwisch« aus »mindestens je drei Stengeln von Johanniskraut, Tausendgüldenkraut, Frauenflachs oder Abnehmekraut, Stierkraut oder Wohlgemut,

mit dem Krautbund genannt werden, ist sehr groß[19] und – je nach Landschaft – verständlicherweise sehr unterschiedlich. Einige Pflanzen aber werden in vielen Landschaften als zum Krautbund gehörend genannt. Sie seien hier besonders vorgestellt:

1. *Das Johanniskraut* (Hartheu = Hypericum perforatum)

Die vielen Namen, die das Kraut in den verschiedensten deutschen Landschaften hat,[20] weisen auf die Sagen und Legenden, welche die Pflanze umgeben, ebenso hin wie auf die Heil- und Zauberkräfte, welche sie besitzt. Der Name Johanniskraut verweist wohl darauf, daß früher beim Tanz um das Johannisfeuer Kränze aus diesem Kraut getragen wurden, die als Glückbringer galten. Hartheu »machte fest«

Ülerichskraut oder Knauel und Johanniskraut (?), Gerbkraut oder Kerbel, Wurmmehl oder Rainfarn, Rotem Sauerampfer, Hanf (weibl.), grünem Hafer, grünen Nüssen, grünen Haselstauden, Odermennich mit gelben Blüten, Grindkraut oder Flockenblumen, auch Teufels Abbiß, Wiesenbibernell, Schafgarbe, Liebstöckel, Käselkraut, Fenchel, Quendel u. a.« (134). Vgl. auch O. Koch, Der Würzwisch, Hessenbücher 8 (1981).

[19] Eine Untersuchung von E. Gocke gibt für das Paderborner Gebiet allein 67 verschiedene Kräuter an.

[20] Die einzige Sicherheit, daß in allen Landschaften die gleiche Pflanze gemeint ist, bietet nur der lateinische (botanische) Name der Pflanze. Die deutschen Namen wechseln. Während in Westfalen z. B. das Johanniskraut meistens »Mutter Gottes Bettstroh« heißt, führt Pascher (326f) diesen Namen für den Thymian und das echte Labkraut an usw. Die botanischen Namen werden zitiert nach Schmeil-Fitschen, Flora von Deutschland, Heidelberg ^{86}1976.

gegen Hieb und Stich und selbst gegen die Kugeln der neuen Feuerwaffen.[21] Aus christlicher Zeit stammt die Legende, daß Herodias, als man ihr das abgeschlagene Haupt Johannes' des Täufers brachte (Mk 6,17–29 par), voller Haß die Zunge des Heiligen durchstach, so daß das Blut zur Erde tropfte und eben zum Johanniskraut wurde.[22]

In der Medizin spielt das Kraut eine bedeutende Rolle. Schon Konrad von Megenburg (14. Jahrhundert) schreibt: »Daz kraut hat die art, daz ez daz herz sterkt und die leber, und rainiget die nieren und hailt die gesweren...« Nach Paracelsus ist die Pflanze »eine Universalmedizin für den ganzen Menschen«. Das Johanniskrautöl (Blütenblätter und -knospen, welche in Olivenöl gelegt und etwa drei Wochen der Sonne ausgesetzt werden, bis sie das dunkelrote Johanniskrautöl ergeben) spielt in der Medizin Pfarrer Kneipps eine bedeutende Rolle, der auch den Tee aus der Pflanze vor allem bei Leberleiden empfiehlt.[23]

Die Namen »Jage (den) Teufel«, »Teufelsflucht«, »Teufelsfuchtel« zeigen, daß man dem Kraut Kraft

---

[21] Pascher, 327. Nach von Perger wurde zur Sonnenwende das Kraut auch zum Schmücken der Götterbilder, Altäre und Opfertiere gebraucht (67).

[22] Pascher, ebd. Ähnliches gilt für fromme Erzählungen aus dem österreichischen Innviertel. Danach sollte Johannes gefangengenommen werden, und die Verfolger steckten Hartheublüten an das Fenster des Hauses, in dem sich Johannes aufhielt, um es später wiederzuerkennen. Aber durch ein Wunder blühten dann an den Fenstern aller Häuser die Johanniskräuter, so daß die Verfolger »völlig in die Irre geführt« wurden (H. Sieg, Gottessegen der Kräuter, Berlin 1953, 130).

[23] H. Sieg, 132 ff.

gegen Zauberei und den Teufel beimaß. So wurde der Saft des Johanniskrautes auch den »Hexen« (in den Hexenprozessen) eingeflößt, damit die Wahrheit ans Licht komme.

So wundert es nicht, daß das Kraut – kreuzweise ins Fenster gesteckt – gegen das Einschlagen des Blitzes helfen sollte. Es schützte auch gegen Liebeszauber und gegen die »fürchterlichen melancholischen Gedanken.«[24]

Das Johanniskraut gehört in Bayern und Österreich, im Elsaß, in der Pfalz, in Hessen, im Ermland, in Westfalen, in der Eifel und in Luxemburg zu den Krautbundpflanzen.[25]

2. *Der Wermut* (Artemisia absinthium)

Der Name Wermut soll nach von Perger von der wärmenden Kraft der Pflanze stammen.[26] Das Kraut ist als Heilpflanze bekannt, ist aber – im Gegensatz zum Beifuß – arm an Sagen.[27] Nach dem Glauben der Alten half es gegen das »Beschreien der Kinder«, förderte die Eßlust, nahm den Alpdruck. »Man zierte

---

[24] Von Perger, 68. Verständlicherweise können in diesem Buch nur wenige – vielleicht signifikante – Hinweise auf die Bedeutung der Pflanzen für die Medizin und die Mythologie gegeben werden. Umfassend informieren von Perger, H. Sieg und die Deutsche Mythologie der Brüder Grimm von 1835.

[25] Sicher auch in weiteren Gegenden; da aber gewöhnlich nur die deutschen (mundartlichen) Namen genannt werden, ist ein Beleg zweifelhaft. Ähnliches gilt für die meisten der hier vorgestellten Pflanzen.

[26] Er nimmt an, daß die Pflanze früher schlicht »Wärmet« (= die oder das Wärmende) hieß (124).

[27] Immerhin soll es die Kraft haben, alle Hexen »zum Teufel« zu jagen (H. Sieg, 90).

Todtenbahren und Gräber mit Wermuth und legte ihn in der heidnischen Zeit beim Verbrennen der Leiche auf den Holzstoß. Alten Überlieferungen zufolge wird am Niederrhein in die für die Grundmauern gegrabenen Gruben eines Bauernhauses Salz, Asche, Getreide und eben Wermuth gestreut, vermuthlich um jeden Spuk abzuhalten...«[28]

Wichtig für die Aufnahme unter die Krautbundpflanzen war seine Rolle in der alten und der heutigen Medizin.[29] Karl der Große sorgte durch die Aufnahme der Pflanze in sein »Capitulare de villis« (das auch eine Verordnung über den Anbau der Heilkräuter enthält) für die Verbreitung der aus Asien[30] stammenden Pflanze.

3. *Der Beifuß* (Artemisia vulgaris)[31]

Der Volksglaube sah im Beifuß ein Mittel gegen Frauenleiden;[32] er verjagte die Geister, die »den Eheleuten einen Tort anthun wollen«.[33] Er schützte – wenn er im Zeichen der Jungfrau gegraben wurde – gegen die Bisse von Hunden und Schlangen. Er vertrieb das Ungeziefer und sicherte Kinder, aber

[28] Von Perger, 125.
[29] »Ist einer grün wie ein Laubfrosch, mager wie eine Pappel, nimmt täglich ab an Gewicht und Humor und wirft keinen Schatten mehr, der probier es mit einem Teelöffel voll Wermut alle zwei Stunden«, sagt Kräuterpfarrer Künzle. (Sieg, 91; dort weitere Hinweise auf die Heilkraft der Pflanze.)
[30] Schmeil/Fitschen, 387.
[31] Von Perger führt hier Artemisia abrotanum als Träger der Sagen, Legenden, der Heil- und Zauberkräfte ... an.
[32] Von Perger, 122f; Sieg, 204.
[33] Von Perger, 123.

auch Milch und Essen, gegen alle Behexung. »Der Teufel fürchtet den Beifuß, und wo Beifußwurzeln an das Haus genagelt sind, können keine bösen Geister herein, und das Gebäude ist von Feuergefahr geschützt.« Selbst die Schwindsucht wird vom Beifuß geheilt.[34]

Der Bergzaberner Botaniker Jakob Diether (Tabernaemontanus) schreibt über den Beifuß: »Wiewohl nun das Kraut in großen Würden und Wert zu halten um seiner herrlichen und fürtrefflichen Tugend, Kraft und Nutzbarkeit willen, steht es doch Christenleuten sehr übel an ... Zauberei und dergleichen Narrheit und Gaukelwerk damit (zu) treiben.«[35]

Während der Wermut in Bayern und Österreich, im Elsaß, in der Rhön, in Hessen und in Westfalen als Krautbundpflanze erwähnt wird, ist die Verwendung des Beifußes vor allem für Luxemburg (»Pipels«), die Rhön, Hessen, Bayern, die Eifel und Westfalen angegeben.

4. *Der Rainfarn* (Tanacetum vulgare/Chrysanthemum vulgare)

Die Pflanze, die an Wegrändern, Bahndämmen und auf Ödflächen oft massenhaft auftritt, verdankt ihre Beliebtheit wohl dem »Capitulare de villis« Karls des

---

[34] Von Perger, 123f; Sieg, 203f; Eigenartig ist die Verbindung des Beifuß' mit dem Johannistag. So sollen sich »nach altem Glauben« am Johannistag unter der Beifußstaude geheimnisvolle Kohlen (»Thorellensteine«, »Narrenkohlen«) finden, die – um den Hals getragen – Fieber und Fallsucht vertreiben usw. (H. Sieg, 202). Der Beifuß wird ins Johannisfeuer geworfen (Becker, 118).

[35] Becker, 118.

Großen. Von Perger erwähnt knapp, daß die Pflanze als Abwehrmittel »gegen Hexen und Zauber« diente.[36] In der Humanmedizin ist sie als Wurmmittel bekannt. Landwirte schrieben ihr eine Heilwirkung bei kranken Rindern und kalbenden Kühen zu.[37]
Im Ermland, in Westfalen, der Rhön (?), der Pfalz, in Hessen, in Baden, Franken, der Oberpfalz (wohl überhaupt in Bayern) und der Eifel gehört der Rainfarn zum Krautbund. Wir finden ihn unter den bei von Perger genannten »neunerlei Kräutern«.[38]

[36] A.a.O., 133. Interessant ist die häufige Nennung des Rainfarn bei der Herstellung von »Hexenrauch« zur Beschwörung (Bannung) der Hexen; vgl. L. Vischer, Ein Hexenrauch, in: Bayerische Hefte für Volkskunde IV, 1917, 13ff (basierend auf einer Schrift des 17. Jahrhunderts).
[37] Preywisch, Die wichtigsten Pflanzen des Krautbundes, in: Kreis Höxter, Mitteilungsblatt des Kreisheimatpflegers, Jg. 2, 1972, Nr. 4, S. 36ff.
[38] Nach von Perger »muß« das am Großen Frauentag zu weihende Kräuterbündel aus neunerlei Kräutern bestehen:
1. »Aus dem *Odinskopf,* der dem Bild der Sonne ähnlich ist und die Mitte des Busches einnehmen soll.« (Inula helenium)
2. »aus dem *Hirschkraut,* mit dem sich verwundete Hirsche heilen«; (Eupatorium cannabium)
3. »aus dem *Baldrian*«; (Valeriana celtica)
4. »aus dem *Beifuß*«; (Artemisia vulgare)
5. »aus der *Aberraute*«; (Artemisia abrotonum)
6. »aus dem *Wehrmut*«; (Artemisia absinthium)
7. »aus dem *Laabkraut,* welches die Hexen fürchten«; (Galium verum)
8. »aus den *Alpranken*« (Solanum dulcamara) und
9. »aus *Rainfarn,* auch Tannkraut und Muttergottesstab genannt.« (Tanacetum vulgare) (45)

Krautbund (Nordbayern) mit Königskerze, Beifuß, Rainfarn, Johanniskraut, Kamille, Schafgarbe und Getreide

5. *Die Schafgarbe* (Achillea millefolium)[39]
Früher wurde die über ganz Deutschland verbreitete Pflanze als Heilmittel gegen die »Rippengeschwulst der Kinder, gegen Pest und Viehseuchen« verwandt. Nach von Perger »wächst (sie) besonders gern an jenen Stellen, an welchen man nach dem Essen am Weihnachtstage das Tischtuch ausschüttelte«.[40] In der heutigen Medizin werden die Heilkräfte der Pflanze in vielfacher Weise genutzt: Bei Magenleiden und Erkältungen, bei Appetitlosigkeit (Kneipp), bei Blutungen und Leberleiden... Die Pflanze gehört in den norddeutschen Gegenden zum Krautbund.[41] Sie ist auch für das Gebiet der Rhön, für die Rheinpfalz, Hessen, die Oberpfalz und für Luxemburg bezeugt.[42]

6. *Die Königskerze* (Verbascum thapsiforme vel densiflorum [?])
Die schöne Pflanze, die viele Blumen weit überragt, ist vor allem in Bayern und Österreich der Mittel-

---

[39] »Plinius berichtet: Als Achilleus bei dem kräuter- und heilkundigen Chiron am Pelion in der Lehre war, lernte er die wunderwirkende Kraft der Schafgarbe kennen. Er heilte mit dieser Pflanze Thelephos, den König von Myrien, und so erhielt das Kraut den Namen Achillea.« (H. Sieg, 69)

[40] A.a.O., 133f; vgl. Christliches Brauchtum, Anm. 52, S. 90f.

[41] Preywisch schließt deshalb auf einen »mehr... vorchristlichen Gebrauch der Heilpflanze« (37).

[42] Nach A. Becker hängte man in protestantischen Gegenden der Pfalz statt des »Würzwischs« ein Bündel Schafgarben an Stall und Scheune zur Abwendung der Blitzgefahr (330).

punkt des Krautbundes.[43] Der mundartliche Name »Himmelbrand« nimmt den hohen Wuchs der Pflanze auf (Brand = Hohes, vgl. Brenner).[44]
Die Königskerze half bei mancherlei Krankheiten. Man nahm Weihwasser, machte über den leidenden Teil des Körpers ein Kreuzzeichen, sprach dreimal:

»Unsere liebe Frau geht dreimal über das Land,
Sie trägt den Himmelbrand in der Hand.«

und berührte die Wunden mit den Blüten.[45]
Auf der Herzgegend getragen, sollte der Himmelbrand gegen den Schlagfluß (Schlaganfall) helfen; auch gegen chronischen Husten, Schwerhörigkeit, Harntröpfeln. Hildegard von Bingen empfiehlt ihn als Mittel gegen ein »schwaches und trauriges Herz«. Auch Pfarrer Kneipp schreibt ihm eine herzstärkende Wirkung zu.[46]
Im Aberglauben spielt die markante Pflanze eine große Rolle: Wenn jemand krank ist, so knickt man nach Sonnenuntergang einen Stengel der Pflanze »gen Osten« und betet für die Genesung des Siechen.[47] In Ostpreußen hängten die Mägde einen Stengel über ihr Bett – wessen Stengel zuerst welkt,

---

[43] In den Gegenden Westfalens, in denen die Königskerze wächst, gehört sie zu den Krautbundpflanzen.
[44] Da auch Namen wie »Fackelblume«, »Kerzenkraut« bekannt sind, könnte die Pflanze früher vielleicht als Fackel oder Kerze benutzt worden sein. Brunfels sagt in seinem Kräuterbuch: »So mans mit hartz oder bech überstreycht, brennet es wie ein kertz.« (H. Sieg, 186)
[45] Von Perger, 152.
[46] H. Sieg, 187ff.
[47] Alle Hinweise bei von Perger, 152f; vgl. H. Sieg, ebd.

stirbt zuerst. Wächst aber eine Königskerze aus einem Grabe, so wird deutlich, daß die Seele des Verstorbenen noch im Fegefeuer leidet und ihr durch Gebet und Wallfahrt geholfen werden muß (Gailtal und Kärnten).

In einigen Gegenden heißt Verbascum auch »Unholdenkerze«, weil alle Unholde vor ihr weichen müssen.

7. *Das Tausendgüldenkraut* (Centaurium minus)[48]

Ein Kraut, das man »wegen seiner Heilkraft gegen das Fieber tausend Gülden werth achtete und das man, wenn man es antraf, nie ungepflückt lassen sollte. Es heißt ..., daß selbst ein Reiter absteigen müsse, um die Pflanze mitzunehmen, und daß das erste herankommende Frauenzimmer der Blume einen Kuß geben sollte«.[49] Das von Pfarrer Kneipp sehr geschätzte Kraut wird von ihm gegen Leber- und Nierenleiden, aber auch gegen alle Magenbeschwerden empfohlen. Auch in der heutigen Medizin steht es in hohem Ansehen.

So verwundert es nicht, daß das Tausendgüldenkraut im Ermland, in Westfalen, im Elsaß, in der Pfalz, in Bayern und Österreich im Krautbund genannt wird. Die unauffällig-schöne Blume gehört zu den beliebtesten Kräutern.

---

[48] H. Sieg nennt das Kraut »Erythraea centaurium«. Es trage diesen Namen wegen seiner rötlichen Blüten (griech. erythraios = rötlich) und »zu Ehren des Arznei- und Kräuterkundigen Centauren Chiron«. Dieser lehrte in einer geheimnisvollen Höhle am Pelion den »göttlichen Asklepios« (113f).

[49] Von Perger, 169.

8. *Das Eisenkraut* (Verbena officinalis)
»Es kann nicht leicht eine Pflanze von mehr Unscheinbarkeit und größerem Ruf geben als die Verbena ...«, sagt von Perger zu Recht.[50] Das Eisen wurde – nach Meinung der Experten des 16. Jahrhunderts – durch nichts so gut gehärtet wie durch den Saft dieses Krautes. A. von Perger aber führt den Namen des »Isenkrutes« auf die Wortwurzel is = hart, zäh ... zurück[51], da die Zweige dieser Kräuter sehr zäh seien. Kaum eine Pflanze genoß bei den Alten solchen Ruf wie das Isenkrut: »Es war schon den Galliern und Germanen bekannt. Die ersteren loosten und weissagten damit, und die zweiten gebrauchten es beim Beginn eines Krieges oder bei Friedensschlüssen zu ihren Opfern. Die Magier sagten, daß jener, der es beim Aufgang des Hundssterns sammle, ohne daß es weder Sonne noch Mond bescheine, und sich damit salbe, alles erlange, was er wünsche. Das Isenkrut steht in besonderer Beziehung zum Planeten Venus, gibt große Liebeskraft und macht bei Allen angenehm. Kinder bekommen davon Verstand und Neigung zum Lernen, es bringt Wohlhabenheit und erhält den Reichtum. In den Acker gesteckt, verschafft es eine reiche Ernte, gibt man es einer Wöchnerin ins Bett, so wird weder ihr noch dem Neugeborenen Schaden geschehen. Wer sich die Hände damit salbt, kann alle giftigen Schlangen aufheben, es zeigt in der Georgsnacht die verborgenen Schätze, es verjagt alle Gespenster und Zaubereien, vertreibt die fallende Sucht, Kopfweh und Kröpfe, es schützt vor

---

[50] A.a.O., 145.
[51] A.a.O., 146.

Mißgeburten, Pestilenz, kurz, es war das Kraut aller Kräuter und keines konnte sich so vieler Kräfte rühmen...«[52] Kein Wunder, daß es die Hexen weder zu ihrer Salbe noch zu ihrem »Gewitterbrauen« entbehren konnten.

So mußte man das Eisenkraut mit goldenem oder silbernem Werkzeug aus der Erde heben, man mußte es liegenlassen, bis es vom Morgentau benetzt war, durfte es während dieser Zeit nicht verlassen. Erst kurz vor Aufgang der Sonne durfte es dann aufgehoben werden, es durfte aber mit keinem Eisenteil in Verbindung kommen. Eine alte Handschrift der Hofbibliothek zu Wien[53] schreibt über solches Ausgraben:

»Sver diese wurc graben wil der sol desselben
tages gen, da die wurc stet und sal si becrige
mit golde und mit silber und sal ob ir sprechen
ein pater noster und credo domini und sprechen:
Ich gebite dir edele wurc Verbena in nomine Patris, et filii et spiritus sancti und bei
den LXII namen des almetichen Gotis und
bi den
vier Engeln Michaele, Rafahele, Gabriele,
Anthoniele (?)
und bei den vier Evangelisten...«

Es ist kaum zu erklären, wie die Pflanze (sicher schon früh als Heilpflanze gesammelt und gehalten) zu solcher Berümtheit kommt. Eigentlich wäre sie in jedem Krautbund zu erwarten. Aber expressis verbis

[52] Von Perger, ebd.
[53] Cod. Manuscr. 2524 aus dem 14. Jahrhundert (hier Folie 12b und 14b).

wird sie nur für Westfalen, das Elsaß und die Pfalz erwähnt. Wahrscheinlich war die Pflanze (bis heute) den meisten Menschen unbekannt oder wurde übersehen (obwohl sie gelegentlich eine Höhe von einem Meter erreichen kann).

Neben diesen Pflanzen werden viele andere häufig (in mehreren Ländern) genannt: der Wiesenknopf (Sanguisorba minor vel officinalis); die Kamille (Matricaria chamomilla); der Thymian (Thymus serpyllum) und der Baldrian (Valeriana officinalis); der Odermennich (Agrimonia eupatoria); der Aland (Inula helenium); auch verschiedene Kleearten: Trifolium arvense (Hasenklee) und Trifolium campestre (Ackerklee). Sicher aber durften die vier wichtigsten Sorten des Getreides nicht fehlen (wenn auch Mitte August in einigen Gegenden die *Gerste* nur mehr schwer zu beschaffen war).

Die Zeit zum Sammeln

Alle Krautbundpflanzen erreichten nach dem Volksglauben in den »Frauendreißigern« ihre höchste Heil- und Segenskraft und mußten daher in dieser Zeit – unter Beachtung von vielfältigen Regeln, Sprüchen und Gebeten – gesammelt werden. Nachdem die Krautweihe mit dem »Großen Frauentag« verbunden wurde, mußten die Kräuter am Vorabend oder doch kurz vor dem Fest (auch das landschaftlich verschieden) gepflückt werden.

Die Verwendung der Kräuter

Das Kraut wurde dem Futter kranker Tiere beigemengt, die Körner der geweihten Ähren dem neuen Saatgut. Teile des Krautbundes wurden bei Gewitter zum Schutz des Hauses ins Herdfeuer geworfen oder gegen Blitzschlag und Seuchen aufgehängt. In der Eifel kam unter den Strohsack des Bettes ein aus Kräutern gebundenes Kreuz, das »feindliche Anfechtungen« im Schlaf vertreiben sollte. Auch in den Sarg der Toten legte man ein Kreuz aus Kräutern.
Ein Aufguß des geweihten Krautbundes zum Tee half gegen Krankheiten vielfacher Art.[54]

Der Brauch heute

Die heutige Sinngebung des Brauches ist oben bereits angeklungen. Wir kennen die Heilkraft der Pflanzen. Der Glaube hält solche Heilkraft nicht für selbstverständlich. Er weiß, daß *Gott* solche Kraft in seine Schöpfung legte; der Mensch erhält im geweihten Krautbund diese Kräfte der Natur als göttliches Geschenk zurück. Dabei sagt er auch Dank für die Herrlichkeit der Schöpfung und preist Maria als die Patronin der Erde, als die »schönste Blume« der Schöpfung, die uns das Heil brachte, als die »rosa mystica«, die der Krautbund geheimnisvoll abbildet. – Aber der Blick fällt auch neu auf die Schöpfung um uns, auf die »Schwester Pflanze«, die durch göttliches Geheiß unserer Verantwortung anheimgegeben ist.

---

[54] Von Perger, 147.

Eucharistiefeier mit Krautbundsegnung am »Großen Frauentag« (Mariä Himmelfahrt) im Eichenhain bei Steinfels (Oberpfalz)

In solcher Sinngebung sollte dieser Brauch nachdrücklich gepflegt werden. Dabei ist es sinnvoll, *die* (7 oder 9) Pflanzen zum Krautbund zu binden, die in vielen deutschen Landschaften als Krautbundpflanzen bekannt sind (s. o.) oder die eine lange örtliche Tradition haben.[55] Wer aber die Pflanzen nicht

---

[55] In einigen Gemeinden ist gelegentlich mit dem »Großen Frauentag« und seiner Kräuterweihe eine Ausstellung der wichtigsten Krautbundpflanzen verbunden. Eine kurze Beschreibung weist auf die Bedeutung der einzelnen Pflanzen in der Medizin und der Mythologie (in Glaube und Aber-

kennt, sollte Heil- oder Gewürzkräuter um eine Königskerze, einen Rohrkolben oder ein Ährenbündel ... binden, und er sollte nicht eine besonders schöne Rose vergessen, seinen Krautbund zu zieren.[56]

Da die wichtigsten Krautbundpflanzen in ihrem Bestand kaum gefährdet sind, besteht kein Hindernis, den Brauch zu pflegen oder ihn dort, wo er nicht mehr lebendig ist, neu zu beleben. In vielen Orten bieten die Katholische Jugend, der Frauenbund, die KAB oder andere Organisationen »Krautbuschen« vor den Gottesdiensten des 15. August an (wobei das Entgelt guten Zwecken zugeführt wird); und jedem Pfarrer dürfte es leichtfallen, den Brauch (wieder) mit Sinn zu füllen. Wenn eine Kapelle in den Feldfluren draußen leicht zu erreichen ist, könnte die Kräuterweihe auf den Nachmittag verlegt werden und in einer solchen Kapelle stattfinden, wie es an einigen Orten der Eifel Brauch geworden ist.

glaube) hin und macht die Gemeindemitglieder (wieder) mit den Pflanzennamen vertraut.

[56] Wenn ich es recht sehe, ist gerade bei der Zusammenstellung des Krautbundes, landschaftlich verschieden, immer schon viel Phantasie am Werk gewesen. So hat man etwa im Hochstift Paderborn an einigen Orten 12 Vogeldisteln (Carlina vulgaris) im Kreis um den Krautbund gesteckt, um die Zwölfzahl der Apostel anzudeuten. Im Eggeraum suchte man eine solche Distel mit drei Köpfen, um ein Dreifaltigkeitssymbol mit dem Krautbund zu verbinden.

10 Das Brauchtum des Kirchweihfestes[1]

10.1 Zur Theologie des Festes

Ein Raum, ein Haus ... wird durch die Weihe zum »fanum«, zum »heiligen Raum, Bezirk«, zu einem Gotteshaus. So wird Raum für das Heilige in dieser Welt geschaffen, wobei allerdings die unglückliche Spannung zwischen dem pro-fanum und dem fanum, zwischen dem »Weltlichen« und dem »Heiligen« in Kauf genommen wird. Daher wird der *tiefere* Sinn der Kirchweihe in der Oration des Festes deutlich:

> Erhabener Gott,
> *du erbaust dir aus lebendigen*
> *und erlesenen Steinen ein ewiges Haus.*
> Mache die Kirche reich an Früchten des Geistes,
> den du ihr geschenkt hast,
> und laß alle Gläubigen in der Gnade wachsen,
> bis das Volk, das dir gehört,
> im himmlischen Jerusalem vollendet wird.

Das Gotteshaus ist also Abbild der gläubigen Gemeinschaft (nicht umsonst wird das Wort »Kirche« doppeldeutig gebraucht), die in der Welt berufen ist, Früchte des Geistes zu bringen und durch sie Menschheit und Welt ihrer Bestimmung entgegenzuführen: dem ewigen Jerusalem, dem »neuen Himmel und der neuen Erde« (die in der Architektonik vieler Gotteshäuser vorgebildet sind, wie etwa im Oktogon und im »Glashaus« des Münsters zu Aachen). Zu solchem Dienst wird die Gemeinschaft der Glaubenden geweiht. Das Kirchweihfest ist also zutiefst das Jahresfest der gläubigen Gemeinde, der Teilkirche.

10.2 Die Entwicklung des Festes

Der heutige Ritus der Kirchweihe hat eine lange, in Einzelheiten kaum aufzuhellende Geschichte. Obwohl die Urkirche die alttestamentlichen Berichte über die Tempelweihe kannte (etwa 1 Kön 8f; vor allem 1 Makk 4,36ff), bildete sie keinen Ritus der Kirchweihe aus, auch dann nicht, als die Kirchen zu eigenen Kulträumen wurden. Erste Erwähnungen einer Kirchweihe durch Ansprache und Eucharistie-

---

[1] Ein Kirchengebäude wird erst durch seine Weihe zum »heiligen Ort«. Aus Steinen erbaute Kirchen können die feierliche *Konsekration* durch den Bischof erhalten. (Kirchen aus Eisenbeton dann, wenn die Pfosten der Tore und die zwölf Stellen der Apostelkerzen aus natürlichem Stein sind). Andere Gottesdiensträume (Hauskapellen usw.) werden von einem Priester *benediziert*. Der Titel der Kirche darf nach der Konsekration nicht mehr geändert werden. Die Kirche wird »entweiht« durch Zerstörung der größeren Teile der Mauern oder durch Übergabe zum profanen Gebrauch. Nach einer Kirchenschändung darf bis zur »Rekonziliation« in ihr kein Gottesdienst gehalten werden (LThK 6, 302f.). Zur Problematik eines Gottes-»Hauses« vgl. den Artikel »Urbild Haus« in H. Kirchhoff, Urbilder des Glaubens, 39ff.

feier finden wir bei Eusebios. Zur Zeit Gregors des Großen (gegen 600) ist offenbar die erste Meßfeier die offizielle Einweihung der Kirche. Später wird der Ritus der Altarweihe (das II. Konzil von Nizäa 787 schreibt die »Beisetzung« von Reliquien in jedem Altar vor) zum Kirchweihritus erweitert, der bis in die Neuzeit hinein dynamisch ausgestaltet wurde.

Die älteste Erwähnung eines jährlich gefeierten Kirchweihfestes finden wir bei der Pilgerin Aetheria (Peregrinatio ad loca sancta) am Ende des 4. Jahrhunderts, die von einem Weihefest der Anastasis, der Grabes- und Auferstehungskirche zu Jerusalem, berichtet. Nach diesem Bericht kommt das Weihefest der von Konstantin errichteten Basilika an Rang den Hochfesten Ostern und Epiphanie gleich. In Rom ist ein Kirchweihfest im 5. Jahrhundert nachzuweisen, vielleicht bereits am Anfang dieses Jahrhunderts.[2] Im Abendland wurde das Fest offenbar längst vor der Begegnung des Christentums mit den germanischen Völkern begangen.[3]

Ursprünglich feierte jede Gemeinde den Jahrestag der Weihe ihres Gotteshauses (natalis ecclesiae). Heute gibt es für die meisten Kirchen einen gemeinsamen Kirchweihtag, der am Sonntag nach dem Weihetag der Lateran-Basilika in Rom (der »mater omnium ecclesiarum«) am 9. November gefeiert wird (= »Allerweltskirchweih« oder Landkirchweih).

---

[2] Nach unbelegten Angaben Veit/Lenharts ist ein Kirchweihfest schon um 336 nachzuweisen. Die von uns vertretene Meinung geht auf LThK 1, 577ff, zurück.

[3] Daher geht das Fest nicht auf germanische Erntefeste zurück, wie gelegentlich behauptet wird.

Viele Gemeinden feiern auch den Gedächtnistag ihres Kirchenpatrons (oder des Mysteriums, dem die Kirche geweiht ist) als »Patrozinium«, eben als »Kirchweihfest«.

10.3 Das Brauchtum des Festes

Das Kirchweihfest (Kirchtag, Kerwe, Kelb, Kilbe, Kirbe, Kirwa, Kirta ... vgl. Kirmes) ist eines der beliebtesten Feste im Jahreskreis. Bis heute wird es in Kirche und Haus (Dorf und Stadt) festtäglich begangen. Ein großer Hausputz geht dem Fest voran; das Fest selbst wird mit (möglichst vielen) Verwandten und Freunden gefeiert. Es dauert mindestens 2 Tage (Sonntag und Montag), wenn möglich, länger. Neben besonders gutem Essen und Trinken[4] gibt es überall die Kirchweih-Kuchen (Küchle, Krabben). Früher (oft bis heute) war die Kirchweih mit dem Jahrmarkt (Kirmes) verbunden.

Das Fest hat viele Bräuche ausgebildet oder an sich gezogen, die landschaftlich sehr verschieden sind. Nach einer Pastoralverfügung des Mainzer Erzbischofs Friedrich K. Joseph von Erthal an das Erzbischöfliche Vikariat vom 23. 3. 1781 sollte am Kirchweihmontag »ein Seelenamt für die abgestorbe-

---

[4] Schon früh sprach man in Bayern von der »Eß-, Freß-, Saufkirwe (-kirwa/-kirba)«. Vgl. F. Beyschlag, Blätter zur bayerischen Volkskunde 9 (1921), 16 u. a. Immer wieder versuchten vor allem Geistliche, die »Freßkirwe« abzuschaffen (oder ihr andere Form zu geben) (A. Becker, 331 f) – ohne Erfolg.

nen Stifter und Wohltäter, für die verstorbenen Pfarrer, Eltern, Freunde und Verwandten und für alle im Herrn verstorbenen Pfarrgenossen« gefeiert werden. Daran sollte sich eine Prozession zum Friedhof anschließen (eine Sitte, die sich in Mainz bis heute erhalten hat).[5]

Stonner ist offenbar der Ansicht, daß ein solcher Brauch generell in Deutschland geübt wurde. Danach erinnert er an den Brauch der sogenannten »Goldenen Stunde«, wie sie etwa aus Böhmen bekannt geworden ist. Die jungen Paare tanzen am Kirchweihmontag (oder auch am Kirchweihdienstag) am Vormittag oder kurz nach dem Essen; sie überlassen dann aber den Tanzsaal den Verstorbenen, für die im Musikantenchor eine Kerze brennt. Solange die Kerze brennt, währt eben die »Goldene Stunde«, in der man die Toten anwesend glaubt, damit sie an der Festfreude der Lebenden Anteil haben.[6] Deutlich wird, wie sehr die *Gemeinde,* zu der nach altem Wissen auch die Toten gehören, im Mittelpunkt des Festes steht.

Bis heute wird am Kirchweihfest in vielen Gemeinden ein feierliches Amt gehalten, in dem man der Lebenden und der Toten der Gemeinde gedenkt.

Die meisten Bräuche des Kirchweihfestes sind jedoch »weltlicher« Art. So werden »Kirchtagbäume« aufgerichtet,[7] an denen oft junge Burschen hochklettern, um die »Kirmesfahne«[8] möglichst

[5] Veit/Lenhart, 157.
[6] Stonner, 151.
[7] Geramb, 156; Oberpfalzverein, 63.
[8] Sie ist nach Veit/Lenhart schon im 14. Jahrhundert bezeugt, scheint deutschen Ursprungs zu sein und trägt oft den Namen Zachäus, aufgrund des früheren Evangeliums

hoch oben zu befestigen. »Kerwesträuße« und »Kerwekränze« wurden in der Pfalz in den Wirtshäusern aufgehängt (zum Teil mit Wein »getauft«, wozu eine derbe Taufpredigt gehalten wurde).[9] Dominierend war und ist der Kirchweihtanz, der phantasievoll ausgestaltet wurde. Er ist heute vom Marktplatz (Kirchplatz) in die Wirtshäuser verlegt worden. Gelegentlich ist von Gebildbroten (Hammel und Hahn) die Rede, die in fröhlicher Runde verzehrt wurden.[10] Überhaupt sind Heischegänge (etwa das »Umigeig'n« in der Oberpfalz, das an manchen Orten neu belebt wurde) mit dem Fest verbunden worden, wobei man früher Nahrungsmittel,[11] heute Geld einsammelte.

Häufiger war und ist das »Begraben der Kerb« (»Kirwa eigrom«). Dabei werden Reste der festlichen Mahlzeiten eingegraben; häufiger wird eine Puppe – rituell mit Bier oder Wein aus Maßkrügen (anstelle von Weihwasser) übergossen – in Form einer (kirchlichen) Beerdigung mit Trauerreden usw. unter Tränen eingegraben.[12]

> der Kirchweihmesse (156). In der Eifel ist der heutige »Kirmespitter« aus dem »Zachaias« (Zachäus) hervorgegangen (K. Guthausen).
>
> [9] Becker, 333f. Bis heute wird in der Pfalz und in Rheinhessen von den »Straußbuben« eine »Kerweredd« gehalten, in der örtliche Ereignisse glossiert werden (Alte Bräuche..., 155f).
>
> [10] Becker, 336.
>
> [11] In Fuchsmühl (Oberpfalz) hieß der Brauch »Kouchenstrich«!
>
> [12] Weitere heitere und derbe Festbräuche sind unter dem entsprechenden Stichwort in der angegebenen Literatur nachzulesen. Hingewiesen sei auf die Bildberichte in »Alte Bräuche, frohe Feste«, 64ff; 155f u. ö.

Viele der derb-lustigen Kirchweihbräuche sind von der Fastnachtsfeier (dem Karneval) aufgesogen worden. In den meisten Fällen bleibt neben gutem Essen und Trinken, dem Verzehren der Kirchweih-Kuchen und dem Besuch der Verwandten und Freunde nur der Kirchweihtanz übrig.

Das Fest sollte seine (alte) Sinngebung zurückerhalten und neues Brauchtum ausbilden. Das geschieht in vielen Gemeinden bereits. Denn das Kirchweihfest ist ja *das* Fest der (Kirchen-) Gemeinde. So ist es sinnvoll, in der Liturgie des Tages die Gemeinde so zu vereinen, daß zur liturgischen Gestaltung alle Gruppen beitragen. Der Gang zu den Gräbern an einem der Kirchweihtage müßte (wie das Gedächtnis der Toten) zum Festbrauch gehören. Die weltlichen Feiern sollten von der Kirchengemeinde getragen werden, wobei Spiel, Tanz, Theateraufführungen ebenso zu ihrem Recht kämen wie Glossierungen dessen, was sich in der Gemeinde im vergangenen Jahr ereignet hat. Den Kranken sollten (musikalische) Grüße gebracht werden; wenigstens sollten sie besucht werden.

In dörflichen Gemeinden könnten auf dem Kirchplatz, Marktplatz ... Volkstänze (Trachtentänze) dargeboten werden. Ministranten oder andere Gruppen der Kinder und Jugend könnten am Nachmittag des Kirchweihsonntags allen Familien ein gutes Fest wünschen, sie zum Pfarrfest an einem der Kirchweihabende einladen und dafür etwa Kirchweih-Kuchen und Süßigkeiten »erheischen« oder auch Geld, das für wohltätige Zwecke in der Gemeinde verwandt werden könnte.

Kirchweihtanz in Oberbayern

Geramb schrieb 1948: »Es ist . . . klar, daß es sich bei der Pflege des Kirchweihfestes vor allem um zwei Dinge wird handeln müssen: um seine Befreiung vom Wirtshaus dadurch, daß man das Fest mehr und mehr auf Dorfplatz und Waldwiese zurückführt, und um die Bereicherung der Spiele, Tänze, Reigen und sonstigen guten Volksbelustigungen...« (154f). Vor allem sei es die Aufgabe, das Fest zu »entalkoholisieren«, um es nicht (mehr) zu einem Zerrbild eines Festes werden zu lassen (155). Beides wird in den

Gemeinden kaum zu realisieren sein. Ein Pfarrgemeindeabend an einem der Kirchweihtage könnte sowohl zu einer phantasievollen Gestaltung des Festes führen als auch zu einer »maßvollen« Feier. Überhaupt sollten die Gemeinden zu ihrem Fest nachdrücklich auf die »Kunst des Maßes« hingewiesen werden.

Das Kirchweihfest kann gelegentlich durch Ausstellungen zum Leben und zum Wirken des Kirchenpatrons bereichert werden.[13]

---

[13] Leider sind einige Bräuche wohl kaum noch zu beleben, die zu den wichtigsten eines solchen Festes zählen könnten. Gräfin Schönfeldt spricht vom »Kirmesfrieden«, der früher »streng eingehalten« worden sei (219). Von Geramb berichtet, daß in St. Michael im Lungau aus Anlaß des mit der Kirchweih eng verbundenen Michaelismarktes das »Freyungszeichen« (eine Stange, von der ein hölzerner Arm mit Schwert weggereckt war) aufgerichtet und die »Freyung« laut verkündet wurde. Danach begann das einstündige »Freyungsläuten« mit der großen Glocke. Solange die Freyung galt, mußten alle Streitigkeiten, Prozesse, Raufhändel usw. aufhören (Geramb, 165f).
Der Brauch dürfte ein Abglanz des alten Brauchs der »treuga dei«, des Gottesfriedens, sein. Er ist offenbar 1921 und 1922 in St. Lambrecht und in Murau wiederbelebt worden. Geramb schreibt, er habe dort »viel Freude« gemacht (166). Hier würden sich Versuche lohnen, auch wenn andere Attribute als Arm und Schwert für solche »Freyung« gefunden werden könnten: die Waage (der Gerechtigkeit) oder die ausgestellte Figur des Kirchenpatrons . . .

11 Das Brauchtum des Erntedank-Festes

11.1 Zur Entwicklung des Festes

Einen (bald ritualisierten) Dank für die Ernte gibt es wohl, solange es Menschen gibt. Einige der bedeutenden jüdischen Feste sind primär Erntedank-Feste gewesen, so das Laubhüttenfest als »Fest der Lese«, also als Dankfest für die Weinernte, und das Schawuot-(Wochen-)Fest als Dank für die Weizenernte. Erntefeste waren in der Antike, vor allem bei den Römern, verbreitet.

Das Mittelalter kennt dann Votivmessen zum Erntedank. Dabei wurden offenbar die »Früchte des Feldes« gesegnet, woran sich das Tedeum anschloß.[1] Auf ein Dankfest für die Ernte wurde kaum besonderer Wert gelegt.[2] Heute wird das Fest an einem der Herbstsonntage – oft nach Diözesen verschieden – gefeiert; als Meßformular dient das der Votivmesse zum Erntedank.

[1] RGG II, 602.
[2] Da am Schluß des alten römischen Kanons beim »Per quem haec omnia, Domine, semper bona creas, sanctificas, vivificas, benedicis et praestas nobis« Naturalien gesegnet wurden, die je nach Jahreszeit verschieden waren, bezog man auch die Erntegaben in die Eucharistia (die lobende Danksagung an Gott) ein.

11.2 Das Brauchtum des Festes

Zweifellos ist das Fest in eine Krise geraten. Maschinen übernehmen immer mehr die Arbeit der Bauern und drängen die meisten alten Erntebräuche in den Hintergrund. Immer stärker erfährt der Mensch die Macht, die er über die Erde, über Saat und Ernte hat. Er bestimmt weithin den Ertrag durch die Menge des ausgetragenen (Kunst-) Düngers und des gespritzten Unkraut- oder Schädlingsbekämpfungsmittels. Wie sein Leben, so erfährt der Mensch auch die Ernte kaum noch als *verdanktes* Gut. So werden Erntedank-Feste leicht zur nostalgischen Schale, die keinen Kern mehr hat.

Erntebräuche gab es früher in solcher Vielfalt, daß eine Gesamtdarstellung Bücher füllen würde. Vor allem der Beginn und der Abschluß der Ernte waren von vielen Bräuchen umgeben. Vor dem ersten Schnitt wurden in der Frühmesse die Erntegeräte gesegnet; vor dem ersten Schlag machte man das Kreuz über Sense und Ähren; gelegentlich knieten alle am Feldrand nieder und beteten für das Gelingen der Ernte. Das erste Fuder (oft, wie das letzte, geschmückt) mußte ohne Streit und Lärm (manchmal schweigend) heimgefahren werden. Gelegentlich war die erste Fuhre für die Armen des Dorfes bestimmt.[3] In der Pfalz wurde der erste Erntewagen vor die Kirche gefahren; die Schulkinder sangen, der Geistliche hielt eine Ansprache. In der Oberpfalz besprengte man die erste Erntefuhre und die Scheune mit Weihwasser. »Zu Beginn der Weinernte in der Moselgegend schnitt ... ein Kind, an der unteren

[3] Gräfin Schönfeldt, 222f.

Zum Erntedankfest geschmückter Altar

Nahe der Hausvater, mit einem ›Gott walt's‹ die ersten Trauben.«[4]

Auch die *letzten* Ähren und Garben waren für das Brauchtum von besonderer Bedeutung. »Im badischen Oberschwörstadt ... werden die letzten 9 Ähren, je 3 auf einmal, von *einem* geschnitten, die anderen beten kniend den englischen Gruß.«[5] Die letzten Körner werden unter das Saatgut für das kommende Jahr gemengt. In Schwaben fuhr man die letzte Fuhre der Ernte vor die Kirche oder das Rathaus, wo sich die ganze Gemeinde versammelte und nach einer Ansprache den Choral »Nun danket alle Gott ...« sang.[6]

Von all dem ist wenig geblieben. Außer dem oft gebeteten Wettersegen – vor allem in der Erntezeit – umgibt kaum noch ein Brauchtum die Ernte. Gelegentlich ziert den letzten Erntewagen (wenn er nicht sofort zu den Lagerhäusern und Fabriken gefahren wird) noch ein Erntekranz oder eine Erntekrone.

So dürften ländliche Erntefeste und das kirchliche Erntedank-Fest die letzten Refugien für das Erntebrauchtum darstellen. Die Umzüge der Erntefeste (mit Trachtengruppen, Tanzgruppen und phantasievoll gestalteten Wagen)[7] mögen noch an die

---

[4] Stonner, 90, unter Berufung auf Reuschel, Deutsche Volkskunde im Grundriß, Leipzig 1920.

[5] Stonner, 90f.

[6] Zu den uralt heidnischen Vorstellungen von Korndämonen (Vegetationsdämonen), von Umgängen der Kornmuhmen (Erdmütter, Mittagsfrauen) vgl. Schönfeldt, 224ff; vor allem aber Bächtold-Stäubli (Stichwort Ernte, II, 939–963).

[7] Hier sei auch an die (leider oft kommerziell stark beeinflußten) Weinfeste gedacht.

geschmückten letzten Erntefuhren früherer Zeiten erinnern. Bei solchen Umzügen und beim (von der Jugend neu belebten) Erntetanz könnten Erntekranz und Erntekrone wieder zu ihrem Recht kommen.[8] Daß danach ein gutes Essen und das Erntebier warten, entspricht uralter Gepflogenheit.

Der Akzent des kirchlichen Erntedank-Festes liegt eindeutig auf dem Erntedank-Gottesdienst. Die Gaben des Feldes und der Gärten werden in der Nähe des Altares gestapelt und schön geschmückt. Sie werden gesegnet und nach dem Gottesdienst meist Altenheimen, Waisenhäusern usw. zur Verfügung gestellt, so daß der alte Brauch, die erste oder die letzte Garbe für die Armen aufzubewahren, mit neuem Sinn gefüllt wird. Oft zieren kunstvolle Erntekränze oder Erntekronen die gesammelten Gaben.[9]

Es bleibt jedoch zu fragen, ob nicht – gerade in einer Zeit der Umweltkrise und des gestörten Verhältnisses vieler Menschen zur Schöpfung – alte Bräuche wiederbelebt, neue geschaffen werden müßten.

[8] Früher übergab das Gesinde dem Hofherrn den Erntekranz. In Niederösterreich wurde dazu gesagt: »Geehrter Hausherr, der Schnitt ist aus, / wir kommen jetzt vom Schneiden z'Haus. / Wir haben geschnitten und haben gebunden / und haben einen Kranz gefunden. / Der Kranz ist von Gold und Edelstein. / Der Hausherr soll zufrieden sein.« (Geramb, 142).

[9] In manchen Orten – etwa in Otterswang bei Bad Schussenried und Berg bei Ravensburg – werden in wochenlanger Arbeit Kunstwerke (nach alten oder modernen Vorbildern) aus Früchten und Samen im Chorraum der Kirche gestaltet (vgl. Alte Feste..., 142f).

So könnte sich die bäuerliche Familie zu Beginn der Ernte vor dem Hauskreuz zu kurzem Gebet versammeln, um Dank zu sagen für das gereifte Korn und den Wein und um Segen zu erbitten für die Ernte. Der Geldwert des ersten und letzten Sackes Getreide könnte generell den Armen, den Hungernden der Welt zugute kommen. Eine Erntekrone als Zeichen des Dankes an den Geber der Ernte könnte geflochten werden und das Haus ein Jahr lang schmücken... Jedenfalls sollte in Erntedank-Gottesdiensten, Erntedank-Feiern, Erntedank-Andachten und auch Erntedank-Tänzen unserer Aufgabe gegenüber der Umwelt, der Schöpfung, gedacht werden. Es müßte wieder deutlich werden, daß uns zwar die Herrschaft über die Natur gegeben ist (Gen 1,26–28; Psalm 8), daß sie aber an unsere Berufung zum Ebenbild Gottes (Gen 1,26) gebunden ist; daß wir also im Sinne des Schöpfers die Welt zu gestalten haben. Nach Gen 2 hatte der Mensch die Aufgabe, das Paradies, den Garten Eden, über die »adamah«, die ungestaltete Erde, auszubreiten. Gleichzeitig sollten wir wissen, daß Gott in der Urzeit der Schöpfung den Frieden unter allen Kreaturen wollte, daß das Tier dem Menschen im Anfang nicht als Nahrung zur Verfügung stand (Gen 1,29f). Weltaufgabe kann nur im Wissen um solche Berufung zum allumfassenden Frieden recht gesehen werden.[10] Im Buch der Weisheit betet der alttestamentliche Weise zu Gott: »Gott der Väter und Herr des Erbarmens, der du das All durch dein Wort geschaffen / und durch deine Weisheit den

---

[10] Vgl. zum Ganzen: Jooß/Kirchhoff, Ein Hauch vom Paradies, Tierlegenden aus 2 Jahrtausenden, Freiburg 1986.

Erntekrone beim Erntedankgottesdienst

Menschen gebildet hast, daß er über die von dir hervorgebrachten Geschöpfe herrsche, / *die Welt in Heiligkeit und Gerechtigkeit leite und in aufrichtiger Gesinnung regiere* . . .« (Weish 9,1–3). Größe und Grenze des Menschen in der Schöpfung müßten heute beim kirchlichen Erntedank-Fest neu bedacht werden.

Ebenso wichtig scheint mir die *Ausweitung* des Erntedank-Gedankens zu sein. Zu einseitig ist er bisher auf den Dank für *landwirtschaftliche* Erzeugnisse bezogen worden. In Markdorf in der Nähe des Bodensees fand ich im großen Erntekranz über dem Altar neben den Früchten des Feldes auch ein schön gedrucktes Buch: Hier wurde Dank gesagt für den Ertrag aller geistigen Arbeit in der Gemeinde (und darüber hinaus).[11] Unter dem Kreuz steht auf dem Altar die aufgeschlagene Bibel: Dank für Gottes Wort und die Frucht, die es im vergangenen Jahr wieder in der Gemeinde gebracht hat.

So könnte der Erntedanktag einerseits ein Tag der Besinnung auf unsere Aufgabe in der Schöpfung werden – andererseits sollte es der große Danktag der ganzen Gemeinde sein für die Früchte der manuellen, der geistigen und der geistlichen Arbeit; ein Danktag, der in der Eucharistie, der lobpreisenden Danksagung an den Geber aller Gaben, seine Mitte hat.

---

[11] In anderen Jahren werden in der Gemeinde auch Erzeugnisse des Handwerks, der Künste, dem Erntekranz eingefügt. In Mitterteich/Opf. werden zum Erntedankgottesdienst Glaswaren und Porzellanservice aus der Produktion der städtischen Industrie aufgestellt.

Almabtrieb

Anhang: Der Abtrieb von der Alm

Eines besonderen Brauches des Erntedanks soll hier noch gedacht werden, der zwar lokal eingeengt ist, durch das Fernsehen und die Urlauber jedoch in weiten Teilen unseres Landes bekannt ist: des Abtriebs von der Alm. In vielen Teilen der Alpen werden die Kühe samt dem Jungvieh im späten Frühjahr auf die Nieder- und Hochalmen getrieben, wo sie – betreut von Sennern, Sennerinnen und Hütebuben – den Sommer über bleiben. Wenn während der Almzeit das Vieh keinen Schaden litt und wenn im Hause des Bauern kein Todesfall eintrat, wird das Vieh beim Abtrieb von der Alm bekränzt.[12] Der Schmuck (regional verschieden gestaltet) besteht gewöhnlich aus Latschenzweigen, denen »Sterne« aus eingefärbten Holzspänen o. ä. aufgesteckt werden.

Mit dem Herstellen solchen Schmuckes darf nach alter Sitte erst am Tag des Heiligen Bartholomäus (24. August) begonnen werden, warum, ist kaum noch zu erhellen.[13] Die Almleute »kranzln« dann am

---

[12] Nach Geramb gab (gibt) es in Österreich bei einem Sterbefall im Haus des Bauern den »Klagkranz«, d. h.: das Vieh wird mit blauen, dunkelvioletten und schwarzen Bändern geschmückt und der Kranzschmuck mit einem Trauerflor behängt. Ist dagegen auf der Alm selbst beim Vieh ein Unglück geschehen (eine Seuche ausgebrochen oder ein Stück abgestürzt), so wird nicht »aufgekranzt« (160f). Für das Berchtesgadener Gebiet gilt die von mir vorgetragene Version.

[13] Der Apostel Bartholomäus gilt eher als Patron des Weines: »Wissen, wo der Barthel (Bartholomäus) den Most holt.« In der Steiermark beginnt mit seinem Tag der Herbst,

Tage des Abtriebs das Vieh und begleiten es (oft in Tracht) bis zur heimatlichen Stallung.

Hier liegt ein alter Erntedank-Brauch vor, auch wenn er heute kaum noch christliches Gepräge hat. Gelegentlich wird jedoch auf der Alm ein Dankgottesdienst vor dem Abtrieb gehalten. Das zum Abtrieb geschmückte Vieh wird von einigen Sennerinnen mit Weihwasser besprengt.

daher waren das »Herbsteinschnalzen« und »Wintereinläuten« mit seinem Fest verbunden (Geramb, 149).

12 Das Brauchtum des Allerseelenfestes

12.1 Allerheiligen – Allerseelen

Das Fest *Allerseelen* am 2. November ist eng mit dem Fest *Allerheiligen* am 1. November verknüpft. Nach der »triumphierenden Kirche« (der Heiligen) gedachte die »streitende Kirche« auf Erden der »leidenden Kirche«, also der »Armen Seelen« in der Läuterung. Eigenartigerweise hat das Allerheiligenfest, das seit dem 7. Jahrhundert in der Kirche immer mehr Raum gewann und schon seit dem 9. Jahrhundert am 1. November gefeiert wird,[1] kaum Brauchtum ausgebildet, während das Allerseelenfest mit sehr reichem (Toten-) Brauch umgeben war.

Zwar werden Gebildbrote gebacken, die »Allerheiligenkücheln«, »Allerheiligenlaibl«, »Allerheiligenspitzl« oder (häufiger) »Allerheiligenstritzeln« genannt werden; sie sind aber wohl ausnahmslos Gedächtnisgaben für die armen Seelen, Opferspeisen für sie (»Seelenwecken«).[2]

Offenbar hat der Allerheiligentag kein genuines

---

[1] LThK I, 348. Die Verbreitung des Festes im Frankenreich erfolgte offenbar durch Ludwig den Frommen auf Bitten des Papstes Gregor IV. (ebd.)

[2] Nach W. Scheingrabe beschenkten sich am »Spitzltag« junge Liebende mit solchen Gebildbroten.

*Totenbrote (Allerheiligenstriezl, Neujährle [?])
aus der Oberpfalz, Kreis Tirschenreuth*

Brauchtum hervorgebracht. Die Faszination (oder das Tremendum) des Todes, die Furcht vor der Qual im »Fegfeuer«, aber wohl auch eine Angst vor »umgehenden«, unerlösten Toten, haben die Feier der vollendeten Menschen, der Heiligen, ins Maß gesetzt. So war es folgerichtig, den Gräbergang zu den Gräbern der Verstorbenen der Gemeinde schon mit dem 1. November zu verbinden.

12.2 Entwicklung des Allerseelenfestes

Die Feier des Festes am 2. November geht auf den großen heiligen Abt Odilo von Cluny (994–1048) zurück.[3] Er bestimmte für alle seine Klöster, daß »am Tage nach dem Allerheiligenfest das Gedächtnis aller verstorbenen Gläubigen durch Messen, Psalmen und Almosen allgemein gefeiert werde«.[4] Unter dem überragenden Einfluß Clunys verbreitete sich das Fest schnell. Papst Benedikt XV. gestattete am 10. 8. 1915 (im Ersten Weltkrieg) den Priestern, an diesem Tag dreimal zu zelebrieren.[5]

12.3 Das Brauchtum des Allerseelenfestes

Requiem und Gräbergang

Die tragende Mitte des Allerseelenbrauchtums bildet die Eucharistiefeier zum Gedächtnis der Toten, das Requiem,[6] das ja auch die Mitte des kirchlichen Begräbnisritus' ist. Eucharistiefeiern für Verstorbene sind bereits um 170 in Kleinasien bezeugt. Sie finden am dritten Tag nach dem Begräbnis am Grabe statt. Auch das Jahrgedächtnis für die Toten dürfte nicht jünger sein. Im 4. Jahrhundert tritt das Gedenken am 7. und 30. Tage (anderswo am 9. und 40. Tage) dazu, womit vorchristliche Überlieferungen aufgenommen

---

[3] Erste Ansätze für ein solches Fest finden wir bereits bei Isidor von Sevilla (um 560–636), der es aber am Tag nach Pfingsten feiern ließ.

[4] LThK I, 349.

[5] Das Privileg hat jedoch eine Vorgeschichte, die bis ins 15. Jahrhundert reicht. (LThK ebd.)

[6] Es wird so genannt nach dem ersten Wort des lateinischen Eingangsverses: »Requiem aeternam dona eis domine...« (»Ewige Ruhe gib ihnen, o Herr...«).

werden. Die Eucharistiefeier tritt an die Stelle der alten Totenopfer, vor allem des »Refrigeriums«, des üblichen »Totengedächtnismahles«, das an der Grabstätte eingenommen wurde und das auch in christlicher Zeit zunächst Sitte blieb, bis es wegen vieler Mißbräuche verboten und durch die Eucharistiefeiern in der Kirche ersetzt wurde.[7]

Einige Texte des heute üblichen Requiems finden wir bereits im 7. Jahrhundert. Die liturgischen Bücher boten allerdings bis ins hohe Mittelalter verschiedene Formulare für Totenmessen an. Seit dem 12. Jahrhundert setzte sich ein Einheitsformular durch, das durch das Tridentinum verbindlich wurde. Die Liturgiereform unserer Zeit gibt wieder größeren Spielraum (vor allem in den Lesungen der Totenmesse). Die mehrstimmige Vertonung des Requiems geht ins 15. Jahrhundert zurück.[8] Die Farbe des Meßgewandes war früher schwarz, heute gewöhnlich violett.

Früher wurden (vor allem wohl in Süddeutschland) beim Requiem des Allerseelentages die Namen der Toten der Gemeinde verlesen, die »seit einem Menschenalter«[9] gestorben waren – eine endlose Reihe, bei der aber Name um Name dem Hörenden die Vergänglichkeit des Irdischen vor Augen stellte.

---

[7] Vgl. zum ganzen: J. A. Jungmann, Missarum sollemnia I, Wien 1949, 275 ff.
[8] Seit dem 19. Jahrhundert wird der Name auch für oratorien- und kantatenhafte Kompositionen gebraucht, die auf freien Texten basieren (so daß die Bezeichnung Requiem nur die Grundstruktur des Werkes angibt); vgl. Großer Herder 7, 1051.
[9] Stonner, 154.

Ein Gräbergang am Nachmittag des Allerheiligenfestes ist schon 1578 bezeugt[10] – wahrscheinlich ist der Brauch sehr viel älter. Die Gräber werden geschmückt, und das »Seelenlicht« wird aufgestellt, das über den Allerseelentag brennt.[11] Die Kerze ist Symbol des »ewigen Lichtes«, das dem Verstorbenen leuchten möge. In vielen Gegenden kommen die Kinder und Freunde der Verstorbenen von weither, um das Grab der Eltern oder der Freunde zu besuchen. Nach einer Andacht für die Toten zieht die Gemeinde in Prozession zum Friedhof, wo die geschmückten Gräber gesegnet werden.

Allerheiligen-(Allerseelen-)Backwerk

Der Brauch, an Allerheiligen zum Gedächtnis der Toten oder als Seelenopfer »Seelenbrote, Seelenzöpfe, Allerheiligenstritzel, Allerheiligenlaibl ...« zu backen und an Kinder und Arme (gelegentlich auch an Reiche!) zu verschenken, hat wohl viele Wurzeln.
Eine Wurzel dürfte die Praxis der »Opfergänge« sein, bei denen die Christen Brot und Wein zum Altar brachten, damit die eucharistischen Gaben daraus erwählt wurden. Die Synode von Mâcon ordnete 835

---

[10] Stonner, 153.

[11] Heute brennt in Nord- und Süddeutschland oft das ganze Jahr über ein solches Licht auf den Gräbern. So wird eine mittelalterliche Sitte aufgenommen, die dem Vorübergehenden als »memento mori« dient und ihn daran erinnern soll, für die Verstorbenen zu beten.

Die alte Sitte, Lichter vor den Bildern der Verstorbenen in der Stube brennen zu lassen, gilt heute ebenfalls für viele Tage des Jahres.

Gerhard mit Totenbrot

für Gallien an: »An allen Sonntagen werde das Opfer des Altares, sowohl Brot als auch Wein, von allen Männern und Frauen dargebracht.«[12] Da meist mehr gespendet wurde, als für die eucharistischen Gaben notwendig war, wurden die übrigbleibenden Gaben gesegnet und als »Eulogien« unter die Gläubigen ausgeteilt. Hinkmar von Reims gebietet 852 ausdrücklich, daß alle, die nicht kommunizieren, wenigstens die Eulogien essen und trinken sollen.[13] Erst später (um 1100) setzt sich die Geldspende durch, die bis heute üblich ist.

Dennoch erhielt sich auch das Brotopfer. In Frankreich werden die gesegneten Brote (Eulogien) noch heute nach den Gottesdiensten ausgeteilt. In den Krönungsmessen wurden Brote gesegnet und hernach als begehrte »eulogia regis« an die Gläubigen verschenkt.

Da sich vor allem bei Hochzeiten und Begräbnissen der Opfergang erhalten hat (oft noch als Umgang um den Altar), liegt es nahe, den Brotbrauch an Allerheiligen und Allerseelen in solchem Zusammenhang zu sehen.

Eine andere Wurzel mögen heidnische Haar- oder Totenopfer sein.[14] Bis heute ist es ja in manchen

---

[12] Veit/Lenhart, 228.
[13] Veit/Lenhart, ebd.
[14] Die Form der Totenbrote ist sehr verschieden. Oft finden wir den geflochtenen Zopf, der wohl zur Theorie der »Haaropfer« entscheidend beitrug; daneben das rechteckige, ausgekerbte, also leicht in Stücke zu brechende Totenbrot. In Süddeutschland (Oberpfalz) gibt es verziertes Allerseelengebäck, das wegen seiner Form (vgl. die beigefügten Abbildungen) »Knaufgebäck« genannt wird,

Ländern üblich, am Allerseelentag für die Toten Speisen zu den Gräbern zu tragen und dort gelegentlich ein Mahl zu halten.[15]

beim Volk gewöhnlich als »Pupperl« bekannt. Nach Burgstaller (Das Allerseelenbrot, Linz 1970; Sonderauflage [Folge 7] des Deutschen Brotmuseums, Ulm 1971) hat das Brot die Form menschlicher Knochen: »Sie (sc. die Allerseelenbrote) bilden aber auch, gleich den zahlreichen in den Beinhäusern Süddeutschlands, Österrreichs und Italiens aufgestellten Schädeln und Langknochen von Exhumierten, ein ernstes und gerade in der Allerseelenzeit besonders eindringlich wirkendes memento mori« (67). Vgl. Oberpfalzverein, 64. In Tirschenreuth (Opf.) werden alle Jahre zum Allerseelentag tausende solcher »Knochenbrote« verkauft.

Ganz ähnliche Gebildbrote gibt es in der Eifel und im Aachener Raum und zwar als Neujahrsgebäck (»Neujährle«). Sie werden gelegentlich (Guthausen, mündlich) auf den römischen Gott Janus gedeutet und damit auf das Janusgesicht des Neujahrstages und des Jahres. Vielleicht aber wird auch hier auf *Tod* (Vergänglichkeit) und *Leben* hingedeutet, in deren Dienst das kommende Jahr stehen wird. So hätte das Brot im Westen und im Osten unseres Landes letztlich die gleiche Bedeutung.

[15] Nach uralter Vorstellung ist ein für die Toten gedeckter Tisch ein Glückstisch. Die Toten zeigten sich für die Gabe dadurch dankbar, »daß sie die von ihnen übriggelassenen Speisen mit der Kraft der Gesundheit und Fruchtbarkeit erfüllten. Daher wurden diese Speisen von den Lebenden nach vollbrachter Totenfeier als Heilmittel gegessen und unter die Mitglieder der Sippe verteilt« (Geramb, 181 f). Vielleicht hängt damit der Brauch zusammen, Brote (Zöpfe) an die Patenkinder zu verschenken. In Tirol haben solche Brote noch die Form von Fruchtbarkeitssymbolen: Hase und Hahn.

Weiteres Brauchtum

Einen für das übrige Deutschland meines Wissens nicht belegten Brauch gibt es an verschiedenen Orten der Nordeifel und im Dürener Raum. Dort machen am Abend des Allerheiligentages, nach Einbruch der Dunkelheit, unverheiratete Jugendliche ihren »Heischegang«. Sie tragen in einem eigentümlichen Sprechgesang (Brabbeln) verschiedene Strophen eines Arme-Seelen-Liedes vor und empfangen dafür (Geld-) Gaben, die früher für Totenmessen verwendet wurden, heute aber caritativen Zwecken vielfacher Art zugewendet werden, wobei für die Sänger auch naturale Gaben abfallen. Der Brauch dient auch der Vertiefung der Gemeinschaft unter den Dorfbewohnern.[16]

Überhaupt ist verständlich, daß gerade der Allerseelentag von vielfachem Brauchtum umgeben war, wobei die Schwelle zum Aberglauben oft überschritten wurde und wird. Der Volksglaube hat immer daran festgehalten, daß bestimmte Tote »umgehen«, daß sie als Seelengeister, Irrlichter, aber auch als geheimnisvolle Tiere (Kröten, Unken, Frösche) erscheinen, um ihre Seelenruhe bitten oder andere an ihre Schuld erinnern. Viele Bräuche sind aus solcher Wurzel zu erklären. Peter Rosegger erzählt vom Allerseelentag: »Da wird in der Steiermark an diesem Tage keine Tür und kein Tor etwa gewaltsam zugeschlagen, aus Furcht, eine arme Seele zu zerquetschen. Da wird kein Messer auf dem Rücken, kein Rechen mit den Zinken nach oben liegengelassen, aus Vorsicht, daß nicht irgendeine arme Seele dar-

[16] K. Guthausen, mündlich.

über stolpere, sich ritze oder schneide. Auch darf an diesem Tag keine leere Pfanne über dem Feuer stehen, damit sich nicht unversehens eine arme Seele hineinsetze und elend verbrenne. Ferner ist es unstatthaft, einem Frosch oder einer Kröte etwas zuleid zu tun, da man nicht wisse, ob nicht eine arme Seele in Gestalt dieser Tiere an ihrem Tag sichtbar werde.«[17]

Es gibt mehr solche Zeugnisse uralt-fragwürdigen »Arme-Seelen«-Glaubens. Das Gesagte mag genügen. Aber ein altes Wissen des Volkes weiß auch, daß wir nicht nur *für* die »Armen Seelen« beten sollen, sondern auch *zu* ihnen[18], damit sie (gleichsam als »Vorerlöste«) für uns bei Gott eintreten. Solcher Brauch könnte die Theologie der Läuterung neu bewußt machen und dem Wissen um die Gesamtkirche neue Impulse geben.

12.4 Exkurs: Totenbräuche

Die Überführung der Toten in die Leichenkapellen der Friedhöfe hat zur Verarmung der Totenbräuche geführt. Die Tabuisierung des Todes, hervorgegangen aus immer größerer Todesangst, tut ein übriges. So ist es gut, sich im Zusammenhang mit dem Aller-

---

[17] Zit. nach Schönfeldt, 275.
[18] Eine vor allem in Süddeutschland und Österreich geübte Andacht war und ist die zu den »Sieben heiligen Zufluchten«. Zu ihnen gehören neben der Dreifaltigkeit, dem Gekreuzigten, dem eucharistischen Herrn, Maria, »allen Engelsgeistern« und »allen im Himmel wohnenden heiligen Menschen« eben auch die Armen Seelen in der Läuterung.

seelentag und dem »Toten-Monat« November der Totenbräuche zu erinnern, die sich in vielen Gegenden des deutschsprachigen Raumes erhielten.
Wenn jemand noch zu Haus, im Kreis der Familie, stirbt, gibt man ihm Sterbekreuz und Rosenkranz in die Hand und betet am Totenbett. Die Totenglocke läutet. Der »Totenrosenkranz« ist vielerorts an den Tagen, an denen der Tote »über der Erde steht«, bis heute üblich. Das Totenlicht brennt bis zur Beerdigung im Hause des Toten.
In einigen Orten Süddeutschlands und Österreichs bleibt der Sarg bis zum Begräbnis im Hause. Dort versammeln sich die Nachbarn zum Gebet. Bis vor einer Generation hat man gelegentlich um den Sarg von Kindern (die man ja, da sie zu schweren Sünden noch unfähig waren, bei Gott wußte) gebetet, geschmaust und getanzt.[19]
Andere Bräuche haben sich auch in ländlicher Umgebung verloren. So wurde in der Rhön beim Tode des Bauern das Vieh »aufgescheucht«, wurden die Bienenstöcke umgestellt, Blumentöpfe umgerückt; das Saatkorn wurde in andere Säcke gefüllt.[20] Überhaupt wurde dem Vieh des gestorbenen Bauern (der Bäue-

---

[19] Lorenz, mündlich. Auch in andern Gegenden Deutschlands waren früher »Totenwachen« üblich, bei denen die Beter in den Gebetspausen »mit einem Imbiß und Getränken, meist Branntwein, bewirtet (werden) mußten und in denen gruselige Geschichten, Sagen und Legenden erzählt wurden. Man war der Auffassung, daß der Tote unterhalten werden müsse« (Dürener Geschichtsblätter, 66 [1977], 81 f). Als die Gebetspausen immer länger wurden und sich Mißbräuche einstellten, wurde die (häusliche) Totenwacht vielerorts verboten.

[20] Winterling, 104.

Totenschädel in einer Friedhofskapelle

rin) und den Obstbäumen der Tod ihres Herrn angesagt.[21] In Westfalen kündete man den Bienen den Tod des Herrn mit den Worten an: »Imme, Imme, din Herr ist dod, / nu bliw du bi mi in mine Not.«[22] Hier war das Bewußtsein lebendig, daß Tier und Pflanze mit zum Leben des Bauern gehören und so durch seinen Tod betroffen sind.

[21] Stonner, 208; vgl. E. Mogk, Die deutschen Sitten und Bräuche, Leipzig u. Wien 1921, 32.
[22] Winterling, ebd. Ähnliches berichtet A. Becker aus der Pfalz (a.a.O., 237).

An das Begräbnis schließt sich ein »Leichenschmaus« an, gelegentlich tiefsinnig der »Tröster« genannt, zu dem die Verwandten und viele andere Teilnehmer am Begräbnis geladen werden.
Das Sechswochenamt und das Jahrgedächtnis sind in katholischen Gemeinden bis heute üblich.
In einigen Gemeinden Österreichs und Bayerns wurden die bei der Wiederbelegung von Gräbern ausgegrabenen Totenschädel um die Kreuze oder Kreuzigungsgruppen im Vorraum der Kirche oder Friedhofskapelle gelegt, oft mit gemaltem Laubwerk verziert und mit dem Namen der Toten versehen.[23] Das »memento mori« ist unüberhörbar. Auch die »Beinhäuser« (Karner), in denen die Knochen und Schädel ausgegrabener Toter gestapelt werden, standen im Dienste eines solchen Memento-Rufes.
In Bayern (vor allem in Bayerischen Wald, aber auch in Niederbayern und der Oberpfalz) und im alemannischen Raum gab es die heute zum Teil neubelebte Sitte, zum Gedächtnis der Toten »Totenbretter« aufzustellen. Ursprünglich war es das Brett, auf dem der Tote aufgebahrt und zu Grabe getragen wurde.[24] Man

---

[23] Vgl. die verzierten Totenschädel in der Totenkapelle von Perrach bei Altötting.

[24] Der Totensarg, wie wir ihn heute kennen, setzte sich erst um 1700 herum in Nürnberg durch, während man in der Schweiz noch um die Wende vom 18. zum 19. Jahrhundert die Toten auf dem »Bahrbrett« zu Grabe trug (Veit/Lenhart, 169).
Die »Totenbretter«, die im Rheinland gebraucht wurden, und die sich z. T. in den Museen – wie etwa in Heinsberg – erhalten haben, hatten eine andere Funktion. Sie wurden während der Zeit, in der der Tote »über der Erde« stand, am Eingang des Hauses (Hofes) aufgestellt und danach

Totenbretter an der Außenwand einer Kapelle

ließ den Leichnam dann vom Brett in das Grab rutschen. So ist bis heute der Ausdruck »brettlrutschen« für Sterben in einigen Teilen Süddeutschlands gebräuchlich. Vielleicht hat man zunächst das Brett vor dem Zuschaufeln des Grabes über den Toten gelegt, so daß eine Art Grabkammer entstand. Später wurde das Brett zur Erinnerung an den Toten (die Tote) aufgestellt, und zwar an solchen Stellen (Feldkreuzen, Kapellen, Wegkreuzen, markanten Baumgruppen, aber auch an den Wänden der Scheunen, Heustadl usw.), an denen Wanderer und Dorfbewohner verübergingen. Sie luden zum Gebet für die Toten ein und erinnerten jeden an seinen unvermeidlichen Tod.[25]

Die alten Totenbretter waren sehr schlicht gehalten. Neben meist drei ausgekerbten Kreuzen trugen sie den Namen des (der) Toten, Geburts- und Sterbedaten. Erst als die Bretter Gedächtnischarakter beka-

(bis zum nächsten Todesfall) beim Dorfschreiner oder Küster aufbewahrt. Diese Totenbretter waren mit Totenköpfen, Engeln, einfachen Kreuzen ... bemalt, trugen gelegentlich eine Inschrift, die dem memento mori galt, und immer den alten Segenswunsch: »Requiescat in pace« (Dürener Geschichtsblätter, 69 [1980], 107ff.).

[25] Sicher hat auch der Aberglaube eine Rolle gespielt. So glaubte man, daß der Tote erst dann seine ewige Ruhe fände, erst (oder zumindest) dann ganz erlöst sei, wenn das Totenbrett vermodert sei. Daher legte man es an sumpfige Stellen, überbrückte kleine Bäche damit, um das Faulen des Holzes zu beschleunigen. In ähnlicher Weise glaubten ja manche Stifter der Grabplatten, die in die Böden der Dome und Kathedralen eingelassen wurden, daß sie zumindest dann aus dem Fegfeuer erlöst würden, wenn die Füße der Beter (Besucher) diese Grabplatten »abgewetzt« hätten.

Totengedenktafel bei Schwaz im Inntal/Österreich

men, wurden sie mit Sprüchen versehen und zum Teil bemalt. Die Sprüche vertiefen das »memento mori« oder sollen die Taten des (der) Verstorbenen zum Gedächtnis aufbewahren:

> »Wanderer, steh still und schau:
> Was du bist, das war ich auch,
> was ich bin, das wirst du werden,
> eine Asche in der Erden.«[26]

Die derb-heiteren Sprüche von angeblichen Totenbrett- oder Marterlinschriften, die immer wieder in Sammlungen erscheinen, dürften sich bei näherer Untersuchung wohl meist als Einfälle der Herausgeber erweisen oder gar als »Schöpfungen von Witzbolden«.[27]

An den Orten, an denen ein Verwandter, Freund, Arbeitskollege plötzlich vom Tod überrascht wurde, wird von den Angehörigen oder Freunden oft ein

---

[26] Vgl. J. Arweck, ... »was ich bin, das wirst du werden«, Kirchenzeitung für das Bistum Aachen, 39. Jg., Nr. 44, 11; Veit/Lenhart, 169 u. a.

[27] Das Seminar für Landes- und Volkskunde an der Universität Regensburg hat in zehnjähriger Arbeit die Inschriften von Marterln, Wegkreuzen, Totenbrettern ... erfaßt (Raum Ostbayern) und nicht ein einziges Objekt mit solch derb-heiteren Sprüchen entdeckt. (Hofbauer, 189 ff.)
So gehören leider wohl auch jene Verse in das Reich der Phantasie, die uns den unsterblichen Reim von »Rettig« auf »gnädig« geschenkt haben:
»Du fragst, wer logiert da drin? / Es ist die Anna Schnitzelin. / Sie lag mit 45 Jahr / grad zu Martini auf der Bahr. / Sie war von allen Lasten frei / und trieb sehr stark die Gärtnerei. / Sie hat gebaut viel Rub'n und Rettig / Gott sei der armen Seele gnädig! Amen.« (Hofbauer, ebd.)

»Marterl«, ein Bildstock, eine Erinnerungstafel aufgestellt, die das Gedächtnis des Toten der Nachwelt überliefert und den Wanderer zum Gebet und zur Besinnung einlädt.

Allgemeine Sitte ist es geblieben, Sterbebildchen beim Begräbnis auszuteilen. Sie tragen ein Andachtsbild, die Namen des (der) Toten, Geburts- und Sterbetag sowie ein Gebet der Fürbitte für die Toten. Manchmal zeigen die Sterbebilder auch das Foto des Verstorbenen.

12.5 Perspektiven

Das Requiem für die Toten (wie überhaupt die Eucharistiefeier für Verstorbene) wird bleiben, solange es Kirche gibt. Bleiben werden die Sterbebilder zum Gedächtnis der Toten. Bleiben wird auch der Gräbergang am Allerseelentag, bleiben werden an diesem Tag die Lichter auf den Gräbern. Und an den Gedenktagen unserer Toten werden vor ihren Bildern die Kerzen in den Stuben brennen.

Bleiben oder erneuert werden sollte das Gebet für die Toten in den Tagen vor dem Begräbnis. Hier kann der »Totenrosenkranz« gebetet werden; hier können auch Totenandachten oder Wortgottesdienste gehalten werden. Solche Totengebete zeigen, wie sehr auch die Toten Teil der Gemeinde sind, ihrem Fürbittgebet anheimgegeben. Sie machen aber auch den Tod wieder in der Gemeinde heimisch, stellen jeden vor die Sinnfrage von Leben und Tod.

Sinnvoll wäre es in kleineren Gemeinden, Bilder der in einem bestimmten Zeitraum Verstorbenen (ein

Jahr oder drei Jahre könnten vorgesehen werden) im Turm der Kirche, in der Taufkapelle oder einer Seitenkapelle aufzuhängen, so daß die Toten im Gedächtnis der Gemeinde bleiben und die Gemeinde zum Gebet für sie aufgerufen wird.

Der Brauch, Totenbretter (Marterl) aufzustellen, könnte (wo immer er heimisch war oder ist) wiederbelebt bzw. gepflegt werden. Nach örtlicher Gepflogenheit können sie bei Wegkreuzen, neben Feldkapellen (oder an deren Außenwänden), an Scheidewegen oder in der Nähe der Häuser/Gehöfte aufgestellt werden. Heimatpfleger, Lehrer, Pfarrer werden bei der Gestaltung sicher ihre Hilfe anbieten.

13 Das Brauchtum des Hubertusfestes

13.1 Entwicklung der Verehrung des Heiligen und die Geschichte seines Festes

Die legenda aurea des Jacobus de Voragine erzählt, daß dem Kriegsobersten des Kaisers Trajan, Eustachius, bei einer Jagd ein edler Hirsch erschien, den er verfolgte und stellte. Als er sich dem Hirsch näherte, sah er, daß dieser zwischen den Geweihstangen ein Kreuz mit dem gekreuzigten Herrn trug. Der Gekreuzigte sprach (durch den Mund des Hirsches) Eustachius an und lud ihn und seine Familie ein, Christ zu werden, da er sich durch seine guten Werke schon jetzt auszeichne. Eustachius gehorchte. Unter Adrianus erlitt er nach schweren Leiderfahrungen den Tod des Märtyrers.

Eustachius gehört zu den 14 Nothelfern und wird mit dem kreuztragenden Hirsch dargestellt.[1]

Seit dem 15. Jahrhundert wird die Hirschvision – zunächst vereinzelt – auch dem Heiligen Hubertus zugeschrieben, der von 709–728 Bischof von Lüttich

---

[1] Alle älteren Darstellungen der »Hirschszene«, die einen *Reiter* vor dem Hirsch zeigen, stellen St. Eustachius dar (Pisanello, Dürer u. a.). Die älteste Darstellung der Eustachiuslegende finden wir in einem Glasfenster der Kathedrale von Sens (Ende des 12. Jahrhunderts).

(Tongern) war.[2] Eine solche Vision ist historisch nicht nachweisbar und unwahrscheinlich, da vor allem die einzig einwandfreie Quelle, die erhaltene Vita St. Hugberti (Valenciennes), sie verschweigt.[3] Da auch die legenda aurea sie nicht anführt,[4] ist mit Sicherheit zu sagen, daß die Eustachius-Legende später auf den hl. Hubertus übertragen wurde.[5]

Die Verehrung des hl. Hubertus als eines Patrons der *Jäger* geht in die letzten Jahrhunderte des ersten

---

[2] A. Paffrath, Die Hubertuslegende, Hamburg ²1979, 16. Die Erscheinung eines kreuztragenden Hirsches, der gewöhnlich den Ort zur Gründung eines Ordens oder eines Klosters angibt, ist von Ida von Herzfeld, Katharina von Vadstena, Johannes von Matha, Meinolfus und Felix von Valois berichtet.

[3] Beim Brand im Jahre 1568 (Hugenottenaufstand) wurden in der Abtei St. Hubert in Belgien, in der die Gebeine des Heiligen ruhten, alle verfügbaren Akten, Viten, Reliquien zerstört (Paffrath, 18). Die hier angegebene Vita blieb erhalten, weil sie nicht zum Klosterbesitz gehörte.

[4] Jacobus de Voragine, der Verfasser der legenda aurea, war ein kritischer Sammler der alten Legenden, der das Glaubwürdige vom Unglaubwürdigen zu scheiden wußte und in Zweifelsfällen auch seine Zweifel äußerte. Wunder in der Art der Hirschvision des Eustachius hatten in seiner Zeit einen sehr hohen Stellenwert. Hubertus aber wird in der legenda aurea nicht einmal mit Namen genannt.

[5] Das Fest des heiligen Hubertus wird am 3. November gefeiert, dem Tag der Erhebung seiner Gebeine im Jahre 744. Das war aber – nach Ausweis der alten römischen Martyrologien – auch der Festtag des heiligen Eustachius (2./3. November). Dieser Tag bedeutete in früherer Zeit auch das Ende der »Hohen Jagd«, also vor allem der Jagd auf Rotwild (Hirsche). Im bekannten Bild des Exhumationsmeisters »Die Exhumation des hl. Hubertus« (um 1440) fehlt das damals offenbar noch unbekannte Hirschattribut.

Krummstab des Ordenspriors des Wittelsbacher Sankt Hubertus Ritterordens, Augsburg um 1725

christlichen Jahrtausends zurück. Nach Paffrath wurden von der noch heidnischen Jägerschaft des Ardennengebietes der Jagdgöttin Diana die Erstlinge der Jagd als Opfer dargebracht. Hubertus habe bei der Christianisierung solchen Brauch nicht ausgetilgt, habe aber die Erstlingsopfer nun dem heiligen Petrus zukommen lassen. Später – als Hubertus als Heiliger verehrt wurde – seien solche Opfer dann ihm selbst dargebracht worden.

Auch die alte Legende, daß der Heilige »mit seinem goldenen Schlüssel den von tollen Hunden Gebissenen Heilung verschafft habe« und verschaffen könne, mag viel zu seiner Verehrung und Volkstümlichkeit beigetragen haben.[6]

So war es nicht schwer für Herzog Gerhard II. von Jülich-Berg (1437–1475), die Hirschvision des Eustachius auf den hl. Hubertus als den Patron der Jäger zu übertragen. Nach seinem glänzenden Sieg am 3. November 1444 über Arnold von Egmont (Herzog von Geldern) stiftete er den ritterlichen St.-Hubertus-Orden und verhalf damit der (Hirsch-)Legende, die vielleicht schon beim Volk im Umlauf war, zum Durchbruch. Die bildende Kunst nahm – zunächst zögernd, dann bereitwilliger – das Motiv auf.[7]

Die Mönche von St. Hubert in den Ardennen, bis heute der Mittelpunkt aller Hubertus-Verehrung,

---

[6] Zur Wirkungsgeschichte dieser Legenden vgl. Paffrath, 25ff u. ö.

[7] So malte J. Breughel d. Ä. sein Gemälde »Landschaft mit dem hl. Hubertus« und Hans von Marees sein Reitertriptychon mit dem heiligen Hubertus. Im allgemeinen wird der Hirsch in der Kunst als »Zehnender« dargestellt, so an die 10 Gebote erinnernd.

haben im Verein mit der Jägerschaft die Verehrung des Heiligen vorangetrieben und weltweit gemacht.

13.2 Das Brauchtum des Festes

Seit vielen Jahrhunderten ist es üblich, am Tage des hl. Hubertus eine Jagd, meist eine Treibjagd auf Sauen oder Hasen (Füchse) und Fasanen, zu halten.[8] Vielerorts wurde vor solchen Jagden ein Gottesdienst zu Ehren des hl. Hubertus gefeiert. Wahrscheinlich gehen solche Eucharistiefeiern schon in das 9. oder 10. Jahrhundert zurück.[9] Als die Metallhörner Jagdinstrumente wurden (16./17. Jahrhundert), wurden sie auch bei solchen »Hubertusmessen« verwandt. Eine spezielle Musik für solche Hörner[10] bei Hubertus-Messen ist jedoch erst für den Anfang des 19. Jahrhunderts nachzuweisen.[11]

Der Brauch, am Festtag des Heiligen eine »Hubertus-Messe« zu feiern, war jedoch nicht sehr verbreitet. Eine Wiederbelebung des Brauchtums ging von den Hubertus-Messen aus, die mit einer französischen

---

[8] Die früher – vor allem an den Fürstenhöfen – beliebten Hetzjagden, meist auf Hirsche (= Parforcejagd), bei der das edle Wild zu Tode gehetzt wurde, sind – Gott Dank – verboten und bei der Jägerschaft verpönt.

[9] A. Adam, Im grünen Wald ein Blick zum Himmel?, Hamburg 1979, 18 f.

[10] Verwendet wurden meist die großen Parforcehörner, die auf den Parforcejagden Verwendung fanden.

[11] Adam, 19.

Parforcehorn-Gruppe (Sonneurs de Cheverny) in Düsseldorf 1954 und vor allem in Xanten 1960 (anläßlich der Tagung des deutschen Falkner-Ordens) gefeiert wurden. Heute wird an vielen Orten Deutschlands der Hubertustag mit einer feierlichen Hubertus-Messe begangen (oder mit einem Hubertus-Gottesdienst in evangelischen Kirchen). Die Gottesdienste sind meist überfüllt und finden ein so großes positives Echo, daß der Brauch wohl lebendig bleiben wird.

Gerade darum aber sollten die Möglichkeiten und Grenzen solchen Brauches geprüft werden.[12]

Zunächst darf die Spannung nicht übersehen (oder verharmlost) werden, die zwischen der Jagd, bei der Kreatur getötet wird, und der Eucharistiefeier besteht, in der das Gedächtnis des Lebens, Sterbens und der Auferstehung dessen gefeiert wird, um den nach Mk 1,12f die Kreatur befriedet war. Jesus nimmt die alttestamentliche Schöpfungstheologie auf,[13] die im Anfang und »letzten Endes« den Frieden aller Kreaturen (Schalom) will. In der »Zwischenzeit« werden die Berechtigung der Jagd (bei der sich die Akzente – wenn verantwortlich gejagt wird – immer mehr zugunsten der Hege verschieben) und die Ethik des verantwortlichen Jägers nicht angezweifelt;[14] dennoch muß die Zwiespältigkeit des jagdlichen Tuns gesehen und nicht zuletzt in der

---

[12] Vgl. die sehr guten Ausführungen bei Adam, 22 ff.
[13] Vgl. die Ausführungen zum Erntedank-Fest, S. 91 ff.
[14] Wir sollten nicht vergessen, daß Haydn, als er an seiner »Schöpfung« und den »Jahreszeiten« arbeitete, am Neusiedler-See Enten und Gänse jagte: Die Jagd vertiefte das gewaltige Schöpfungslob seiner Musik.

Predigt solcher Gottesdienste ehrlich reflektiert werden.

Der gelegentlich geübte Brauch, Waffen (Gewehre, Saufedern o. a.) mit zum Gottesdienst zu bringen, sollte nicht Raum greifen. Die Gotteshäuser hatten Jahrhunderte hindurch Asylrecht: ein Bewaffneter durfte sie nicht betreten. Das sollte auch für unsere Zeit gelten.[15]

Anders steht es mit der Frage, ob Jagdhunde, vor allem aber Beizvögel (Habicht, Falke) mit zu solchen Gottesdiensten gebracht werden sollten. Der Brauch ist alt. Könige und Fürsten brachten Beizvögel und Hunde zum Gottesdienst mit.[16] Wenn die Erlösung durch Jesus Christus ein *kosmisches* Geschehen ist, wenn alle Kreatur darauf wartet, »befreit zu werden zur Freiheit der Herrlichkeit der Kinder Gottes«, wenn sie »seufzt und in Wehen liegt«, bis der Neue Himmel und die Neue Erde vollendet sind (Röm 8,19 ff) – dann dürfte einer gelegentlichen Teilnahme von Tieren am Gottesdienst nichts im Wege stehen. (Der Störfaktor muß natürlich sorgfältig bedacht werden.)

Nichts ist einzuwenden gegen einen reichen Schmuck der Kirche und des Altares durch Zweige und Blumen, so daß die Natur in den Gottesdienst

---

[15] Hier stimme ich A. Adam nachdrücklich zu (a.a.O., 19).

[16] Vgl. etwa den Holzschnitt, den H. Weiditz 1520 zum Gedächtnis Kaiser Maximilians († 1519) schuf. Der Kaiser nimmt in Augsburg am Gottesdienst teil. Seine Jagdhunde spielen (im Vordergrund) in der Kirche. (C. Clewing, Musik und Jägerei, Neudamm u. Kassel 1937, 41.)

einbezogen wird. Natürlich kann eine solche Eucharistiefeier auch im Freien stattfinden. Berichte darüber deuten jedoch die Gefahr an: »Es war inzwischen ganz dunkel geworden. Zahlreiche Fackeln flammten auf und umstellten eine Waldwiese in einer einsamen Bucht der Vogesenberge. Auf ihr lag ein Damhirsch gestreckt und war ein einfacher Altar errichtet... Ein Pater erklomm den zu einer Predigerkanzel geschmückten Hochsitz ... und hielt ... die sehr zu Herzen gehende Hubertuspredigt. Dann hallten das Waldtal entlang die feierlichen Klänge der Hifthörner...« Hier droht falsches Pathos oder eine Naturschwärmerei, die mit Liturgie nichts mehr zu tun hat. Leicht wird hier die (barocke) Einheit eines Weltbildes vorgetäuscht, das längst zerbrochen ist.

Problematisch ist die Sitte, einen Teil der Jagdbeute (Hirsch, Reh, Hase) vor dem Altar »aufzubahren«. Das getötete Tier ist kein Schauobjekt (hier sollten ein Hirschgeweih oder ein Rehgehörn genügen) – allenfalls könnte beim Opfergang der Hubertusmesse Wild für caritative Zwecke »geopfert« werden. Bei der gelegentlichen Drapierung eines Hirschgeweihes mit einem Kreuz (zum »Hubertushirsch«) wird die Grenze zum Kitsch allzu leicht überschritten.

Grundsätzlich bleibt am Ende die Frage, ob solche Hubertus-Messen immer mehr zu einem Konzert werden – wobei die Frage zu stellen ist, ob auf Dauer die musikalische Qualität in Kompositionen und Darbietung ausreicht – oder ob sie wirklich die Begegnung der Jäger (oder doch eines Teiles von ihnen) mit dem Herrn der Eucharistie ist, in dessen Tod und Auferstehung die Neue Schöpfung anbrach, für die all unsere Natur Bild und Gleichnis ist. Sicher dürfte für viele Menschen die Hubertus-Messe eine Brücke zur Kirche und zum Glauben sein – oder sie doch einladen, die Frage nach dem Sinn des Lebens und dem Sinn der gesamten Schöpfung (neu) zu stellen.

14 Das Brauchtum des Martinsfestes

14.1 Leben und Kult des Heiligen

St. Martin lebte und wirkte im 4. Jahrhundert. Er soll 316 oder 317[1] geboren sein, und zwar in Sabaria in Pannonien (Steinamanger). In Pavia erzogen, trat er früh in die römische Armee ein und diente unter Constantius, später unter Kaiser Julianus.[2] In dieser Zeit hat nach der legenda aurea die Mantelteilung in Amiens stattgefunden.

Mit 18 Jahren wird Martin Christ, verläßt die römische Armee und wird Schüler des Hilarius von Poitiers. Nach Missionsjahren (?) im Illyricum wird er Einsiedler auf der Insel Gallinari (bei Genua). 361 gründet er in Ligugé das erste Kloster Galliens (und wohl des Abendlandes), wird 371 (trotz der Opposition verschiedener Bischöfe) Bischof von Tours und gründet 375 das Kloster Marmoutier, das »zu einem Zentrum asketischer Kultur und zu einer Pflanzstätte für Bischöfe wurde«.[3] Persönlich untadelig, verzehrte er seine Kraft im Dienst der Mission und der

---

[1] Bächtold-Stäubli gibt als Geburtsjahr 336 an.
[2] LThK V, 118, wohl aufgrund der Angaben in der legenda aurea (1860 ff), die weithin auf Sulpicius Severus zurückgehen.
[3] LThK, ebd.

Sankt Martins Mantelspende, Oberschwaben um 1440

Seelsorge; als Wundertäter war er beim Volk außergewöhnlich beliebt. Er starb am 8. 11. 397 bei einer Seelsorgsreise.

Die Verehrung des Heiligen weitete sich rasch aus. Er war einer der ersten Heiligen, die mit offiziellem kirchlichen Kult gefeiert wurden. Schon im 5. Jahrhundert wurde über seinem Grab eine Kapelle gebaut, dann eine Basilika, die zum Mittelpunkt des späteren Klosters St. Martin wurde. St. Martin wurde (neben Remigius) der Nationalheilige des Frankenreiches, und Chlodwig machte ihn zum Schutzherrn der fränkischen Könige und Kaiser. Sein Mantel wurde bei Schlachten im Heer mitgeführt.

Unzählige Legenden umgaben bald die Gestalt des Heiligen. Klöster wurden nach ihm benannt, Städte und Burgen. Die »Mantelteilung« wurde ein beliebtes Thema der darstellenden Kunst des Abendlandes.

14.2 Das Brauchtum des Martinsfestes

a) Der sicher bekannteste, wenn auch mehr in Nord- und Mitteldeutschland als im Süden angesiedelte[4] Brauch ist der Martinszug. Kinder (und Eltern) ziehen mit (selbstgebastelten) Fackeln durch das Dorf oder den Stadtteil und singen die alten Martinslieder.

---

[4] Hier dürften alte Aversionen gegen den Stammesheiligen der *Franken* eine Rolle gespielt haben (vgl. Hofbauer, 314). Erst als das Frankenland zu Bayern kam, blühten einige Martinsbräuche auf.

Oft reitet St. Martin auf einem Schimmel[5], wenn ein solcher vorhanden ist, im Zuge mit. Nach dem Umzug wird an verschiedenen Orten die Szene der Mantelteilung gespielt. Den Schluß bilden das Entzünden des Martinsfeuers und die Austeilung der Martins-Tüten (Martinsgaben).

Der Brauch ist nach 1945 neu belebt worden und wird sich erhalten. Leider bleiben dabei (oft wegen der Unfähigkeit der Veranstalter) große Chancen ungenutzt. Denn vor allem die Bettlerszene ergreift als »Bild«: Im Bettler ruft der notleidende Mensch um Erbarmen, und ihm wird Erbarmen zuteil. – Aber dann zieht der »Ritter« einen kleinen Fetzen roten

---

[5] Immer wieder wird der Versuch gemacht, das Fest des Heiligen aus alten heidnischen Festen herzuleiten. Schönfeldt schreibt: »Sein Gedenktag wurde in einen Zeitabschnitt gelegt, in dem in vorchristlicher Zeit ein dem Wotan geweihtes Herbstdankfest gefeiert wurde. Das ist der Grund, warum sich in das Martinsfest viele heidnische Gebräuche mischen« (279). Der im Zug mitgeführte Schimmel (von dem die alte Legende ja nicht berichtet) hat gelegentlich Anlaß zu Spekulationen über die Nähe zum »Schimmelreiter« (Odin-Wotan) gegeben.

Das alles ist müßig. Das Fest ist rein kirchlichen Ursprungs. Der Schimmel ist (wohl aufgrund von Offb 19,11–14) Insignie des christlichen Kaisers (LCI 3,412) und Attribut der Heiligen. (R. Hindringer, Der Schimmel als Heiligen-Attribut, Oberdeutsche Zeitschrift für Volkskunde 5 [1931], 9ff). Er, den durchgängig die tugendhaften Menschen reiten, verkörpert gegenüber dem Rappen das *gute* Prinzip. So sind neben den Hl. Drei Königen (Kirchendecke von Zillis in Graubünden) viele Heilige als auf einem Schimmel reitend dargestellt. (Zur ikonographischen Bedeutung des Pferdes siehe LCI, a.a.O., 411 bis 415.)

Florian beim Aufbruch zum Martinszug

Tuches unter seinem Mantel hervor und legt ihn auf den Bettler. Warum kann hier nicht der Mantel geteilt werden, warum kann die große Geste des Erbarmens nicht sinnenfällig gemacht werden?[6] Und warum werden zum Martinsfeuer – Licht in der Nacht – nicht Reisig und Holzscheite zusammengetragen, statt der scheußlichen Obst- und Margarinekisten, die das Bild zerstören und alle Symbolwirkungen blokkieren?

b) Wahrscheinlich geht der Beginn der Karnevals- (Faschings-) Zeit am 11. November (dem Martinstag) nicht primär auf die originelle Zahl 11. Tag im 11. Monat um 11.11 Uhr zurück, sondern auf den Beginn der Martinsfastenzeit, die – ähnlich wie die »große Quadragesima« vor Ostern – Fastnachtsbräuche an sich zog.[7]

---

[6] In einigen Gemeinden (Eifelraum) wird die Bettlerszene *vor* dem Auszug der Prozession (gelegentlich im Rahmen einer Andacht) in der Kirche gespielt, was der Symbolik dieser Szene zugute kommt, wenn das »Bild« gewahrt wird.

[7] Die Elfzahl der »Elferräte« usw. hängt also wohl primär mit dem Datum des Martinsfestes zusammen. Die »Elf«, in der Zahlensymbolik der Ikonographie wenig beachtet und erwähnt, bedeutet in der Lehre der Kirchenväter die Sünde, da die Zahl Elf die Zehnzahl der Gebote überschreitet und Sünde eben »Überschreitung des Gesetzes« ist. Also ist 11 eine negativ besetzte Zahl – vielleicht auch von der (um Judas reduzierten) Elfzahl mancher Apostel- darstellungen her (vgl. Mohr, Lexikon der Symbole, Köln [7]1983, 312). So bedurfte es wohl eines starken Gegenge- wichts (Festtag des Heiligen), um die Zahl durchzusetzen. Sollten allerdings jene Forscher Recht behalten, welche die Fastnachtsbräuche *vorwiegend* aus christlicher Wurzel erklären wollen, so daß die Narren gleichbedeutend mit

Auch die *Heischegänge* am Martinsfest dürften mit diesem »ersten Karneval« zusamenhängen. Ebenso die *»Märtesmahle«,* die mit dem Kosten des ersten neuen Weines (»Märteswein«) verbunden sind.

Das in Tirol (Götzens, Wörgl) noch übliche »Martinsgestämpfe«, eine »wilde Jagd aus vermummten Gestalten mit Schellen und Peitschenknallen«[8], wobei die Vorübergehenden mit Ruß beschmiert werden, erinnert ebenfalls an alte Faschings- (Fastnachts-) Bräuche.

c) Schwieriger ist die Frage zu beantworten, wie Martin zu den *Gänsen* kommt bzw. wie die Gänse zu seinem Festbrauch kommen. Sicher sind die Gänse zum Fest des Heiligen ausgereift, und sicher ist jetzt die Zeit, ihre Federn, die ja für viele weit wichtiger waren als das Fleisch der Tiere, in Besitz zu nehmen – dennoch wird der Brauch auch andere Wurzeln haben.

Die Gans – auf den meisten Bauernhöfen gehalten – war Zinsgabe an die Grundherren (den Adel, die Klöster).[9] Sie mußte am wohl wichtigsten Zinstag,

---

den Toren und Sündern wären, so würde der Zahl 11 und ihrer Symbolik größeres Gewicht zukommen.

[8] Geramb, 192.

[9] Es sei dahingestellt, ob die Gans Zinsgabe wurde, weil sie eben das Tier der armen Leute (der weithin leibeigenen Bauern) war; ob sie wegen ihres wohlschmeckenden Fleisches zu solcher Gabe wurde oder ob die germanische Mythologie eine Rolle gespielt hat. Die Gans war ja Opfertier der germanischen Völker, die sie an ihren Herbstfesten opferten. Man glaubte, daß dem Fleisch ein besonderer Wachstumsgeist innewohne, der sich allen, die davon äßen, mitteile.

Martinslaternen, auf Baumwolle gemalt und gewachst

dem Fest des hl. Martin[10], abgeliefert werden.[11] Auf diese Weise dürften die Gänse (ganz ähnlich dem Osterhasen in das Brauchtum des Osterfestes) in die Martinsbräuche gelangt sein.[12]

[10] Im Gebiet des Kaiserstuhles gab es den alten Spruch: »Auf Allerheiligen und Allerseelen folgt – Allerteufel« (eben der Zinstag zu St. Martin). Veit/Lenhart, 166 f.
[11] Da sich die Parallele zum »Fastnachtshuhn«, das zur Osterfastnacht abgeliefert werden mußte, aufdrängt, dürften wir hier wiederum eine Spur der alten Martinsquadragese finden. Es war folgerichtig, daß die Gans zum Mittelpunkt der festlichen Mahlzeiten wurde, die vor dem Beginn der Fastenzeiten üblich waren.
[12] Gelegentlich wird die Martinsgans als »Martinsvogel« der alten Lieder vermutet. Doch sind in den alten Heischeliedern andere Vögel gemeint: Schwarzspecht, Buntspecht, Wiedehopf (?); andere denken an Krähen oder an den

Die *Legenden,* welche den Zusammenhang der Gänse mit den Festen des Heiligen erläutern sollen, sind späteren Ursprungs. So sollen die Gänse den Heiligen verraten haben, als er sich im Gefühl seiner Unwürdigkeit verbarg, um nicht das Bischofsamt in Tours annehmen zu müssen. Ein altes Lied hat die Legende aufgenommen:

Eisvogel. Der Flug des »Martinsvogels« galt als vorbedeutend. So heißt es in Vintlers »Blume der Tugend« (1411):
»es spricht manger ich bin gogel,
ich haun gesehn sant Martis vogel
hewt an dem morgen fru,
mir stoßet kain ungelück nit zu.«

(Bächtold-Stäubli V, 1724f)

»Und dieweil das Gickgack-Lied
Diesen heilgen Mann verriet,
Leiden drum am Martinstage
Alle Gänse große Plage...«[13]

Auch soll das Geschnatter der Gänse den Heiligen einmal bei einer Predigt gestört haben (was eben bittere Folgen hatte für die Nachfahren dieser Vögel).

Die legenda aurea stellt zwar das besondere Verhältnis des Heiligen zu Pflanzen und Tieren heraus, erwähnt von Gänselegenden jedoch kein Wort.

d) Der in Österreich noch geübte Brauch, mit der Martinsgerte andere (die Liebste etwa) zu schlagen[14], um ihr so Fruchtbarkeit zu schenken, steht – soweit er am Martinstage geübt wird – vielleicht im Zusammenhang mit der alten Sitte, daß Liebende sich an diesem Tag, der ohnehin vielfach als Lostag galt und gilt, je ein Reis von einem Obstbaum ins Zimmer stellten. Blühten die Zweige gegen Weihnachten gemeinsam auf, war das eine gute Vorbedeutung.

Besonders gepflegt (oder neu eingeführt) werden sollte der Martinsumzug. Das Basteln der Laternen, welche Bilder des Heiligen, Szenen aus Martinslegenden, christliche Symbole tragen, leitet zu krea-

---

[13] Mit dem Essen der Martinsgans waren (Spiel-) Orakel verbunden: Wenn zwei den V-förmigen Brustknochen der Gans zerbrechen, geht dem, der das größere Stück in Händen hält, ein Wunsch in Erfüllung. Aus der Farbe des Brustknochens (weiß oder rot) schließt man auf einen kargen oder notlosen Winter usw. (Schönfeldt, 280).

[14] Vgl. zu solchen Bräuchen in diesem Buch Seite 52.

tivem Tun an. Die Häuser, an denen der Zug vorbeigeht, können reich geschmückt werden. Da wegen der neuerlichen Beliebtheit von Reitervereinen gewöhnlich Pferde zum Martinsumzug zur Verfügung stehen, sollte auch die Mantelteilung dargestellt werden, wobei (s. o.) auf die Form besonderer Wert zu legen ist. In vielen Gemeinden könnte der Martinszug durchaus mit einem gemeinsamen Gebet abgeschlossen werden.

In manchen Städten und größeren Gemeinden versammeln sich heute oft Tausende jüngerer Kinder mit ihren Eltern und älteren Geschwistern zum Martinszug. Der Brauch wird dabei oft »verrummelt«, seines christlichen Charakters beraubt. Gelegentlich artet er in Streitereien um die Gaben aus, die jeder möglichst schnell erhalten will.

In solchen Fällen muß überlegt werden, ob nicht durch stärkere Bindung des Zuges an einen voraufgehenden oder nachfolgenden Gottesdienst oder durch (mehrfache?) Teilung des Zuges der Brauchtumscharakter gewahrt werden kann. Jedenfalls muß eine Lösung gefunden werden, daß die Bettlerszene (soweit sie nicht mit dem Gottesdienst verbunden wird) und das Martinsfeuer für alle Teilnehmer des Zuges sichtbar sind.

Da die Martinslaternen in erschreckendem Ausmaß ausdruckslos und kitschig werden (Massenware), sollten die Familien durch Ausstellung und Prämiierung guter Laternen wieder zum Basteln von Laternen (vielleicht in Kursen oder nach guten Mustern) verlockt werden.

Sinnvoll ist es, Martinsgaben neben den Kindern auch älteren und bedürftigen Gemeindemitgliedern zu schenken. In manchen Orten geschieht das durch den »Heiligen« des Umzugs selbst.[15]

Gut wäre es, in den verschiedenen Landschaften nach altem Liedgut zum Martinstag zu forschen, um mit Kindern und Gemeinden solche Lieder (wieder) einzuüben. Da die älteste Erwähnung von Martinsliedern auf 1263 zu datieren ist und seit dem 14. Jahrhundert viele Lieder entstanden sind[16], müßte das Suchen eigentlich Erfolg haben.

Mit dem Martinsfest beginnt der Festreigen jener Heiligen, die in besonderer Weise auf die Weihnacht verweisen: auf die Geburt des göttlichen Kindes, in dem uns die Güte und Menschenfreundlichkeit Gottes erschienen sind.

---

[15] Zu den verschiedenen Formen der Gebildbrote zum Fest (Martinshorn, Martinsring, Martinsgeige etc.) siehe Schönfeldt, 283 f.

[16] W. Jürgensen hat Martinslieder gesammelt. Sie gehören zum Teil der Vagantenlyrik an und sind für Umzüge nicht brauchbar. Viele Lieder könnten aber – vielleicht leicht umgeschrieben – das spärliche Martinsliedgut bereichern.

Anhang

Hirtenspiel für Marionetten zum Advent und zur Weihnacht

1. Szene

(Kerze als Hirtenfeuer. Kulisse: Wiesen bei Betlehem)

1. Hirt (im Hintergrund liegend, sich aufrichtend): Welche Stunde der Nacht ist es, Wächter?
2. Hirt (am Feuer sitzend):
Es geht auf Mitternacht zu.
1. Hirt: Steht der Mond am Himmel? Leuchten die Sterne?
Es ist so viel Licht in der Nacht.
2. Hirt: Kein Mond steht am Himmel. Und die Sterne wandern wie sonst ihre Bahn zum Morgen hin. – Aber diese Nacht ist anders als die andern Nächte. Die Schafe stehen in den Hürden und schauen unverwandt nach Osten. Die Hunde liegen am Weg und schauen wartend in das Dunkel hinein. Die wilden Bienen tragen des Nachts Honig in ihre Waben...
1. Hirt: Ziehen Herden durch die Nacht?
2. Hirt: Nein. Aber ich höre Schritte. Es ist, als wanderten Völker im Dunkel; müde Schritte. Und auch sie wandern dem Morgen zu. Die Nacht ist voll von Schritten.

1. Hirt: Jagen die wilden Tiere?
2. Hirt: Kein Lamm drängt sich ängstlich an das Mutterschaf. Kein Hund sucht winselnd den Schein des Feuers. Im Osten brüllte in der Dämmerung ein Löwe – ein klagender, sehnsüchtiger Schrei. Die wilden Tiere jagen in dieser Nacht nicht.

(Pause. Der 2. Hirt schürt das »Feuer« nach)

1. Hirt: Ist's Mitternacht?
2. Hirt: Der Orion geht zum Zenith. Es ist die Wende der Nacht...
(steht auf, macht ein paar Schritte in das Dunkel)
Die Hunde laufen in das Dunkel hinein. Aber sie schlagen nicht an. Kommt wer den Weg herauf? Die Schafe drängen zum Ausgang hin... Heda! Bist du Freund oder Feind?
Mann: Freund! Der Friede sei mit euch! Fürchtet euch nicht!

(1. Hirt kommt zum Feuer)
2. Hirt: Setz' dich an's Feuer. Du kommst von weit?
Mann: Von weit. Aus der Wüste.
2. Hirt: Und wohin geht dein Weg?
Mann: Zu euch. Zu den andern Hirten. Zu eurem Volk. Zu den Menschen. Überallhin.
2. Hirt: Und deine Botschaft?
Mann: Die Zeit ist erfüllt, Brüder! In der Wüste brachen Wasserquellen auf. Rosen blühten am verdorrten Dornbusch. Ein blindes Mädchen konnte sehen. Taube hören, Lahme springen wie Gazellen... Hört ihr die Schritte?
2. Hirt: Die Nacht ist voll von ihnen.
Mann: Das Volk, das im Dunkel wandelt, sieht ein

großes Licht. Und über denen, die wandern im Schatten des Todes, erstrahlt es hell . . .
1. Hirt: Du bist müde. Leg dich schlafen!
Mann: Die junge Frau wird empfangen und einen Sohn gebären. Und sein Name wird sein: Immanuel – Gott ist mit uns. Der Wolf wohnt bei dem Lamm, der Panther lagert beim Böcklein. Kalb und Löwenjunges weiden miteinander, ein kleiner Knabe kann sie hüten. Die Kuh ist mit der Bärin befreundet, ihre Jungen liegen beieinander. Der Löwe frißt Stroh wie das Rind. Der Säugling spielt am Schlupfloch der Natter, in die Höhle der Schlange streckt das Kind seine Hand.
1. Hirt: Du träumst. Geh schlafen, Mann!
Mann: Welch ein Traum! Aber nun ist die Zeit, da sich die Träume erfüllen. Er ist da. Ich verkündige euch die große Freude, die allen Völkern zuteil wird. Heute ist euch in der Stadt Davids der Retter geboren, der Messias, der Herr. Und das soll euch ein Zeichen sein: Ihr werdet ein Kind finden, in Windeln gewickelt. Es liegt in der Krippe, dem Futtertrog der Tiere. (fällt auf die Knie): Er ist da! Ehre ist Gott in der Höhe und auf Erden ist Friede für die Menschen, die Gott liebt. Friede. (ab)
1. Hirt: Wohin ging er? Und was waren das für seltsame Worte, die er zu uns sprach?
2. Hirt: Ja, seltsame Worte. Aber das Herz sagt Ja zu ihnen. Komm, laß uns nach Betlehem gehen, in die Stadt Davids! Laß uns sehen, was dort geschehen ist, so wie es uns gesagt worden ist. (Gehen ins Dunkel hinein).

II. Szene

(Kulisse: Umriß eines Königspalastes; eines Tempels, eines Wirtshauses. Wo keine Kulissen vorhanden sind, genügen drei nebeneinandergestellte gefaltete Din A 4 Bögen):

Hirten (pochen an das »Tor« des Palastes)
Wächter (von drinnen): Wer vor dem Tor?
Hirten:
>Die Hirten steh'n davor.
>Ein Bote hat um Mitternacht
>ein seltsam' Nachricht uns gebracht.
>Du Wächter an des Königs Thron –
>ward hier gebor'n ein Königssohn?

Wächter: Ein Königssohn? Herodes wird lachen, wenn er hört, daß man ihm noch einen Sohn andichtet. Oder auch nicht. Zum Henker! Vielleicht wird er euch aufknüpfen lassen, wenn er solchen Unfug hört. Packt euch, daß nicht der König erwacht.
Hirten (pochen an das »Tor« des Tempels)
Wächter (von drinnen): Wer vor dem Tor?
Hirten:
>Die Hirten steh'n davor.
>Ein Bote hat um Mitternacht
>ein seltsam' Nachricht uns gebracht.
>Du Wächter an des Tempels Tor'n –
>ward hier ein heilig Kind gebor'n?

Wächter: Ein heilig Kind? Wohl der Messias gar? Bei Gott, die Priester würden euch auspeitschen lassen, wenn sie solchen Unfug hörten. Packt euch, daß nicht die Priester erwachen!
Hirten (pochen an das »Tor« des Wirtshauses)

Wirt (von drinnen): Wer vor dem Tor?
Hirten:
>Die Hirten steh'n davor.
>Ein Bote hat um Mitternacht
>ein seltsam' Nachricht uns gebracht.
>O Wirt, vergiß dein Gut und Geld –
>kam hier zur Nacht ein Kind zur Welt?

Wirt: Ein Kind? Stuben und Gänge liegen voll von Betrunkenen. Wie sollte da ein Kind geboren werden? Aber am Abend kamen noch späte Gäste. Ein Paar. Ich habe sie zum Stall geschickt – drunten beim Wegkreuz. Mag sein, daß die Frau schwanger war. Aber nun schert euch fort! Der Tag war lang. Laßt mich in Frieden!

III. Szene

(Kerze als Krippe. Oder einfache Holzkrippe mit Kerze.)
Kulisse (wenn vorhanden): Höhleninneres.

>*1. Hirt:*
>O Kind, wir treten scheu herein,
>sind arme Leut'. Wollst gnädig sein
>uns Hirten drauß' von Betlehems Feld
>und dieser ganzen, armen Welt.
>*2. Hirt:*
>Kommt nun, o Kind, die neue Zeit?
>Kommt endlich die Gerechtigkeit
>für Lahme, Taube und die blind,
>mühselig und beladen sind?

1. Hirt:
Bekommt der Hungernde nun Brot?
Verliert die Schrecken nun der Tod?
Gibst du den Acker nun, o Kind,
denen, die guten Willens sind?
2. Hirt:
Und trägt der Acker Frucht genug?
Werden die Schwerter nun zum Pflug
geschmiedet? Trägt der Dornenstrauch
nun Blüten und die Reben auch?
1. Hirt:
Und küssen sich in dieser Zeit
nun Friede und Gerechtigkeit?
Lagert der Löwe nun beim Lamm?
Tropft Honig aus der Eichen Stamm?
2. Hirt:
Wird alle Sünde nun zunicht?
Und wird der Schlange das Gericht?
Legst du dein Wort uns in den Mund
und schließt mit uns den neuen Bund?
1. u. 2. Hirt:
Wir Hirten drauß' von Betlehems Feld –
wir Menschen aus der dunklen Welt –
wir Völker, die gekommen sind –
wir warten, Herr! – Hörst du uns, Kind?

Literatur (in Auswahl)

Artemis, Das Jahr der Schweiz in Fest und Brauch, Zürich–München 1981

M. Andree/Eym, Volkskundliches aus dem bayerisch-österreichischen Alpengebiet, Braunschweig 1910

Bächtold-Stäubli, Handwörterbuch des deutschen Aberglaubens, Berlin–Leipzig 1934/35

A. Becker, Frühlingsbrauch und Sonnenkult, Wuppertal–Elberfeld 1937

A. Becker, Osterei und Ostern, Jena 1937

A. Becker, Pfälzer Volkskunde (Unveränderter Nachdruck der Ausgabe von 1925), Frankfurt/Main 1979

I. Carius, Gebildbrot, Königstein/Taunus 1982

P. Cassel, Weihnachten (Unveränderter Nachdruck der Ausgabe von 1862), Wiesbaden o. J.

Charivari, Kunst – Kultur – Leben in Bayern (Monatszeitschrift), Miesbach

H. Cox, Das Fest der Narren, Stuttgart 1970

Durch das Jahr – durch das Leben. Hausbuch für die christliche Familie. Erweiterte Neuausgabe, München 1988

E. und A. J. Eichenseer, Oberpfälzer Weihnacht, Regensburg o. J. (1978)

H. Fillipetti/J. Trotereau, Zauber, Riten und Symbole, Freiburg 1979

V. von Geramb, Sitte und Brauch in Österreich, Graz 1948

K. Granzow, Sie wußten die Feste zu feiern (Pommersches Brauchtum), Leer 1982

G. Jaacks, Lebende Volksbräuche in Schleswig-Holstein, Heide in Holstein 1973

A. Kall, Kirchenjahr und Brauchtum, München 1988

O. Kastner, Die Krippe, Linz 1964

H. Kirchhoff, Urbilder des Glaubens, München 1988

H. Kirchhoff (Hrsg.), Ursymbole, München [3]1987

R. Kriss, Sitte und Brauch im Berchtesgadener Land, Berchtesgaden 1963

O. Lauffer, Der Weihnachtsbaum in Glaube und Brauch, Berlin–Leipzig 1934

J. Lefftz, Elsässisches Volksleben im Osterfrühling, Straßbourg 1974

L. Mackensen, Geschichte des Weihnachtsbaumes, Berlin–Leipzig 1929

F. Markmiller, Der Tag, der ist so freudenreich, Regensburg 1981

K. Meisen, Nikolauskult und Nikolausbrauch im Abendland, Forschungen zur Volkskunde 9–12, Düsseldorf 1971

Oberpfalzverein (Hrsg.), Lebendiges Brauchtum der Oberpfalz, Weiden 1983

K. Pfister, Bräuche und Sitten. Der erste Weihnachtsbaum, in: Im Schritt der Zeit (Sonntagsbeilage zur Kölnischen Volkszeitung) Nr. 52 vom 25. 12. 1938

P. E. Rattelmüller, Bairisches Brauchtum im Jahreslauf, München 1985

S. Gräfin Schönfeldt, Das große Ravensburger Buch der Feste und Bräuche, Ravensburg 1980

A. Stonner, Die deutsche Volksseele im christlich-deutschen Volksbrauch, München 1935

L. A. Veit/L. Lenhart, Kirche und Volksfrömmigkeit im Zeitalter des Barock, Freiburg 1956

K. Weinhold, Weihnachtsspiele und Lieder aus Süddeutschland und Schlesien (Unveränderter Nachdruck der Ausgabe von 1875), Wiesbaden 1967

R. Worschech, Fränkische Bräuche zur Weihnachtszeit, Würzburg 1978

Bildnachweis

S. 49: Holland. Bayer. Staatsbibliothek, München. – S. 50: Russische Ikone. (Früher Sammlung Frau und Prof. Martin Winkler). Ikonen-Museum, Recklinghausen. – S. 56: Illustration von P. E. Rattelmüller. Aus: R. Kriss, Sitte und Brauch im Berchtesgadener Land, Berchtesgaden 1963, 38f. – S. 58: Gotische Holzfigur. Kath. Pfarrkirche Mariä Himmelfahrt, Wondreb/Opf. – S. 73: Cod. ser. nov. 2700, pag. 182. Österreichische Nationalbibliothek, Wien. – S. 83: Hessische Landes- und Hochschulbibliothek. Zeichnung aus: O. Kastner, Die Krippe. Oberösterreichischer Landesverlag, Linz 1964, 57. – S. 120: Schlußstein, Cluny, 11. Jh. – S. 147: Gaeta, Domschatz. Zeichnung aus: O. Kastner, a.a.O., 127. – S. 172: Diözesanmuseum, Aachen. – S. 272: Schatzkammer der Residenz, München. – S. 280: Diözesanmuseum, Rottenburg.

Fotos

Bavaria, Gauting: 205, 238, 266. – K. Guthausen, Schleiden: 194. – H. Kirchhoff, Grafenwöhr: 30, 39, 53, 58, 60, 86, 91, 114, 133, 148, 158, 167, 181, 221, 229, 242, 246, 252, 256, 262, 264, 283, 286/287. – KNA, Frankfurt: 165, 188, 192, 196. – Kösel-Archiv: 120, 156. – G. Lehmann, Foto-Studio, Soest/W.: 212. – Mauritius, Mittenwald: 134. – G. Raubinger, Ramsau: 151. – R. Seitz, München: 152. – Süddeutscher Verlag, München: 248. – Aus: G. und N. Weidinger, Gesten, Zeichen und Symbole im Gottesdienst. Diaserie. Kösel-Verlag, München 1981: 141, 145. – H. Wittmann, Amberg: 127.

 **Hermann Kirchhoff**

Seine Bücher bei Kösel:

Urbilder des Glaubens
Haus – Garten – Labyrinth – Höhle
126 Seiten. Kartoniert

Urbilder – in Religionen und Kulturen seit alters aufbewahrt – prägen und stützen unser Leben. Sie führen über den Alltag hinaus. Auch das Christentum lebt aus der Kraft dieser Bilder. Die Urbilder Labyrinth, Höhle, Haus und Garten werden religionsgeschichtlich und biblisch aufgeschlüsselt. Ihre Bedeutung für ganzheitliche Religiosität heute leuchtet auf.

Herausgegeben von Hermann Kirchhoff:
Ursymbole
und ihre Bedeutung für die
religiöse Erziehung
Mit Beiträgen von Charlotte Foos,
Hermann Kirchhoff, Winfried Nonhoff und
Jan Heiner Schneider
172 Seiten. Mit zahlreichen Abbildungen.
Kartoniert

In ungemein reizvoller Weise begegnen die verschiedenen Autoren den... Symbolen. Sie loten aus, was für uns, was für unsere Feiern, was für unsere Kultur tragend und wichtig bleibt... Ein Pflichtbuch für jeden, der bewußt (religiös) erziehen und leben will.
Heribert Diestler in »Werkblätter«

 **Hermann Kirchhoff**

Seine Bücher bei Kösel:

Sympathie für die Kreatur

Mensch und Tier in biblischer Sicht
98 Seiten. Gebunden mit Schutzumschlag

Ist das Christentum im Verbund mit westlicher Zivilisation schuld an der Gefährdung der Kreatur durch den Menschen? Oder könnte der Mensch als Bild des guten Schöpfers nicht sein Verhältnis zur Natur, zur Tier- und Pflanzenwelt befrieden? Hermann Kirchhoff zeigt, wie die Bibel und die christliche Tradition unsere gewohnten Sichtweisen verändern können. Ein wichtiges Buch für die kirchliche Jugendarbeit!

Was das Leben reich macht

Handgepäck für alle, die erziehen
166 Seiten. Kartoniert

Nur wer sich selbst begeistern, wer staunen und die geheimnisvolle Schönheit der Welt wahrnehmen kann, wird andere anrühren, prägen und erziehen können. In diesem Buch finden sich daher Hinweise, wie Leben tiefer erfahren werden kann: im Spiel, in der Natur, in der Dichtung, in Sagen und Legenden.
Erziehung öffnet Zugänge zum bunten Leben, zur Natur zum Körper und zur Seele und erschließt so religiöse Dimensionen der Wirklichkeit.